中国科学院发展规划局战略研究专项资助

刘怡君／主编

社会物理学系列 第8号

社会物理学风险管理

李倩倩 马 宁
王红兵 王光辉 等 编著

科学出版社
北京

内 容 简 介

本书是“社会物理学系列”丛书的第 8 号，在《社会物理学：国际前沿研究透视》（第 1 号）、《社会物理学：理论与应用》（第 2 号）、《社会物理学：社会动力学》（第 3 号）、《社会物理学：社会管理学》（第 4 号）、《社会物理学：社会治理》（第 5 号）、《社会物理学：网络舆情安全》（第 6 号）、《社会物理学：应急管理》（第 7 号）的基础上，本书从社会物理学与风险管理的研究视角，邀请国内外知名专家专门撰稿，旨在对国内外风险管理相关的最新的概念方法、系统应用、实证分析等进行深入介绍。

作为自然与社会的充分交叉学科，本书具有重要的理论价值和应用前景，可为从事管理学、社会学、政策学和战略学等科研人员和高校师生提供借鉴和参考。

图书在版编目（CIP）数据

社会物理学：风险管理／李倩倩等编著．—北京：科学出版社，2020. 3

（社会物理学系列／刘怡君主编；第 8 号）

ISBN 978-7-03-063698-0

Ⅰ．①社…　Ⅱ．①李…　Ⅲ．①社会科学-物理学-风险管理-研究　Ⅳ．①C05

中国版本图书馆 CIP 数据核字（2019）第 281448 号

责任编辑：李　敏　杨逢渤／责任校对：王萌萌

责任印制：吴兆东／封面设计：李姗姗

科 学 出 版 社 出版

北京东黄城根北街 16 号

邮政编码：100717

http://www.sciencep.com

北京厚诚则铭印刷科技有限公司印刷

科学出版社发行　各地新华书店经销

*

2020 年 3 月第　一　版　　开本：787×1092　1/16

2025 年 1 月第二次印刷　　印张：12 1/4

字数：300 000

定价：168. 00 元

（如有印装质量问题，我社负责调换）

序　言

“不忽视一个风险，不放过一个隐患”。党的十八大以来，以习近平同志为核心的党中央坚持底线思维，稳中求进。2019 年 1 月，习近平总书记在省部级主要领导干部坚持底线思维着力防范化解重大风险专题研讨班开班式上，强调面对波谲云诡的国际形势、复杂敏感的周边环境、艰巨繁重的改革发展稳定任务，我们必须始终保持高度警惕，既要高度警惕“黑天鹅”事件，也要防范“灰犀牛”事件；既要有防范风险的先手，也要有应对和化解风险挑战的高招；既要打好防范和抵御风险的有准备之战，也要打好化险为夷、转危为机的战略主动战。

防控社会风险是维护国家安全的基石，是维护人民根本利益所在。中国科学院科技战略咨询研究院“社会治理与风险研究中心”面向国家社会治理与风险领域的重大需求，以社会物理学为基础，融合管理学、系统学、社会学等学科理论，全面系统地构建社会治理与风险的理论、方法、应用体系。社会治理与风险研究中心在已故国务院参事牛文元研究员的推动下，创办“社会物理学系列”丛书，至今已成功出版第 1 号至第 7 号——《社会物理学：国际前沿研究透视》(2007)、《社会物理学：理论与应用》(2009)、《社会物理学：社会动力学》(2012)、《社会物理学：社会管理学》(2013)、《社会物理学：社会治理》(2014)、《社会物理学：网络舆情安全》(2017)、《社会物理学：应急管理》(2018)。

2019 年的《社会物理学：风险管理》从多角度探讨和研究了社会物理学理论及其应用，重点关注现实、虚拟社会耦合作用下的风险传染、评估、标准、防范和预警等内容。借此希望激发对这一领域感兴趣的年轻学者，成为社会稳定与风险管理研究中的一员。

由于编者们的知识和水平有限，该书难免会有疏漏和不足之处，恳请广大读者批评指正。

刘怡君

2019. 9. 20

目　录

CONTENTS

中文“风险”一词的源流 …… 1

我国政务信息系统整合共享的实践探索：基于协同创新理论的视角 …… 12

风险管理标准化工作进程与规划 …… 25

企业决策中风险的价值 …… 31

气候变化对我国航空安全发展的潜在影响及政策建议 …… 51

灾害风险沟通中的社交媒体网络 …… 61

网络环境中科技谣言内容特征及其传播规律研究 …… 72

社会热点事件中社交媒体用户传播行为研究 …… 89

基于韧性体系的新兴社区风险研究 …… 108

“一带一路”海外重大项目建设舆情风险分析——以印尼“雅万高铁”为例 …… 119

纳什均衡中的时间风险——一种可能的社会物理学解决方案 …… 127

传统与新兴社区风险对比及综合治理体系 …… 139

自媒体舆情话题多视角研究综述 …… 152

“环保督察”相关网络舆论观点分析及舆情应对研究 …… 162

面向第三极国家公园群智慧旅游系统架构及功能设计 …… 175

基于多阶段动态博弈的邻避环境冲突事件社会风险生成机制分析 …… 185

中文“风险”一词的源流

吕多加

摘要

本文用历史文献证明中文“风险”一词是源远流长的本土词汇。中文“风险”一词第一次出现是在1128年，发明人是宗泽，当时的语义是现代“风险”语义的一个特例。其后，经历了八百年的演变，“风险”一词在中文环境中的语义不断扩展，终于在一百年前左右中文“风险”一词具有了现代通用的语义。

关键词：风险；宗泽；risk

当今世界，风险意识空前高涨。21世纪以来，中文出版的管理图书有了上百倍的增加，而英文谷歌搜索“风险管理”的反馈条数则有了上千倍的增长。在国内外各种媒体上，对于“风险”一词的使用无处不在。从国际秩序到社会治理，从金融市场到基建项目，从产品质量到信息安全，从“黑天鹅”到“灰犀牛”，五花八门的各种风险，满眼都是。而据笔者观察，中国与西方各国，在对风险的理解上，已经基本趋同。换句话说，中国人讲的风险，其语义和西方人讲的risk，没有什么区别。风险，好像已经成为当今世界文化的普世价值标签。

但我们知道，在过去很长一段时间里，中国文化中并没有风险这个概念。实际上，笔者在另外的文章中曾经解释过，在春秋时期以前中国文化中没有风险的概念，当时中国文化中初步的风险意识表现在对于不确定性的单个文字表达①。这就是说，风险这个概念，在中国文化中从无到有，及至如今触目皆是的状态，经历了一个历史过程。因此，我们自然地就面临一个问题。这个问题就是，在2500年中国文化中风险这个概念是如何演化的？可以想象，这个问题的讨论有多个切入的角度。本文尝试从考察中文中“风险”一词的源流入手。

我们考察中文中“风险”一词的源流，需要回答几个具体的问题，包括风险这个词在中文中是何时、何处出现的？中文中的风险是一个外来词，还是本土词？如果风险是外来词，是何时、从何处、由谁人引进的？如果风险是本土词，

① 见《中国古代文化中的风险意识》，作者于2019年发表的博文。

那么它的语义是如何演化的？还有，从什么时候起，中文的风险和英文的 risk 一词对应的？回答这些问题，有助于我们了解中国文化中风险这个概念的演变。

本文讨论的就是上述这些问题。

1. “风险”是 890 年前生成的中文本土词汇

我们先看中文“风险”这个词的构成。

从形式上看，中文表达新概念的方法无非是两种：第一种方法是造新字，即创造一个原来没有的字。中文中几万个字，都是这么来的。例如，熵、砼等都是过去中文中没有而在近几十年内新造的字。但是，新字的沟通成本很高。字多到一定程度以后，再造新字就不便沟通了。于是就有了第二种表达新概念的方法，即使用现有的字。其中，又细分为两种基本形式。其一是将现有的字或词，赋予其新的含义。例如，现在经常看到形容一个东西很酷。其中这个“酷”字，就是借用了现有的中文字，赋予了新的含义。其二是通过组合造新词。例如，社会、量子、化学、风范、吃瓜群众等。造新词的方法有多种，可能有些是根据外文的含义意译的结果。后面我们会看到，“风险”一词是先通过组合构造出来，而后在使用中逐渐被赋予了现代的含义。

我们知道中文文字最早的形式是象形文字。所以，中文早期的时候所有概念都是用一个图像来表示。一个图像就是一个字。很多时候，表达一个新概念就造一个新字。因此，中文文字创立早期的时候是不可能有“风险”这个词的。在甲骨文中，使用了几千个字，但是形容词和虚词很贫乏。所以，除了表示时间、部落、气候等概念，如明天、下月、土方、大风等几个情形外，基本没有两个字以上组词表达概念的情况。到了《易经》成书的时期（3000 年前左右），有了多个文字表达的概念。如在《易经》的卦辞和爻辞中，可以看到两个字或三个字表达的概念。例如，亢龙、大川、王庭、白茅、良马、黄牛、有攸往。当然，《易经》中大多数的概念都是用一个字表达的，像上面这些由两个字组成的概念不多，三个字或更多字组成的概念更少。而且，《易经》中表达的概念基本都是具体的，谈不到像风险这样抽象价值的、综合性的概念。

图 1

具体看“风险”这个词，是由“风”和“险”两个单字组成。风，这个字在中文中出现相当早。在甲骨文中已经有了“风”字，和“凤”字是一样的（图 1）。这就是说，“风”这个字的含义，开始是借用了当时已有的“凤”这个字的字形来表达的。所以说，“风”在开始时用的是第二种构成新概念的方式。当然，后来的文字演变，逐渐把“风”和“凤”两个字又分开了。

图 2

至于“险”字，在甲骨文中并没有出现。“险”字最早是在金文中出现，也就是商朝晚期到周朝的时候。“险”字，从金文字形看（图 2），左边是山，右边是剑，是形容陡峭的山峰像剑一样险峻。这样造出来的“险”字，用的是上面说的中文表达新概念的第一种构造方式。

“风险”这个词，既然是由“风”和“险”两个字组合而成，所以用的是上面说的中文里表达新概念的第二种构造方式里面的组合方式。其实，在这种构成概念的方式里面，又分为几类不同的组合情况。一类组合词是直接从外语音译而来，如布尔什维克、嘻哈等。另一类组合词则是从日文汉字表达直接搬来。尤其在涉及现代社会的场合，这类词汇相当多，据统计有两千多个。例如，干部、艺术、海拔、杂志等。还有一类是中文中原有的，但是随着历史的发展，外来语言的融入，现在的语义已经和古汉语完全不同了。例如，社会、经济、保险等都属于此类。

那么，中文中的“风险”一词是通过哪一种组合方式构成的呢？

首先，“风险”这个词，不是从日文汉字借用来的。我曾就日文“风险”一词求教过日本友人①，对方回答说，日文中原来就没有“风险”一词。日文中原来有从汉语借用来的“危险”和“安全”等相关词汇，但没有“风险”一词。确切地说，日文中没有风险的汉字表达。日文中现在的“风险”一词，是第二次世界大战以后才出现的，就是用假名直接拼出来英文的 risk，表达方式是“Risk＝リスク（RI-SU-KU）”。可以看出，日文中“风险”的发音类似英文的 risk。这种简单粗暴的表达，和中文中的嘻哈、布尔什维克来源类似。

其次，我们可以肯定中文中的“风险”一词也不是从西方语言直接音译而来。因为西方主要语言及阿拉伯文、梵文中 risk 一词的发音都和中文中“风险”一词的发音，包括广东话和闽南话的发音，相距很大，例如：

- 西班牙文—riesgo；
- 意大利文—risco，riscio，pericolo，azzardo；
- 英文—risk；
- 法文—risque；
- 德文—risiko，gefahr；
- 希腊文—ριζα，κίνδυνος，ριψοκινδύνευση；
- 拉丁文—periculum，anceps；
- 阿拉伯文—خطر；
- 梵文—संशय。

再次，考虑“风险”一词是否从外文中按语义翻译而来。也就是说，一个外来的概念，按照其在外文中的含义，在中文里造一个新词代表，手机、互联网等就是这类词。在古代，这种例子也很多。例如，中国古代语言中有很多来自梵文的词汇，自魏晋特别是唐代以来，大量梵文词汇通过佛教经典的翻译进入中文，如菩萨、刹那、世界、宝塔等。这些词汇里面，有些是直接的音译，如菩萨、刹那。有些则是按照其原义另造了一个新词，如世界。如果“风险”一词确实是由外文意译创造，那么当我们在中文文献中找到使用案例的时候，可能发

---

① 柴田高広的《私人通信》。

现它的出处。如果“风险”不是按照外文意译而创造，而是把外文的含义赋予中文现有的词汇，那么我们也应该看到该中文词汇早于外文意译记载。这种情况需要文献证明。

实际上，西方词源学者认为英文的 risk 第一次出现的时间是 1728 年[①]。risk 来源于 1660 年代出现的法文 risque。法文 risque 源自意大利文 risco 或 riscio，而这两个意大利词一个可能来源于拉丁文的 resicus，另一个可能来源于 riscare，后者没有明确来源。这些词最早的一个来源可能是希腊文 ριζα，发音类似 rhiza，意思是根、山丘，比喻为海上不可避免的困难。所以，如果“风险”是从西方文字翻译过来，应该是 18 世纪以后的事了。

当然，还有一种可能性，就是“风险”一词乃是中国本土生成，经过历史演变，变成了我们今天看到的面貌。为了确认属于这种情况，我们需要在中文的文献中搜索。

虽然如今网上搜索十分便捷，但是对于浩如烟海的中文历史文献，要找到“风险”的出处，还是不容易。笔者多年来搜索所得，结果极为有限。感谢我的同事刘剑，最近他在网上找到了一个数据库（http：//www. kanripo. org/search? query=），其中收录有相当完整的中国古籍，包括经、史、子、集、佛、道等各部，年代覆盖全面、很有参考价值且搜索简便。

主要根据该数据库的结果，加上网上找到其他的笔记、小说之类的文档，我们可以把中文中“风险”一词的使用进行梳理。当然，许多细节还有待填充，但大致脉络是清楚的。这里先把梳理后的结论交代给大家：中文中最早出现“风险”一词的时间，有证据表明的是在北宋南宋之交的 1128 年，距今 891 年。“风险”一词，最初出现，意为“风波之险”，即“风浪引起的航运风险”。到明清之际，其意义逐渐延伸至“风浪引起的工程风险”。可见自宋代之后，虽各朝代皆用“风险”，其含义都局限在特定语境之中，因此并非社会常用词。直至近代，“风险”一词的使用随着商业的发展方才更加普及。于 20 世纪早期，也就是约 100 年前，上海的企业家已经在投资决策等问题上常识性使用“风险”一词，其语义与现代金融中完全相同。

如今“风险”和 risk 的互译已经是常识。但中文中出现“风险”一词的时间比英文中 risk 出现的时间，早了整整六百年。这就引出一个问题：谁是历史上第一个把 risk 或德文和法文等西方语言中相应单词翻译成“风险”的，或者说，谁是第一个把“风险”和 risk 对应起来的？回答这个问题，需要查找早期的英汉词典或汉英词典，或其他双语对照文字资料。笔者猜测最早的英汉词典如马礼逊、卫三畏、麦都思等编的词典应该没有收录“风险”，理由是他们的词典都在 1850 年以前问世，而同期的汉语词典如《辞源》（1840 年）中并没有收录“风险”这个词。所以，“风险”和 risk 的互译，笔者估计应该发生在 19 世纪的末期。对于这个问题，笔者手头资料有限，现在还没有确切答案。

---

① 参考 Rolf Skjong 于 2005 年创作的 *Etymology of risk*。

2 中文“风险”一词的诞生

前面提到发明中文“风险”一词的人，是北宋的宗泽。宗泽是历史上一个传奇人物。一般的介绍，都称宗泽为“杰出的政治家、军事家”、民族英雄、岳飞恩师等。他进士出身，文笔了得，有“眼中形势胸中策，缓步徐行静不哗”的诗句传世。在正史关注的文治武功以外，宗泽还拥有两大发明权，至今造福社会。其中一个发明就是这里要介绍的“风险”一词的发明权，而另一个是火腿的发明权，因此宗泽被民间尊为金华火腿的祖师爷。发明火腿的过程民间有几个版本，这里不论述了，发明“风险”一词的过程却是动人心弦。

宗泽，字汝霖，北宋婺州义乌（今浙江义乌）人，生于北宋仁宗嘉祐五年十二月十四日(1060 年 1 月 20 日)，卒于南宋高宗建炎二年七月十二日（1128 年 7 月 29 日）。宗泽出生之时，其母梦见空中有大雷电降雨，光照满室，所以名其为泽。宗泽逝世以后，宋高宗追赠观文殿学士、通议大夫，谥号忠简，世称宗忠简公(图 3)。

图 3

现在很多人对宗泽的印象都是从小说《说岳全传》或《精忠岳飞》等电视剧中来的，一提起宗泽就是宗老元帅，一个身披盔甲的典型武将形象。实际上，宗泽是文人，进士出身，不曾习得半点武艺，按理说应该以不穿盔甲，类似诸葛亮那样的文官统帅形象出现更合理。宗泽三十岁前在浙东乡间过的是耕读的生活，一辈子带兵的时间也就是他近七十年生命的最后两年。

宗泽元祐六年（1091 年）进士及第。在进士廷对时，宗泽直陈时弊，惹恼了考官，结果名次落到最后一名。廷试后分配工作自然也受此影响，他两年才做到馆陶县县尉。以后十二年间宗泽先后在衢州龙游、莱州胶水、晋州赵城、莱州掖县等几个担任县令，这期间宗泽的政绩口碑都很好。政和五年（1115 年），宗泽升任登州通判。北宋年间，州里的通判是一个管理粮运、水利等民事的副职，和军事没关系。他在登州通判任上干了四年，在宣和元年（1119 年），受人诬告被贬，故而隐退回家。此时他已经五十岁了。靖康元年（1126 年），金兵大举南侵，兵势滔天。朝中有人推荐宗泽任和议官，与金人谈判。他毅然接受，临行前对人说，这次去了就不打算回来了。结果朝廷闻知，担心他性格太刚直，作为和议的首席谈判代表恐怕不合适。随即改命他为磁州知州。此时磁州处于宋金交战前线，危在旦夕。宗泽临危受命，仅带了十几个老弱兵即快速赴任。到任后，他定下了长期固守的策略，积极修缮城防，整治兵器，招募义军，广集粮草，并一举率军击退来犯的金兵，歼敌数百。他从此战开始了辉煌短暂的军事生涯。由于宗泽在磁州守城成功，大大激奋了人心，得到钦宗的赞赏，他被封为河北义兵都总管。靖康元年（1126年）11月，金兵再次包围开封，宋钦宗任康王赵构为兵马大元帅，宗泽为副元帅。宗泽率军赴李固渡，途中遭遇金兵，大战并获胜。次年正月，宗泽率军至开德，其间与金兵十三次作战皆获得胜利，扭转了宋金前线战场上的形势。

建炎元年（1127年）6月，高宗在南京登基，命宗泽留守东京，任开封知府。宗泽积极招募王善、杨进等民间武装，又联络两河“八字军”等部协同抗金，号称百万之众。金人畏惮宗泽，称他为“宗爷爷”。宗泽在任东京留守期间，时任低级军官的岳飞，因在战斗中触犯军法，即将被处死。宗泽见之，叹为将才，将年轻的岳飞纳至麾下，屡次与岳飞探讨兵法，还给岳飞一本阵法让他研习。岳飞在宗泽帐下脱颖而出，迅速成长为一代名将，在此后的十几年里屡建奇功。当时，宗泽审时度势，认为兴复大宋机不可失，并制定了收复中原的方略。为此他曾数月之内连续二十四次上书高宗赵构，力主还都东京，但均未被采纳。他忧愤成疾，背疽发作，《宋史·宗泽传》① 称“翌日，风雨昼晦。泽无一语及家事，但连呼‘过河’者三而薨”。宗泽死后，由公子宗颖和部将岳飞扶柩葬于镇江京岘山麓。

图4

1937年春，江苏省教育厅筹资修缮了宗泽墓，在墓前建造了石牌坊（图4）。牌坊正面刻有一副楹联：“大宋濒危撑一柱，英雄垂死尚三呼。”

就是在临终前请求宋高宗还都东京的第十五次奏折中，宗泽新造了“风险”一词。可以说，这个中文词汇第一次诞生于作者极度愤懑、激切、无奈，甚至绝望的呼唤声中。下面就是宗泽的奏折，全文照录，略加标点，不做翻译。

“乞回銮疏（注：建炎二年三月通前后/表疏系第十五次奏请）

臣闻范仲淹云，天下之事有二党焉。一党曰发必危言，立必危行，王道正直，何用曲为。一党曰，逊言易入，逊行易合，人生安乐，何用忧为。天下之治乱，在二者胜负耳。大抵危言危行，是欲致君于无过，致民于无怨而已，天下岂有不治者乎。若夫逊言逊行之徒，阿谀曲折，随意所向，迎逢苟合。君施恩于上而下弗被，民怀怨于下而上弗知，如是天下岂有不乱者乎。今之士大夫，志气每下，议论卑陬，上者不过持禄保宠，下者不过便文自营，曾不能留心恻怛，为陛

① （元）脱脱和阿鲁图等。

下思承祖宗二百年大一统基业为可惜，又不为陛下思父母兄弟与至亲天眷蒙尘沙漠翘翘徯望大兵救援之意，又不曾为陛下思祖宗西京园陵寝庙为仇方所占，今年寒食节未有祭享之地，又不曾为陛下思京师是天下之本根，宗庙朝廷百司仓廪俨然如旧，又不曾为陛下思河北河东京之东西陕右淮甸百亿万生灵之众，罹涂炭劫掠残破之苦，但朝进一言，暮入一说，计较泛舟，冒大风险，欲南幸湖外。此奸邪之谋耳。臣尝思之，是一欲为仇方方便之计，二为奸邪亲属皆先已津置在南。嗟乎，为臣不忠不义乃至于此。孔子所谓苟患失之无所不至，正谓是也。臣夙夜痛心泣沥，竭愚忠为陛下保护京城，自去年秋冬，今春又三月矣。农务是时，陛下不早回九重，则天下靡有定止。臣不胜愤懑，激切再渎天听，狂妄干冒，甘俟鼎镬。”

反复阅读宗泽的奏折，令人感叹不已。有道是：

携雷电以降世兮，抱宏图之未伸。

唤春风终不回兮，留“风险”与后人。

可惜的是，没有见到宗泽奏折的手迹，也不知道当时的奏折是否还留存世间，后人只能想象他当时写下“风险”时的样子。

3 中文“风险”一词的生成脉络

我们已经知道中文“风险”一词诞生于宋朝。但是，和人类历史上所有的重大发明一样，“风险”一词并不是突然出现的。在中文“风险”一词出生之前，有一个千年以上的孕育过程。而自从“风险”一词问世之后，人们对“风险”的理解也在不断加深，近千年后才有了今天的认识水平。下面我们具体检视一下“风险”一词在中文里的孕育生长过程。

我们从组成“风险”的两个字，“风”和“险”说起。前面提到过，3200年前的甲骨文中就有了“风”字，然后在3000年前到2500年前之间的金文中有了“险”字。先看“风”字。甲骨文中出现的时候，是散落在卜辞中的。而在3000年前或书的《易经》中，“风”字就有了系统性的含义。《易经》八个单卦之一的巽卦，☴，其象即为风。风不仅构成了本身的复卦，还和其他七个单卦组成了14个复卦，如天风姤、雷风恒、风水涣、风泽中孚、风火家人等。故此说，中文中用“风”和其他字构成“风某”形式的新概念是有传统的。

我们再看“险”字。《易经》本经中卦辞里并没有“险”字，而是在坎卦的爻辞里出现了两次。这也是中文中最早使用“险”字的经典。爻辞据说是周公的作品，距今3000年左右。这点和“险”字出现在金文的时代是吻合的。与此相关，在后人所撰的用以解释《易经》的《彖辞》和《系辞》中出现“险”字频次更高。具体地说，在《彖辞》中，先后有18处出现“险”字，而后在两篇《系辞》中提到《彖辞》后又有两处提到“险”字。《彖辞》据说是孔子门人的作品，其年代应该是在距今2500年前左右。从以上可见，《彖辞》中大量使用了“险”字。比较起来，整个《象辞》没有使用“险”字，虽然《系辞》中说“彖者，言乎象也”。由此推测，《象辞》和《彖辞》的作者不是同一个人，且

《彖辞》比《象辞》成文要晚。

《象辞》中的“险”，是坎卦或者说是水所代表的意思。《象辞》原文是“习坎，重险也”。此处“险”，按《象辞》作者的意思，应该是前面提到的“险”字最初的意思，也就是险阻、艰险、困难的意思，因为原文说“天险不可升也，地险山川丘陵也，王公设险以守其国”。所以，“习坎，重险也”翻译成白话文，就是“前后都是水，加倍困难”。《象辞》用“水”意指“险”，也就是“水”意味着困难这个逻辑关系，解释了十个卦。这些卦都和水有关，包括水雷屯、山水蒙、天水讼、水天需、地水师、坎为水、水山蹇、雷水解、泽水困和水泽节。《象辞》对此十卦中水的解释都是险，例如：

- 水雷屯——此卦中，雷是内卦，意味着动。水是外卦，是险。雷在水里面，所以，《象辞》说：“动乎险中。”
- 山水蒙——此卦上边是山，下边是水，是险，所以，《象辞》说：“山下有险。”
- 水天需——此卦中，开始三爻是天，但后三爻是水，是险，所以，《象辞》说：“险在前也。”
- 天水讼——此卦上边是天，是刚健的，下边是水，是险，所以，《象辞》说：“上刚下险。”

有意思的是，除了这十个卦以外，对于六十四卦中其他含水的卦，包括风水涣、水风井、水火既济、火水未济和水地比，《象辞》并未用艰难、困难或“险”来解释。

《象辞》对“险”字的使用有三点值得注意。第一点，《象辞》中的“险”字，是险阻、困难的意思，和我们今天说的风险、保险里面的“险”字的意思不同。今天说的风险，主要用在不确定性的场合，而不是困难但确定的场合。第二点，《象辞》用“险”字，延伸了《易经》原文的占卜结论范围。《易经》原来的卦辞中，作为价值判断的只有吉、凶、亨、无咎等几种结论。现在《象辞》又引进了“险”。也就是按照《象辞》的说法，占卜的结果除了好、坏、顺、没大毛病外，还有困难。第三点，《象辞》中关于“天险”“地险”“设险”的说法，实际上给以后使用“某险”形式的新概念开了先河。在《象辞》中虽然没说“风险”，但有了“天险”“地险”“设险”的说法，以中文天然具备的组合能力，以后再有“风险”或其他“某险”就容易多了。

确实，类似《象辞》中“设险”的说法，作为动词用的“某险”在历史上有很多表达方式。除“设险”外，还有“据险”“凭险”“依险”“恃险”“负险”“守险”“保险”“犯险”“用险”“涉险”“冒险”“遇险”“蹈险”“踏险”“乘险”“造险”“入险”“出险”“脱险”“化险”“破险”“防险”“避险”“知险”“行险”等。例如，三国时的曹植曾说过，“乘危蹈险，骋舟奋骊，突刃触锋，为士卒先”。唐朝的李白说，“居安思危，防险戒逸”。宋朝的都絜说，“生而知险者，圣人也”。郭雍说，“小人行险以侥幸，鲜有不败者”。总之，现代中文里作为动词用的“某险”，除了“抢险”以外，基本上到了宋代都已出现了。有趣的是，这些词，即使把其中的“险”字理解为现代的“风险”，也往往没有什么不妥之处，可见中文“风险”的语义承接十分自然。当然，有些词的用法和现代不同。如“保险”，古文中的“保险”是指保护、守卫险要之处，而不是指现在用以转移风险的“保险”或“保险丝”、“保险带”等词中的安全保障的意思。

类似《彖辞》中“天险”“地险”的说法，作为名词用的“某险”在历史上也不少。自《易传》以后，各朝代在不同“险”类的名称方面，屡出新词，络绎不绝。战国时的《左传》《公羊传》中，有了“岩险”“山险”“土田险”“山泽之险”的说法。在《荀子》和《吕氏春秋》中，相继有“山林之险”和“江河之险”的说法。《慎子》中有“石渠之险”的说法。《管子》中则有“水险”的说法。值得注意的是，《荀子》还提到“政险”，这已经把“险”的存在从自然地理的范围扩大到社会、政治的范围。类似地，《慎子》也说，“人心之险于山川，难于知天”，直接把人心之险与山川之险放在一起比较了。

魏晋南北朝时，在《六度集经》中，有“山溪谷险”的说法。在《周书》和《逸周书》中，有“山川之险”的说法。在《十六国春秋》中，有“汛险”“长江之险”“黄河之险”的说法。在《南齐书》中，有“风涛之险”的说法。在《高僧传》和《博物志》中，都有“沙险”的说法。郦道元的《水经注》中有“河险”的说法。

至唐朝，《通典》中有“湍险”的说法。《长短经》中有“大川之险”的说法。《杜诗集注》中有“风波之险”和“波涛之险”的说法。韩愈说过“龙门水险”。白居易和司空图的诗中，都有“风波险”的说法。

到了南宋高宗建炎二年（1128 年），终于由宗泽发明了“风险”一词。宗泽的原文是，“计较泛舟，冒大风险，欲南幸湖外”。可见此处“风险”是指泛舟湖外的“风波之险”。这是迄今找到有确切证据的中文中最早的“风险”。

自宗泽发明“风险”一词以后，各朝代不断有使用该词的人。例如：

- 南宋时，罗濬在《宝庆四明志·叙水》中写道：“大江乘潮多风险，故舟行每由小江。”
- 宋金时期，元好问在《湖海新闻夷坚续志》中写道：“船有遇风险者，遥呼告神，若有火轮到船旋绕，纵险亦不必忧。”
- 元代的道家著作《玄真灵应宝签》中有诗：“无情恨食言，风险又无船。日暗应迷路，烟云遮碧天。”
- 明代的张国维在《吴中水利全书》中写道：“东来浊汛不入，西下清水常流，官站民船，早暮皆得稳行，不经外浦风险，牵挽行役俱便。”
- 清初顾炎武所著的《天下郡国利病书》，描述明代全国各地的历史地理，其中有多处使用“风险”描述地理的记载，如“缘津湖多风险，宋人于湖中心筑土堤”“晋以前由诸湖屈曲多风险，至陈敏始为直径”“漕舟盛行，屡有风险，而渠不复何也”“淮扬诸湖，每风险坏舟。近范光湖于隄外开支河行舟以全运事，用心仁矣”。
- 清代张廷玉在其所著《明史》中记载，常州附近一段河流，“漕舟失泊，屡遭风险。英宗初年乃复濬东港”。

- 清代康熙年间江南按察使傅泽洪在其所著《行水金鉴》中，有几处提到“风险”，如“教习海运船卒，以避风险”。
- 清代乾隆年间发布的官方条例《钦定大清会典则例》中有这样的税务规定：“满料加仓之船，载货过重外带驳船以防淮河风险者，名为风水驳船，照本船原石数，每石征银五厘。”
- 清乾隆年间的《钦定平定台湾纪略》中对作战中的士兵有这样的描述：“争先恐后，不避风险。适因陡遇风暴，急欲儹程，以致船覆溺毙，足见急公奋勇，殊堪嘉悯。”
- 清乾隆年间的《皇朝文献通考》中记载一道圣旨，其中说有两个官员，犯了错本应议处，“但念其出使海洋，遭遇风险，俱从宽留任”。
- 清顺治年间《介为舟禅师语录》中亦有“为法衷金一刹那，不辞风险入洪波”和“一度寒侵一度热，几番风险几番波”的诗句。
- 《清史稿》记载，光绪元年（1875 年），翁同龢“尝请假修墓，传旨海上风险，命驰驿回京，恩眷甚笃”。

从以上可见，在清朝，“风险”一词已经在官方文件中使用。虽然直到晚清，官方的文件中“风险”一词的内涵仍只局限在影响航运、堤防的风波之险、风浪之险。但此时的“风险”一词，更多表示的是不测之险，不确定性带来的风险，而不仅是艰险和困难。

清末民初，描写民间生活的小说如《廿年目睹之怪现状》《雍正剑侠图》等，亦可以见到“风险”用于日常生活场景中的描写，且语义已经超出了以往的“风波之险”的范畴。可见此时该词在民间广泛的使用。

中文里明确在现代的意义上使用“风险”一词，有据可查的当属 1931 年茅盾的小说《子夜》。从下面该书中的这些句子，可以看到该书中使用“风险”一词的语义，与现在人们的理解完全相同。例如：

- “你看这件事有没有风险？要是你不愿意插一脚，那么，我也打算不干。”
- “前天我不是同竹斋说过的么？大家都是至好，能够通融的时候就得通融一遭。只是据他说来，好像也困难。银根紧了，他怕风险，凡是到期的押款，他都要收回去，不单是吟翁一处。”
- “那么，朱吟秋方面，你是一定要积极进行的？你算定了没有风险？”
- “你的办法有没有风险，倒在其次，要我再凑五十万，我就办不到；既然你拿得那么稳，一定要做，也好，益中凑起来也有四五十万，都去做了公债罢。”

在《子夜》这些句子中，“风险”的出现看上去理所当然，似乎是无可替代的样子。从茅盾书中的描述看，当时上海企业家商业投资已然是言必称“风险”。所以，可以肯定在 1930 年前“风险”已经在商圈广泛使用。但在此之前的 30 年，人们似乎并不熟悉“风险”的现代语义。例如，晚清光绪年间，王韬曾经在《弢园文录外编 · 代上广州冯太守书》一文中建议政府开办保险事业，“西商贸易之利，首在航海，顾风波之险，有时不可测料，……于百中取二三。

无事则公司得以微利，有失则商人有所藉手，不至于大损，此其法诚至善也”。可见即使在谈到保险的时候，以王韬的中西学识，仍然使用“风波之险”而没有使用更一般性的“风险”。又例如，晚清时的晋商票号辉煌全国。现在不少人对其经营制度和企业文化赞叹不已，从风险管控的角度做过大量分析。但笔者看到在实际的晋商票号制度文件中并没有使用“风险”一词。所以，“风险”一词在商业的推广使用，应该是在围绕清末民初的上下三十年间。至于清末民初的什么人最先在商业上使用“风险”一词，笔者还没有找到确切的资料证明，只能留待以后了。

综上所述，从大约2500年前《易传》中以“天险”“地险”表示艰难险阻开始，历朝不断有“山险”“山川之险”“风波之险”之类的说法，这些词的语义渐渐增添了不确定性、不测之险的含义。北宋南宋之交的1128年，距今891年，宗泽发明了“风险”一词。到了100年前的民国初年，人们就已经在广泛使用现代的意义上“风险”一词。中文“风险”一词几经浮沉，反映了中国社会对不确定性的认识水平和重视程度。和现在人们议论风险的盛况不同，“风险”一词曾一度从国民生活中消失，以至于1979年版的《辞海》中没有收录“风险”，直到1990年版的《辞海》中才又收录了“风险”一词。

4 结语

综上所述，中文里“风险”一词源远流长。自商周金文，至唐宋以降，到近代“风险”的用法已经成熟。西方古代希腊文明从航海的困难开始认识风险，而中国古代文化中对“风险”的认识，开始于高山之险峻。后来发展到表达风波之险，再到近代描述不确定性可能带来的损失或收益状态，与当代西方文化对风险的认识殊途同归。在这个过程中，随着知识的掌握和技术的发展，人们逐渐认识到山高险峻可畏，但风波之险威胁更大。所以，在中文里，把一切由不确定性对目标产生的影响逐步定格为“风险”而非“山险”“岩险”等也是自然的结果。了解了中文“风险”一词的源流，也许会在中国从事风险管理这项工作时，于时代感之上增加一点历史感吧。

作者简介

吕多加　男，现为北京第一会达风险管理科技有限公司董事长。1990年获美国宾夕法尼亚大学数学博士学位。研究方向为风险管理有关领域。已在国内外权威杂志和学术会议以及网上发表论文60余篇。

E-mail:lud@firsthuida.com

我国政务信息系统整合共享的实践探索：基于协同创新理论的视角

安小米　郭明军　魏　玮

摘要

我国政府部门推动的政务信息系统整合共享工程，参与主体众多、协调难度较大，为何能在较短时间内取得了突破性进展，各主体间的高效协同是如何实现的，哪些关键因素为各项工作的顺利推进提供了保障，值得深入研究。本文基于协同创新理论，对我国政务信息系统整合共享工程中的共同体构建进行了案例研究，提炼出6项关键措施，提出了“激励—统筹—约束”模型（ECC模型）。多主体形成密切协同的协同创新共同体，是推动跨层级、跨部门、跨地区复杂性工程取得成功的关键，能显著提升多主体间协同合作的整体能力。

关键词：政务信息；整合共享；协同创新；共同体

2017年7月以来，我国政府发起了政务信息系统整合共享工程，在国家发展和改革委员会（以下简称发改委）的组织推动下，32个地区、71个部门协同配合、开拓创新，一些高校、研究机构和企业积极参与，在不到1年时间里，推动我国政务信息共享工作取得阶段性显著成效，初步解决了国家10余年来一直想解决而未解决的老大难问题，使我国政务信息共享迈上新台阶。对于这样一场全国性的重大工程，从实践中归纳多元主体开展协同创新的模式和有效路径，对于指导今后工作具有重要意义。

一般而言，多主体间的合作，往往由于目标不同、利益诉求不同，很难建立起高效的协调机制，致使资源要素无法有效配置和利用，合作失败率较高。研究结果也证实，产业界产学研合作失败率超过50%，而我国产学研联盟有近50%是不稳定甚至是失败的（梁招娣，2015）。我国政府部门推动的整合共享工程，参与主体众多、协调难度较大，为何在较短时间内取得显著成效，各主体间的高效协同是如何实现的，哪些关键因素为各项工作的顺利推进提供了保障，值得深入研究。

在我国，信息共享并非一个新问题，有学者进行过一系列研究，但基于协同创新理论的信息共享问题研究相对较少、尚未形成体系，如樊博（2008）从绩效管理角度出发，提出推进政府信息协同的驱动力；冯伟宸和刘新萍（2018）分析了政府间协同与信息共享的关系，对如何促进政府间协同和信息共享提出了建议；杨学山（2009）对如何进一步推动信息共享和业务协同工作提出了建议。目前，作为一个新鲜事物，跨层级、跨部门、跨地区的全国性信息共享工程——政务信息系统整合共享，还没有基于协同创新视角的研究，当前的研究未能有效解释其活动规律和内在机理。

本文基于协同创新理论，从协同创新共同体能力构建与提升视角，对整合共享参与主体进行分析，研究各主体如何有效参与并推动各项活动的开展。在借鉴已有协同创新共同体研究成果基础上，从“主体-要素-过程”三个维度进行分析，首先明晰各维度的地位和作用，然后着重聚焦政府、高校、研究机构、企业等各“主体”的作用，归纳出构成协同创新共同体的关键“要素”，梳理出整合共享工程的推进“过程”，初步构建出一套能够有效提升协同创新共同体能力的分析模型。

1 协同创新共同体研究述评及其概念界定

协同创新理论在提升组织有效性、效率和竞争力方面的作用，早已得到广泛的认可，作为研究复杂性、系统性问题的重要理论，协同创新能够为多元主体协同、多种要素参与的实践提供有效的解释并进行指导。随着协同创新理论的逐步发展，近年来，聚焦协同创新主体的研究逐渐兴起，成为学者的研究热点。协同创新活动，是政产学研用等主体为了共同的目标，汇聚所能支配的政策、资金、技术、人才、土地等要素资源，发挥各自优势，创造新价值的过程，需要多活动、多主体、多功能和多方贡献，也需要一系列的协调工作支撑（Lynn et al., 1996）。提升协同创新共同体的能力，需建立基于信任的多维度融合、基于交流的全方位协作、基于互联互通的多层次集成（An et al., 2014）。我国学者基于系统论、知识管理、经济学、协同学等理论，提出了协同创新共同体的概念，并从宏观的国家创新体系、中观的区域创新、微观的企业创新等方面，对我国协同创新共同体问题进行了深入研究。

1.1 宏观层面

王翠霞（2014）基于复杂系统理论，梳理分析了国家创新系统的知识、参与者、政策体系三个关键子系统，提出企业吸收能力和激励政策对协同创新绩效的正向提升作用。对于跨区域多主体协同创新研究，有学者从区域和主体两个维度，研究提出跨区域多主体协同创新是协同创新最为复杂的一种类型，提出了不同主体主导的几种协同创新模式，认为主体间不同的目标、不能同等地开放思想及共享信息和知识，是创新共同体建设的主要挑战（崔新健和崔志新，2018）。

安小米等（2015）基于知识管理，明晰了协同创新体和协同创新体能力构建的概念，从多元化主体联盟、多维度活动联通、多层面客体连接三个层面，提出了解决协同创新体能力构建难题的方案设计思路。随后，安小米等（2018）又提出了构建多元主体协同创新共同体，打造跨部门、跨行业、跨领域协同创新生态治理体系，并进而通过研究大数据时代的协同创新问题，提出了主体联盟、过程联通、要素连接的政府大数据治理规则体系。施海燕（2017）从协同学基本含义出发，提出产学研三方或产学研政四方联合，通过整合内外部创新资源，协同各方创新行为，最终解决重大创新问题，并形成创新共生体。

1.2 中观层面

近年来，国内学者多从区域及产业两个角度，对协同创新进行中观层面的研究。有学者基于区域协调发展视角，构建了创新共同体的基本框架，提出了创新共同体的6个基本构成要素：共同目标、创新资源、参与成员、网络结构、运行机制和形成基础，并提出政府的角色，不仅仅是创新活动的设计者和制定者，也是引导者、组织者和协调者（王峥和龚轶，2018）。张建国（2015）、刘宾等（2016）、王秀玲和王亚苗（2017）等，聚焦京津冀协调发展，研究了协同创新共同体的特点、构建、模式并提出了对策建议。产业角度的研究方面，有学者从产业创新的协同度（董豪等，2016）、产业协同创新联盟主体间的关系（於流芳，2017）等角度进行了研究，提出产业协同创新联盟是一动态复杂系统，高校、科研机构、产业、中介服务、政府等主体，基于自组织复杂系统的“你中有我，我中有你”的原则，形成彼此包容的共生关系。

1.3 微观层面

面向企业持续创新能力提升，有学者提出了以产、学、研为主体，政府、中介机构、金融机构等为支撑的产学研合作共同体要素模型，并分析了产学研合作共同体的风险管理、利益机制和运行机理等问题（林伟连，2016）。邹波等（2013）通过对大学、产业和政府间协同创新的“三螺旋”理论的研究，结合我国现行科研管理体制，揭示了创新主体的自反机制、创新组织的集成机制和创新过程的非线性机制，提出了实现大学、产业和政府间协同创新的具体路径，即主体间目标的协同、组织结构的协同和创新过程的协同。周志太（2014）提出，为了应对创新的不确定性和自身资源的有限性，要遵循益损与共、优势互补等原则，维持和改善协同作用机理的经济关系、组织制度。张路蓬（2016）从知识共享等角度，构建了基于创新网络的协同创新运行机制。

从协同创新共同体已有的研究成果来看，从全国视角对协同创新共同体的研究还较少，更缺乏对跨层级、跨部门、跨地区复杂现象的实证研究和理论总结。正因如此，从实践出发，归纳政务信息系统整合共享工程中的协同创新共同体能力构建模式并识别其关键要素，具有重要的理论意义和现实价值。

2 协同创新共同体视角下的政务信息系统整合共享工程建设研究

我国实施的政务信息系统整合共享工程，由 32 个地区、71 个部门参与（图 1），按照“内外联动、点面结合、上下协同”的工作思路，着力清理“僵尸”系统、推进政务数据跨部门共享应用，力求从根本上解决长期以来困扰我国政务信息化建设的“各自为政、条块分割、烟囱林立、信息孤岛”问题。从整合共享工程涉及的主体来看，需要各地方、各部门及企业、研究机构的协同配合。尽管各地方工作基础、实施条件、可调配资源能力不尽相同，都需要协同一致完成政务信息资源目录编制、信息系统整合、接入并依托全国统一平台开展数据共享和业务协同；尽管各部门职能各不相同、业务领域存在差异，也需要协同一致，完成“僵尸”信息系统清理、将分散或孤立的信息系统整合为一个大系统、提供重点领域数据共享服务等工作。

经过近 1 年的努力，整合共享工程取得突破性进展，部门“僵尸”系统应清尽清，国家数据资源体系基本形成，依托国家数据交换共享平台的数据共享服务体系也已建立，能够有效支撑各地方数据共享需求，初步解决了跨部门数据共享利用难题，效率之高、力度之大、成效之显著，在我国政务信息化建设史上实为少见。该项工作取得的成效，离不开各参与主体的协同配合，离不开各主体之间建立起紧密的协同创新共同体。通过对工作措施的梳理分析发现，整合共享工程主要包括明确具体目标、理清利益关系、制定系列政策、开展督查指导、打造同一平台、完善协同机制等 6 项重点措施，通过这一系列工作，将各地方、各部门打造形成了一个跨部门、跨地区的协同创新共同体体系，为各项工作顺利开展奠定了坚实基础。

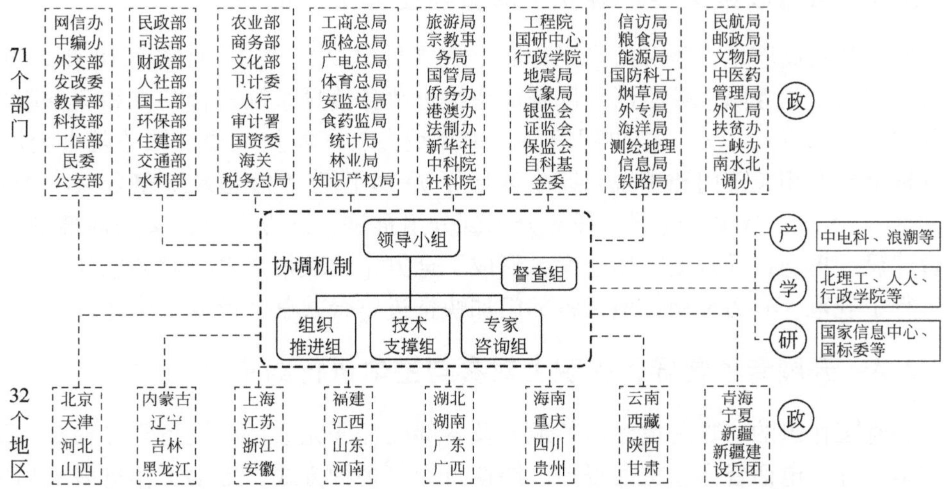

图 1 政务信息系统整合共享协同创新共同体（国务院机构职能调整之前）

2.1 明确共同目标，客观上激励了各参与主体

整合共享工程实施的全过程，都是按照既定的目标分步推进的。2017 年 5 月印发的《政务信息系统整合共享实施方案》，制定了到 2017 年底和 2018 年 6 月的两个阶段性任务目标。为确保 2017 年底前取得明显成效，8 月又进一步明确任务、细化责任，提出到 2017 年 9 月底前，全面摸清政务部门信息系统和数据情况，加快部门内部信息系统清理，到 12 月底前，各部门、各地区信息系统实现互联互通，重点领域数据实现共享，并提出了加快消除“僵尸”信息系统、加快部门内部信息系统整合、推动重点领域信息共享、接入统一数据共享交换平台等 11 项重点任务。两份政策文件的发布实施，客观上为各项工作的开展提供了指导和依据，激励着各地方、各部门履行职责、按期完成任务。

2.2 拥有共同利益，主观上激励了参与主体

推动整合共享工程，无论是对各级政府还是企业、研究机构，都具有价值利益的一致性。通过清理“僵尸”系统，政府节约了运维经费、节省了人力；通过同一平台将政务信息系统进行联通，实现了以数据共享支撑业务办理，提高了政务服务办事效率；通过政务数据的集中、共享和交换，有利于唤醒政务数据的价值，助力数字政府的建设。对企业而言，每一项重大的信息化工程，都是业务拓展的机会，企业能够通过承接项目扩大市场份额，增强品牌影响力，同时也有利于新一代信息技术的推广应用，为企业的数字化转型提供契机。对于高校和科研院所，整合共享工程的推动，无疑为深入研究我国政务信息共享提供了好机会，通过专题研讨、方案设计、咨询指导、实地调研等多种方式，能够更好地了解我们信息化发展现状，了解政府推动信息化的思路特点，为学术研究、政策咨询提供一手素材。

2.3 出台政策文件，客观上对参与主体进行约束

我国政府高度重视整合共享工作，李克强总理 2017 年 12 月和 2018 年 5 月，两次主持召开国务院常务会议，部署加快推进政务信息系统整合共享和政务服务一网通办。2017 年以来，中央网信办、中央编办、国家发改委、国务院办公厅、国家标准委等相关部门和单位，印发实施了近 10 份政务信息系统整合共享的政策文件（表 1），从决策部署、任务分工到分组推进、试点示范，又到标准制定、平台建设，再到督导督促工作进度，形成了全方位的政策体系，对各主体开展工作进行了规范，有力推动各地区各部门加快推进整合共享，形成工作合力。

2.4 开展专项督导，主观上对参与主体进行约束

督查工作组的职责是负责对各地方及各部门任务完成情况进行督导检查，通过实地督导、电话督导、文件督导、约谈督导等多种方式，推动工作进展滞后的单位按期完成任务。为进一步提升督导效果，后期又将专家咨询组、组织推进组、技术支撑组进行跨组协同，联合相关新闻媒体单位，混编组成 4 个小组，协

表 1　近年来我国出台的主要政务信息整合共享政策文件

文件名称	文件类型	主要内容	发文单位	发文时间（年．月）
政务信息资源共享管理暂行办法	管理制度	消除"僵尸"信息系统、推进信息系统整合共享、促进数据共享	国务院	2016.9
政务信息系统整合共享实施方案	统筹部署	明确了政务信息资源的分类、共享、提供与使用等要求	国务院办公厅	2017.5
"十三五"国家政务信息化工程建设规划	顶层设计	形成一体化政务信息公共基础设施大平台，构建国家政务信息资源管理和服务体系，建成跨部门、跨地区协同治理大系统	国家发展改革委	2017.7
加快推进落实《政务信息系统整合共享实施方案》工作方案	工作落实	明确责任分工和时间节点，加强统筹协调和督查考核	国家发展改革委、中央网信办、中央编办、财政部、审计署	2017.8
开展政务信息系统整合共享应用试点	工作落实	重点推动一批跨地区、跨部门、跨层级的信息共享和业务协同典型应用，树立标杆，推广经验	国家发展改革委办公厅、国办电子政务办	2017.10
进一步深化"互联网+政务服务"推进政务服务"一网、一门、一次"改革实施方案	持续深化	构建全国一体化网上政务服务体系，建立完善全国数据共享交换体系，推进跨层级、跨地域、跨系统、跨部门、跨业务的协同管理和服务	国务院办公厅	2018.6
加快推进全国一体化在线政务服务平台建设的指导意见	持续深化	建设全国一体化在线政务服务平台，推进政务服务一体化，促进政务服务跨地区、跨部门、跨层级数据共享和业务协同	国务院	2018.7

同发力，分组推进、包干负责，采取驻点办公等方式进行督导，协调相关部委组建 8 个督导组，督导、指导进展迟缓的地区和部门（张勇进和章美林，2018）。其中的一个调研小组，在工作启动半年时间内，就前后分 3 轮 8 次赴浙江、河南和广东进行实地调研督导。同时，采取签责任书、约谈通报等超常规措施，让各部门、地方主管领导签订任务书，约谈工作进度缓慢的部门及地方，查找问题，督促解决，确保各项任务的分解落实到位、按时保质完成。在国家层面督导工作的推动下，地方政府也逐渐重视起来，积极开展自查自纠工作，多个省份在省领导或省级主管部门带领下，对全省、代表地市及区县的政务信息系统整合共享开展督查督导，查找问题、推进解决。

2.5 打造统一平台，客观层面进行统筹

数据共享交换平台是实现“数据多跑路”的核心技术支撑，构建全国统一、多级互联的数据共享交换平台体系，实现跨层级、跨地域、跨部门的数据调度能力，有利于及时响应各地方、各部门数据服务需求。通过提升国家统一电子政务网络支撑能力，实现了跨层级、跨地域、跨系统、跨部门、跨业务的服务支撑能力。通过建设国家电子政务内网数据共享交换平台，完善国家电子政务外网数据共享交换平台，构建了多级互联的数据共享交换平台体系，促进了重点领域信息向各级政府部门共享。截至 2018 年 6 月，国家数据共享交换平台在连通 71 个部门和 32 个地方的基础上，实现了供需对接服务、数据交换传输、服务接口管理等功能，国务院部门第一批数据共享责任清单确定的 16 个部门 69 项信息 694 个数据项，通过共享平台提供 969 万次查询/核验服务，实现 330 亿条批量数据交换，为整合共享提供了有力的技术支撑、平台支撑和数据服务支撑。

2.6 完善协同机制，主观层面进行统筹

为做好政务信息系统整合共享工作，由中央网信办、中央编办、发展改革委、工业和信息化部、公安部、财政部等部门协同配合，建立了“1+3+1”工作机制，“1”是成立推进落实领导小组，“3”是领导小组下设组织推进组、技术支撑组、专家咨询组等 3 个工作组，另一个“1”是在国务院办公厅下设督查工作组。领导小组重点在工作层面、操作层面、执行层面加强统筹协调，组织推进组主要负责梳理存在的问题、协商解决方案、制定工作推进计划、推进考核工作，技术支撑组负责组织起草相关标准规范，提供技术支撑和培训指导，专家咨询组负责为各地方、各部门开展整合共享提供咨询指导工作，督查工作组负责对各地方、各部门推进整合共享情况进行督查。从 2017 年 7 月至 2018 年 5 月，相关单位先后组织召开了 4 次领导小组会、20 多次组织推进组会议，上百场次专题工作会，协同推进跨部门、跨地区的系统清理整合和信息共享交换等工作。工作机制的建立，有效调动了各部门的积极性，有力推动了部门间的协同配合。

3 协同创新共同体能力构建模型的提出

根据协同创新理论，协同工作是在“主体–要素–过程”三者的协同中开展，需要实现多主体联盟、各过程联通、全要素连接。整合共享工程归纳出 6 项重点措施，构成了协同推进工作的有机体系，将政产学研等主体打造成了密切配合的协同创新共同体，成为基于协同创新视角研究整合共享工程的基础。

3.1 “主体”在“主体–要素–过程”中发挥决定性作用

整合共享工程中，最具有能动性和创造性的就是各个主体，主体在协同创新中发挥决定性作用，是协同创新能否成功的关键所在。创新活动的目标需由各主

体共同认可，创新活动的路径过程由各主体共同商定，创新活动的资源提供及提供多少，也由各主体确定，所以，要素的提供及实现的过程，均需主体决定。能否打造一个互信互利、风险共担、利益共享的共同体，决定着多主体间协同创新活动的成败。整合共享过程中，各种“要素”的投入均内化为各主体的具体活动中，没有细化展开；整合共享的“过程”，也根据两个阶段的时间节点按步推进，也就是说，在整个整合共享工程中，“主体”发挥着决定性作用，“要素”和“过程”居于从属性角色。各“要素”的投入是整合共享工程完成各个“过程”的前提，没有人员、技术、资金等的要素的投入，各个过程只能是空转。“要素”在各个“过程”环节中实现了自身价值，要素越充足、配置越合理，过程也就越顺畅（图2）。

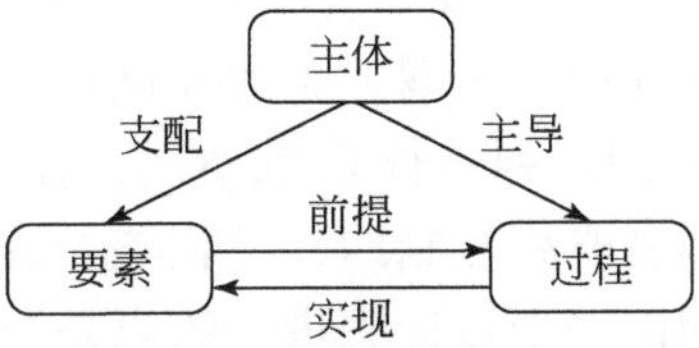

图2　协同创新共同体构成及关系

3.2　政府在各主体中发挥主导作用

作为一项复杂的系统性工程，政府、企业、高校、研究机构等主体在整合共享工作中发挥了重要作用。在四个主体中，政府，尤其是国家层面，发挥了主导性作用，不仅确定了目标、任务，而且制定了时间点、路线图，在顶层设计、组织策划、全面动员、推动实施、监督考核等各环节，都发挥具有无可替代的重要作用，调动了社会各方力量、整合了全方位资源。企业的作用主要体现在具体落实方面，如国家数据共享交换平台的建设和运维、各地方及各部门信息系统的清理整合等，高校和研究机构主要发挥决策参考作用，如对政策文件提出建议和意见，对各地方各部门提出指导意见，对具体问题拿出解决方案等。总体来看，企业、高校、研究机构的作用，都是在政府统筹协调的前提下实现的。

3.3　构建“激励—统筹—约束”协同创新共同体

梳理推进整合共享的6项主要措施，其内在逻辑规律，既包含了对主体的激励动员、也体现了对主体的约束规范，同时还发挥了统筹协调的作用，形成了“激励—统筹—约束”的共同体关系，为整合共享工程提供了有力保障。

“目标”和“利益”属于激励体系范畴。协同创新共同体，首先是一个目标共同体。客观方面，要为协同创新共同体制定一个明确的目标，所有主体要为一个共同的目标而协同配合。目标定了，各方力量才能够凝聚起来。其次，协同创新共同体也是一个利益共同体，没有共同的利益，也就失去了合作的意义。

“政策”和“督导”属于约束体系范畴。对于创新共同体，主要的约束分为两方面，一是政策约束，通过出台各类具有约束性或者法律效力的规章制度、标准规范等文件，约束各主体的行为。二是督导约束，通过组建督导组，形成督导机制，对目标任务完成情况进行监督检查，及时发现潜在的隐患，并进行有效干预，对出现的问题，则要求限期整改。

“平台”和“机制”属于统筹体系范畴。要实现各主体间有效的协同配合，必须要有得力的抓手，能够将各方统筹在一起。主观方面，要建立各主体合作的协调机制，明确各方职责、权利和义务。客观方面，要建立一个技术平台，为工作开展提供技术方面的保障，平台的建立，既能够方便各方办事，也能够一定程度上增强主体对平台依赖度。

“激励—统筹—约束”模型（encouraging-coordinating-constraining model，简称 ECC 模型），自身构成了一个有机统一的体系（图 3）。激励是完成一项任务的必要手段，能提高主体满意和绩效。各主体在合作过程中均有自身的利益诉求，如政府要做出政绩、推动产业发展，企业要创造经济价值，教师和科研人员要发论文、评职称。诉求不同，利益体现就不同，需要采取合理的方式进行激励。有激励也要有约束，两者既相互制约，又相辅相成，缺一不可。激励在于激发各主体的积极性，努力朝向一个目标迈进。约束是激励作用发挥的保障，能够增加犯错的成本，让主体不敢犯错，以解决合作成员出现的偏差及动力缺乏问题。一个好的机制，必定是激励、约束兼容并包、有机统一。统筹能够为激励和约束提供基础条件，使其既具备开展工作的载体，也获得体制机制方面的保障。“激励—统筹—约束”，形成了一个有机统一的整体，成为衡量能否成为协同创新共同体的依据。

激励	目标	利益
统筹	平台	机制
约束	政策	督导
	客观	主观

图 3　协同创新共同体的“激励—统筹—约束”模型（ECC 模型）

4　协同创新共同体能力构建模型的应用

协同创新共同体“激励—统筹—约束”模型的提出，是基于协同创新理论，从历时 1 年多的全国政务信息系统整合共享实践经验提炼而出，具有一定的普适性，有助于促进多主体形成密切协同的协同创新共同体，可用于指导政府参与，尤其是政府主导的跨层级、跨部门、跨系统的复杂性系统工程。“目标-利益-政策-督导-平台-机制”6 个维度，可作为研究政产学研等多主体合作的分析工具，作为衡量多主体协同能力强弱的依据。“激励—统筹—约束”模型可在以下三种场景发挥指导作用。

4.1 对于即将开展的工程，重在指导

由政府主导的跨部门复杂工程，如国家级的国家一体化大数据中心建设、区域级的数字经济建设等，在实施之前，应当参照“激励—统筹—约束”模型，完成以下6项任务：一是制定明确的目标，明确时间表、路线图，激励各方朝向共同的愿景目标奋进。二是理顺各方利益关系，充分关切各方利益诉求，坚持责权利匹配原则，使各方在参与过程中能够实现自身价值、获得应有的利益。三是将目标任务及主要工作上升为政府的战略，以政策文件形式印发实施，要求相关政府部门履行规定的职责任务，并以此带动企业及其他社会组织参与的积极性。四是从参与方中抽调人员组成督导组，对工作推进情况进行指导、监督，及时发现问题，并尽快推动解决。五是可基于已有的信息化基础设施，建设统一的信息共享交换平台，实现各参与方信息数据的共享，为开展统计分析、研判当前形势、监测工作进展、预测发展趋势提供支撑。六是建立跨部门的协调机制，应形成有效的工作领导机制、推进实施机制、监督机制，建立定期或不定期的工作会议制度，增强部门间协同配合力度。

4.2 对于已经开展的工程，重在改进

对于已经开展的政府主导的工程，如政务信息系统整合共享、互联网+政务服务、智慧城市建设，在实施期间，可比对“激励—统筹—约束”模型的思路，对工作进行评估改进。以政务信息系统整合共享为例，虽然取得了阶段性成效，但也存在政府间协同度不高、数据共享应用程度较低等问题，需要进一步增强协同创新共同体的协同能力。一是从利益等维度看，企业的利益上升空间很大。大数据时代，数据成为继农业时代的土地和劳动力、工业时代的技术和资本之后最关键的生产要素，将成为未来企业核心竞争力。应进一步激活数据价值，充分发挥企业的主体地位，让市场机制在整合共享工程中发挥更加重要的作用，使越来越多的企业参与到整合共享工程中，将整合共享从一项政府性工程转化为企业的一项重点业务，努力探索将整合共享产业化。二是从机制维度看，整合共享工程之所以能够顺利推进，关键在于建立了强有力的协同机制，但不足在于对政策文件及行政力量的依赖性太高，内生性动力不足，可持续性较难维系。今后应更加尊重和利用市场规律，推动工作机制和组织方法实现常态化，推进整合共享工程进入“2.0阶段”，走上可持续发展之路。

4.3 对于非政府主导的工程，重在转换

从整合共享工程中提炼的“激励—统筹—约束”模型，对于政府主导的工程，具有较强的指导作用，但是对于非政府主导的工程，就需要在使用时进行一定的转换。例如，政策维度，非政府主导的工程，可能没有针对性的政策文件，也就是说政策维度被弱化了，客观上对各主体的约束力度可能会降低，这时如果要增强主体间的协同能力，需要在增强利益预期、完善协同机制等其他维度进行

弥补。再如督导维度，企业主导的跨部门性工程，可能没有专项的督查指导，督导维度的职能转换为企业间落实各自的任务分工。

本文基于协同创新理论，通过案例研究，从政务信息系统整合共享工程实践，深化了协同创新共同体的概念，进一步拓展了协同创新理论的应用领域。通过构建协同创新共同体“激励—统筹—约束”模型，为增强多主体间的协同创新能力提供了有效分析工具，有助于破解协同创新中主体协调难度大、协同创新力度不足、运行机制不畅等问题，有利于实现多主体间长期、持续、稳定、高效合作，推动协同创新共同体形成目标共同体、价值共同体、利益共同体、组织共同体，推动跨层级、跨部门、跨地区复杂性工程取得成功。

致谢

本文得到国家自然科学基金重点培育项目“面向政府决策的大数据共享与治理机制”子项目：大数据治理规则体系研究”（项目号：91646127）、中国人民大学科研项目“基于大数据的智慧城市服务关键技术研究及典型应用”子课题“城市大数据集成技术与信息资源整合方法”（编号：15XNLQ08）资助。

参考文献

安小米，白文琳，钟文睿 . 2015. 支持协同创新体能力构建的知识管理方案设计 . 科技进步与对策，03：136-141.

安小米，宋懿，郭明军，等. 2018. 政府大数据治理规则体系构建研究构想 . 图书情报工作，62（9）：14-20.

崔新健，崔志新 . 2018. 多区域协同创新演化路径研究——构建 3×3 区域协同创新模式 . 经济社会体制比较，3（197）：53-62.

董豪，曾剑秋，沈孟如 . 2016. 产业创新复合系统构建与协同度分析——以信息通信产业为例. 科学学研究，34（8）：1152-1160.

樊博 . 2008. 绩效驱动的电子政务信息共享及协同应用 . 图书与情报，4：43-47.

冯伟宸，刘新萍 . 2018. 政府间协同与信息共享问题研究 . 安徽文学（下半月），1：153-154.

梁招娣 . 2015. 产学研联盟稳定性影响因素及其运行机制研究 . 广州：华南理工大学博士学位论文 .

林伟连 . 2016. 面向持续创新的产学研合作共同体构建研究 . 杭州：浙江大学博士学位论文 .

刘宾，董谦，辛文玉 . 2016. 京津冀科技协同创新共同体的构建及模式分析 . 商业经济研究，16：127-129.

施海燕 . 2017. 协同创新中心生成机理与实证研究 . 杭州：浙江工业大学博士学位论文 .

王翠霞 . 2014. 国家创新系统产学协同创新机制研究——基于复杂系统理论视角 . 杭州：浙江大学博士学位论文 .

王秀玲，王亚苗 . 2017. 加快京津冀协同创新共同体建设 . 经济与管理，2（31）：14-16.

王峥，龚轶 . 2018. 创新共同体：概念、框架与模式 . 科学学研究，1（36）：140-175.

杨学山 . 2009. 大力深化地方电子政务信息共享和业务协同工作 . 信息化建设，1：8-12.

於流芳 . 2017. 产业协同创新联盟的关系风险管理研究 . 南昌：南昌大学博士学位论文 .

张建国 . 2015. 加快构建京津冀协同创新共同体 . 经济与管理，1（29）：11-12.
张路蓬 . 2016. 基于创新网络的协同创新机制研究 . 哈尔滨：哈尔滨工程大学博士学位论文 .
张勇进，章美林 . 2018. 政务信息系统整合共享：历程、经验与方向 . 中国行政管理，3：22-26.
周志太 . 2013. 基于经济学视角的协同创新网络研究. 长春：吉林大学博士学位论文 .
邹波，郭峰，王晓红，等 . 2013. 三螺旋协同创新的机制与路径 . 自然辩证法研究，7：49-54.
An X M，Deng H P，Chao L M，et al. 2014. Knowledge management in supporting collaborative innovation community capacity building. Journal of Knowledge Management，3（18）574-590.
Lynn L H，Reddy N M，Aram J D. 1996. Linking technology and institutions ：The innovation community framework. Research Policy，25（1）：91-106.

作者简介

安小米　女，英国利物浦大学博士，现为中国人民大学信息资源管理学院教授，主要研究方向：政府信息资源管理与知识管理、智慧城市及其数据治理、大数据与人工智能应用场景下的数据治理。

作者简介

郭明军　男，现为国家信息中心大数据发展部经济师、副处长，2012 年毕业于中国科学院科技政策与管理科学研究所，获管理学硕士学位；2017 年至今，在职攻读中国人民大学信息资源管理学院管理学博士；主要研究方向为政府信息资源管理与大数据治理协同创新，发表论文 20 余篇。

作者简介

魏玮 男，现为中国人民大学信息资源管理学院博士生，主要研究方向为智慧城市大数据治理与知识管理。

风险管理标准化工作进程与规划

高晓红　陆小伟

摘要

从人类朴素的风险管理到众多风险管理理论学派的兴起，再到风险管理国际标准的诞生，这个过程中蕴含了众多理论和实践探索者的汗水和智慧。本文从标准化的角度，介绍了国际上主要国家、国际标准化组织和我国的风险管理标准化工作的情况，并对我国风险管理标准化领域下一步的工作进行了展望和规划。

关键词：风险管理；标准化

1　引言

风险是一个古老的概念。可以说，自从有了人类，便有了风险，也同时有了人类对危机的恐慌和对安全的渴求，也就有了管理风险的动力。随着经济和社会的发展，人们驾驭自然的能力增强了，管理风险的水平也在不断提高。然而，由于经济发展、全球化、科技进步、人口增加、国际关系变化等新的情况的产生，各种不确定、不稳定因素大大增加，人们所面临的风险因素的种类和数量也增加了很多。特别在需求变化日新月异的情况下，产品换代周期日益缩短，技术革新的风险越来越大，再加上国际环境动荡不安，使风险管理成为全世界普遍重视的问题。可以说，风险管理是一个永恒的话题。风险管理是通过识别风险、评估风险、分析风险并在此基础上有效地控制风险，从而大大增加一个组织实现其整体目标的可能性，以及保持长期稳定的能力。

制定标准的目的是为了在一定范围内获得最佳秩序。这里所说的“最佳秩序”，指的是通过制定和实施标准，使标准化对象的有序化程度达到最佳状态。由于不同的组织对风险管理可能有着不同的理解，关注的焦点也各有不同，这就造成了不便于实现风险管理的各个相关方之间的相互配合与促进、难以开展对整体风险管理效果的客观评价等问题，也就难以达到“最佳秩序”。因此需要制定风险管理标准来对风险管理行为进行规范。风险管理标准就提供了一种共同的语言或公式，有了统一的标准，实施风险管理的相关各方就可以使用相同的风险管理过程，有了相同的决策、处理基础，就有可能对风险管理持有共同的认识，所以说，进行风险管理标准化有利于规范风险管理活动。另外，在长期的生产实践中，人们为了规避风险或减少损失，已经积累了一定的经验，也取得了大量的科技成果，这些成果和经验如果以标准的形式来表达，对于组织在实施风险管理中提高效率具有重要意义。综上所述，在风险管理标准的指导下，组织的风险管理工作可以更规范、更高效，标准化、系统化的方法可用于帮助组织识别、分析、评价所面临的各种风险，并给出适当的处理措施，从而进一步提高组织管理水平，增强竞争力，实现组织的持续、健康、稳定发展。

本文将通过笔者参与风险管理标准化工作的经历，对国内外风险管理标准化情况进行梳理、总结，并在此基础上，对我国风险管理标准化领域下一步的工作进行展望和规划。

2 国际风险管理标准化工作情况

风险管理及其标准化已经引起了国际社会的广泛关注，许多国家和国际组织现在正在试图通过规范化、标准化的风险管理手段来加强风险管理的绩效。

2.1 主要国家风险管理标准化

澳大利亚、加拿大、奥地利、英国、德国、日本、法国、美国等国家的风险管理研究和标准起步较早，也各有特点，拥有许多成功的经验。各个国家风险管理相关标准的统计表见表 1。

表 1 各国风险管理标准统计表

国家	组织	标准号	中文标题
澳大利亚	AS	SAA HB254：2005	控制保证与风险管理指南
		SAA HB203：2012	环境风险管理-原则和过程
		SAA HB205：2004	职业与健康安全风险管理指南
		SAA HB221：2004	业务持续管理
		SAA HB240：2004	外购中应用 AS/NZS 4360 过程管理风险指南
		SAA HB141：2011	风险融资指南
		SAA HB231：2004	信息安全风险管理导则
英国	BSI	BS 6079—2019	项目管理 与项目风险有关的经营管理指南
		BS 7799-3—2017	信息安全管理系统：信息安全性风险管理指南
		BS 31100—2011	风险管理 实施规程
德国	DIN	DIN EN 14459—2016	燃气炉和燃气燃烧设备控制系统使用电子设备的风险分析方法和推荐标准
		DIN CEN/TS 15260—2007	医药卫生信息　健康信息产品防范风险分类
奥地利	ON	ONR 49000	组织与系统风险管理 术语与原则
		ONR 49001	组织与系统风险管理 风险管理系统要素
		ONR 49002-1	组织与系统风险管理 第 1 部分 风险管理指南
		ONR 49002-2	组织与系统风险管理 第 2 部分 风险管理与一般管理体系集成指南
		ONR 49003	组织与系统风险管理-风险管理师资格

续表

国家	组织	标准号	中文标题
法国		NF S99-211—2013	医疗装置 医疗装置风险管理的应用
日本	JISC	JIS Q31000—2019	风险管理系统的开发与实施导则
		JISR9700—2013	机械安全性 风险评定的原理
美国	ANSI	ANSI/NFPA 1250—2015	应急服务机构风险管理的推荐实施规程
	SAE	SAE ARP 9134—2014	供应链风险管理指南

综合各个国家的风险管理标准情况，可以发现，澳大利亚的风险管理标准影响比较广泛，甚至对国际标准的制定都有很大影响；奥地利的风险管理标准体系比较完备，系统性比较强，便于推广实施；加拿大对政府和决策者的风险管理比较重视。各国基本都采用了“转化国际标准”和“自主制定国家标准”相结合的模式，并且经过若干年的发展，逐步完善自己国家的风险管理标准体系。

另外，通过与相关国家的专家交流，我们还了解到许多国家并不满足于目前存在的这些风险管理标准，而是继续在一些重要领域制定自己的风险管理标准。例如，风险沟通标准、公司治理标准、项目风险管理标准、风险分析技术与风险识别标准、内部控制标准、重大事件管理标准、地方政府风险管理标准、重大事件风险管理标准、金融风险标准、风险偏好与承受度标准、小企业风险管理标准、风险管理实践评估标准、合同风险标准、非营利组织风险管理标准、教育风险管理标准、儿童看护风险管理标准、风险管理实践者核心竞争力标准、公共政策制定风险管理标准、法律风险管理标准、人力资源风险管理标准、航空风险管理标准、农业经营风险管理标准、重要基础设施风险管理标准、公共安全风险管理标准、能源风险管理标准等。

2.2 国际风险管理标准制定情况

国际标准化组织（ISO）于 1998 年成立了 ISO/TMB 风险管理术语工作组，历时 4 年制定了《风险管理 术语 标准用词使用指南》，即 ISO/IEC Guide 73，旨在促进风险管理术语的规范使用，为风险管理行为的实施提供指导，并加深 ISO 和 IEC 的成员国之间在风险管理问题上的互相交流和沟通理解。该标准于 2008 年完成修订，修订后由 ISO、IEC 双编号改为 ISO 单独编号，即《ISO Guide 73：2009 风险管理 术语》。

2005 年 7 月国际标准化组织/技术管理局（ISO/TMB）成立了专门的风险管理工作组，进行风险管理国际标准《风险管理 原则与指南》的制定。此国际标准在 2008 年正式出版《ISO 31000：2009 风险管理 原则与指南》，并于 2018 年完成了第一次修订，出版了《ISO 31000：2018 风险管理 指南》。该标准试图为任何规模、任何类型的组织进行风险管理提供一个最高层次的文件，从而为现存的处理具体风险的标准提供支撑。这些标准规范了组织进行风险管理的流程与体系框架，明确了风险管理向整体化发展的方向。

从整个国际风险管理标准化工作的发展历程来看，大致经过了以下 4 个阶段：

1）第一阶段（2005～2009 年）。此阶段的工作由直属于国际标准化组织/技术管理局的风险管理工作组（ISO/TMB/WG RM）牵头开展，主要工作成果是

《ISO 31000：2009 风险管理—原则与指南》的制定和《ISO Guide 73：2009 风险管理 术语》的修订。我国从工作组成立的第一次会议就开始参与，在这个阶段主要是积极参与、主动贡献。其中，有几个标志性事件显示出我国参与程度的不断深入：2006 年，在工作组第二次会议上，我国加入了由 5 个国家组成的编辑小组；2007 年第四次工作组会议上我国代表提出的关于风险的定义，得到投票通过；同年成功承办了第五次工作组会议，并以此为契机，成功举办了国内对口单位 SAC/TC310 的成立大会和 2007 风险管理国际论坛。

2）第二阶段（2011 ~ 2014 年）。此阶段开始的标志是 ISO/TC 262 的成立，主要产出是《ISO TR 31004 风险管理 ISO 31000 实施指南》以及 ISO 31000 有限修订的启动。2011 年 3 月，ISO/TMB 批准成立了专门的风险管理技术委员会 ISO/TC 262（风险管理），下设若干工作组（WG）：

WG1 主要承担 ISO 31004《风险管理 ISO 31000 实施指导》的制定工作，本来计划做一个 ISO 31000 的实施指南，但由于各国意见难以统一，最后只能作为技术报告发布了。

WG2 主要负责 ISO 31000 的修订工作。在 2013 年的芝加哥会议上，技术委员会决定开始对 ISO 31000 开展有限的修订，即不进行大的改动。

2014 年又成立了 WG3 和 WG4 两个工作组，分别负责“业务中断性风险管理”和“供应链风险管理”，由于工作开展不利，这两个工作组已经取消。

3）第三阶段（2015 ~ 2018 年）。此阶段由有限修订转变为无限修订。经过修订后的 ISO 31000 更名为《ISO 31000：2018 风险管理 指南》，并于 2018 年正式发布。

另外还有个重要的标志事件是由中国提出的国际标准提案 ISO 31022《企业法律风险管理指南》得到通过并有序推进。这是 ISO/TC 262 在具体领域中开展风险管理的第一个标准，ISO/TC 262 专门成立了第五工作组（ISO/TC 262/WG5）负责此项标准的制定。WG5 是目前 ISO/TC 262 正在开展标准制定工作的最大的工作组，专家人数达到了 65 人，覆盖了 18 国家。WG5 由我国专家高晓红博士作为召集人，负责 ISO 31022《企业法律风险管理指南》的制定工作，该标准是以我国国家标准 GB/T27914《企业法律风险管理指南》为蓝本的，这也是“中国标准走出去”的一个标志性胜利。

4）第四阶段（2018 年至今）。从 2018 年开始，ISO/TC 262 的标准数量直线上升。除了在研的 ISO 31022 之外，又有《旅行风险管理指南》、《新兴风险管理指南》、《ISO 31000 指导手册》等新国际标准的立项。2018 年我国提出了国际标准提案《消费品安全风险管理技术通则》，并在 ISO/TC 262 年会中将《消费品安全风险管理技术通则》延长期限并注册成新的 PWI 项目。整体来说，此阶段 ISO/TC 262 的工作呈现出百花齐放的状态。

2.3 我国风险管理标准制定情况

我国从 2005 年第一次 ISO/TMB 风险管理工作组会议就开始参与风险管理国际标准 ISO 31000 的制定。自 2007 年全国风险管理标准化技术委员会（SAC/TC

310）成立以来，在国家标准化管理委员会的指导下，在各位委员的努力下，我们克服各种困难，积极参与风险管理国际标准化工作，构建了适应我国国情的风险管理标准体系，发布了风险管理国家标准7项（表2）、主导制定了国际标准1项，有力推动了风险管理在社会各界的应用推广。通过学习研究ISO 31000等一系列国际风险管理标准，我国在风险管理标准化领域已经从密切跟踪、适时转化向主动研究、引领国际标准转变。

表2 我国风险管理标准统计表

标准号	标准名称
GB/T 23694—2013	风险管理术语
GB/T 24353—2009	风险管理 原则与实施指南
GB/T 24420—2009	供应链风险管理指南
GB/T 26317—2010	公司治理风险管理指南
GB/T 27291—2011	风险管理 风险评估技术
GB/T 27914—2011	企业法律风险管理指南
GB/T 33455—2016	公共事务活动风险管理指南

在上述标准中，前三项标准构成了我国风险管理标准体系中的重要基础类标准，提出了我国风险管理的术语范围、实施框架和技术体系，为未来风险管理标准的制修订奠定基础；后四项标准则属于对重要典型活动的直接指导，满足了这些亟须进行风险管理的领域对风险管理规范指导的迫切需求。这一系列标准的及时推出，填补了我国风险管理领域基础标准的空白，对指导各相关行业、领域、企业规范实施风险管理活动提供了重要的标准支撑和技术指导。

其中，《企业法律风险管理指南》是在研究法律风险管理理论、集成成功企业实施经验的基础上制定的，一经发布，得到了社会各界，尤其是国资委、中央企业、律师事务所、风险管理中介机构等的广泛关注。目前以标准为蓝本的国际标准提案又被国际标准化组织ISO列入国际标准制定计划，拟于2020年正式发布。这标志着我国在风险管理国际标准化领域的地位和作用日渐增强。

3 风险管理标准化的前景与展望

3.1 风险管理及其标准化越来越受重视

近年来，党和国家高度重视风险管理工作。党的十九大报告中明确提出，“要坚决打好防范化解重大风险的攻坚战”。特别是随着风险管理理论和实践的逐步深入，我国各级政府部门对风险管理的重视程度也在不断提高，从企业经营管理、金融风险、食品安全到公共安全、廉政风险和社会稳定风险等，风险管理的应用领域逐步扩大，应用程度不断加深，风险管理理念深入人心，让人们从“谈风险色变”转变为理性的对待和管理风险。

3.2 充分了解社会需求，不断完善我国的风险管理标准体系

随着国内各行各业对风险管理理论与技术的需求日益旺盛，以及对标准化工作的认识日趋深刻，风险管理方面的标准越来越得到社会的关注。应当充分调研了解社会对风险管理标准化工作的需求，选取重要领域的风险对象开展标准化工作，从数量上和质量上切实推动国家标准制修订工作，不断完善国家风险管理标准体系。同时，还要通过出版专著、开展培训等系统宣贯工作，争取社会各界对风险管理标准化工作的深入认识和广泛参与。

3.3 积极研制风险管理标准，争取主动权，有利于中国企业在国际竞争中获得优势

风险管理势必成为企业管理的核心内容，风险管理标准化也是大势所趋。虽然我国已经参与到国际风险管理标准的制定中，也在部分风险管理国际标准制定中占有主导地位，但参与的程度和所起作用与我国的政治经济地位还不相称，需要更多国内有实力的专家特别是来自企业的专家参加这项工作。一方面，在将来更多的具体领域的风险管理国际标准时占据一席之地，在风险管理国际规则中反映更强劲的中国声音；另一方面，鼓励企业根据自身情况，主导或参与国际、国内风险管理标准的制定，有利于掌握风险管理的最新动态，甚至获得规则制定者的地位，使企业在国际竞争中获得竞争优势。

作者简介

高晓红　女，博士/研究员，现任中国标准化研究院质量管理分院副院长、全国风险管理标准化技术委员会（SAC/TC310）秘书长、国家市场监管总局产品质量安全风险监测中心副主任。研究方向为风险管理标准化，代表中国参加国际标准化组织/风险管理技术委员会（ISO/TC 262）的工作，作为召集人，主持制定《ISO 31022 风险管理 法律风险管理指南》国际标准。参与制订国家标准 10 余项，发表科技论文 30 余篇。

E-mail:gaoxh@ cnis. ac. cn

作者简介

陆小伟　男，中国标准化研究院质量管理分院、全国风险管理技术标准化委员会（SAC/TC310）秘书；中国标准化战略与创新联盟风险管理专业委员会秘书长。主要研究领域：风险管理标准化、专项风险管理标准化。参与制定国际标准 3 项，参与制定若干项国家标准和团体标准，发表论文 10 余篇。

E-mail:liuxw@ cnis. ac. cn

企业决策中风险的价值

吕多加

摘要

本文通过对企业决策中的不确定性的分析，提出了决策中风险的价值的概念，指出“决策的价值等于基准决策的价值加上风险的价值”，并由此提出基于风险的价值决策的方法，说明基于风险的价值决策就是正确的决策。本文中还提到一般风险度量需要满足的条件，指出一些常见的风险度量应用在决策中的弱点。本文在最后指出了在企业中应用基于风险的价值决策时需要注意的一些问题。

关键词：决策；不确定性；价值；风险；风险评估

风险管理近年在全世界得到了长足的发展。过去，风险管理在非金融行业的企业中的应用基本局限在保险、安全等领域。21 世纪初以来，风险管理在其传统领地以外开疆拓土，不仅将金融行业在信用风险管理、市场风险管理等方面的技术和经验应用于非金融行业的采购和市场销售等业务，而且形成了全面风险管理的理念和管理体系框架。可以看到，从 COSO ERM（2004，2017）、国务院国资委的“中央企业全面风险管理指引”（2006）到 ISO 31000（2009，2018），经过十几年的理论探索和实践积累，目前世界范围内对于全面风险管理的发展逐渐形成两个共识，也可以说是当前风险管理普遍关注的两个领域。一个共识是风险管理必须和其他的管理体系融合，另一个是共识是风险管理必须和业务融合。当然，这两个共识现在还基本上处于初步认识阶段，也就是，整体方向大概清楚，但如何落地还不明确。例如，ISO 内部在 2013 年就发布了指引，提出用风险的语言规范所有管理体系，但至今各技术委员会之间对使用什么样的风险定义还有不少争论。又如，COSO 的 ERM 2017 新版，相比起 ERM 2004 版，突出了风险管理在企业重大决策中的应用，强调风险管理和企业价值的联系，制定和企业战略一致的风险偏好，但 COSO 的风险偏好仅仅表达为一个“声明”（statement），而这种形式的风险偏好在具体的经营决策中所能起到的作用极为有限。

本文讨论的问题是上面所说的两个风险管理的应用领域中的一个，即风险管理在企业决策过程中的应用。本文从决策价值出发，提出企业决策的风险价值概念，并以此说明基于风险的决策就是基于价值的决策，基于风险的价值决策是正确的企业决策，或者说合理的企业决策。

先说明一点，中文里的“决策”一词，通常有两个含义。一个是作为动词，表示做出选择的动作或过程，即决策过程。另一个作为名词，表示做出的选择。为了避免歧义，本文中，把决策过程称为“做决策”，而把“做决策”的结果称为“决策”。简言之，“决策”是“做决策”的结果。“做决策”在本文中，涉及范围仅包括企业决策行为中从多个选项中做出选择的行为，而不包括如何发现选项，如何优化选项等其他对企业决策至关重要的问题，因为如何选择的问题往往更加直接、更加具体。

1 企业决策问题

企业决策是企业从多个选项中做出有目的的选择，做决策是企业的有意识行为。每一天，都会有各种各样的选择问题摆在企业决策者面前。例如：

- 是否需要开发某一个技术?
- 选择哪一个合作伙伴?
- 什么时候推出新款产品?
- 是否投资给某个项目?
- 是否应该签这个合同?

对于任何一个企业而言，决策都是至关重要的。每个企业在其一生之中都必须做出大大小小的各种决策。企业的生命就在各种做决策和执行决策的周期中度过。决策管理是企业管理的核心内容，决策能力是企业管理者的核心能力。由于做决策时企业选择的自由，很多人认为，相对于做决策后的执行，企业的成功与失败取决于一系列的决策。

实际上，决策不仅对企业是至关重要的，对任何组织都是如此。所以，从远古时候人们就开始了对决策方法的研究，从求神问卜到理性决策模型，从头脑风暴到人工智能，人们对决策的研究历史悠久，方法多样。近几十年来关于一般决策的研究成果数不胜数，包括获得诺贝尔奖的研究成果就有好几个。同时，与决策学术研究的进展形成巨大反差的是企业决策的现实。据笔者观察，除个别行业以外，一般企业做决策的方法，除了做决策时所掌握的数据多了一些以外，实践中的操作和几百年前相比变化不大。研究成果在企业中实际应用的很少。这种严重的理论成果和实践脱节的现象，在管理科学的历史上是罕见的。

这种企业决策领域理论和实践的脱节，反映了企业决策问题的深刻性和复杂性。从学术文献看，决策学术研究探讨的是一个基础的科学问题，就是“怎样做出正确的决策?”当然，如果能够回答这个问题，那么所有类似上面列举的企业决策问题，就会迎刃而解了。但这个问题很难回答，因为这个问题实际上还隐含着另一个更基本的问题，就是“什么是正确的决策?”这后一个问题就没有一个统一的答案了，这涉及决策者的价值观。笔者认为，这是导致决策科学的研究成果没有能在企业决策中应用的两个主要原因之一。人的价值观是复杂的和动态的。近年来行为心理学等研究揭示出的各种有悖常识的现象，如阿莱悖论、艾尔斯伯格悖论、泽克豪瑟悖论、偏好逆转等，正说明了价值观的复杂多样性。另外一个导致学术研究成果没有能应用到企业决策实践中的主要原因，是现有的学术研究成果没有结合风险管理的发展，未能恰当处理企业决策中的风险，不切实际地强调先验的偏好曲线。针对这两个原因，本文提出通过评估决策中风险的价值，实现企业决策的合理化、科学化。这个思路，经过几年的企业观察和实践检验，证实是可行的。

在考察企业决策中风险的价值之前，我们先看确定性条件下企业决策的价值。

2 确定性条件下的企业决策的价值

2.1 决策的目标、结果和价值

企业做每个决策都是为了实现一定的目标，而且一个企业决策可能有多个目标。企业决策的目标还可能是多维度的，不见得都能用财务指标来衡量。例如，企业的目标可能是：

- 按照计划时间完成项目；
- 安全生产；
- 实现预定的销售收入；
- 达到一定的盈利水平；
- 满足三个月的生产需要；
- 掌握一定的资源；
- 建立好的声誉；
- 完成一定的社会慈善任务。

企业决策的目标不仅可以是多维度的，还可以是多层次的。例如，企业可以设立最低目标、最高目标。

所谓确定性条件下的企业决策，就是做决策时就知道结果。例如，成与不成，赚还是亏，拿到苹果还是梨。这个结果，与实现目标的过程的时间长短、环境好坏无关。所以确定性条件下，决策和决策执行的结果是一一对应的。

2.2 确定性条件下的价值决策

对每一个企业决策，完成目标或不完成目标都有一定的价值。这个价值是企业内在价值观的体现，而不是企业写在纸上的口号。对于某个企业决策，完成目标的价值也许不能用金钱来计算，但它和不完成目标的价值肯定是不同的。由于在确定性条件下，不同的决策确定地对应着不同的结果，企业就根据对这些结果的价值判断，来做决策。例如，在面临其他条件相同的情况下，企业会选择花较少的钱来采购设备，会选择盈利更高的项目。即使在面临两个有不同维度的结果的决策时，企业也会根据对这两个决策的价值判断，做出选择。例如，现在有两个投资选择，一个是新能源，一个是扩大现有产品线。新能源的项目，经济效益不够好，但能够让企业进入有前途的市场，获得新的技术，并且产生较好的市场声誉；扩大现有产品线的项目，经济效益较好，能够让企业在现有市场扩大市场占有率。比较这两个多维度的结果，企业会做出选择。如果企业选择新能源项目，说明企业认为新能源项目比扩大现有产品线项目更有价值。

企业的决策本身，说明企业对价值有一定偏好。这个偏好，只能说是企业内在价值观的体现，一般很难通过一个普遍的形式显示出来，像通常见到的企业的"核心价值观"表述一样。当然，研究者可以像显示偏好理论所说的那样，用观察企业决策纪录的方法，从而归纳出企业的价值观。但这样做的意义不大，因为即使归纳出来，也极有可能无法用来指导企业做决策。对于企业而言，价值观的表现就是在任何时候，从有限的选项里面，总能够选择出一个它认为最好的、最有价值的选项。这样说，不代表企业不存在一定范围的、具体的价值判断标准。所以，抽象的企业价值观，在具体的决策中可能表现很简单。例如，在决定是否投资一个项目时，企业可能只会考虑盈利和回报率等经济指标。这时，价值观就体现在不同的回报率、收入规模和盈利预期之间的比较。又如，企业可以设立可接受的底线，以及各种交易条件之间的交换标准，用于指导和交易对手的谈判。

在这点上，企业和个人的行为是类似的。心理学实验证明，面对不同的确定结果时，除了心理、神经系统有疾病的人，正常人都具有选择的能力。例如，一个正常人面临选择苹果还是梨的时候，不会长期犹疑不决，无法做出选择。选择苹果的人，会觉得选择苹果比梨更值得、更好。但是，如果继续问为什么如此，选择苹果的人可能给出的答案都不一样，甚至同一个人在不同时候给出的答案也不一样。如果再问有没有一个对所有水果的偏好顺序，相信没有一个人说得出来。实际上，心理学的研究证实，人们的头脑里并没有一个早已存在的顺序，决定哪些东西更值得选择。人们对不同的选择赋予的价值，是临时构建的。而构建的价值则依赖于过去的经历、知识、更抽象的价值取向、当时的环境等因素。正常人的价值观，正是在生活之中经过不断学习、尝试而逐渐成熟的。但在价值观形成的任何阶段，人都有这种构建相应的价值的能力。这种能力是人类与生俱来的。没有这种价值构建能力意味着没有选择能力。可以预见，没有选择能力的人类在长期进化过程中是不可能生存下去的。

当然，企业做决策的行为远比个人复杂。企业可能有多个利益相关人，其中绝大多数不会参与企业做决策的过程。与此相关的是，企业里实际做决策的人可能并不会承担多少企业决策带来的后果。所以，实际的企业决策往往会产生复杂纠纷的利益关系。这些是企业的治理结构要考虑的问题。为了更方便地说明问题，本文简化了企业的利益相关人、决策者和风险承担的关系等，而把企业看成一个个体，并假设企业决策者完全出于企业的利益考虑问题，决策者的价值观就是企业的价值观。

使用企业的价值观区分选项时，有两方面相互关联的条件需要注意。一方面的条件是相对于企业的价值观，企业对各个选项的描述要有足够大的差别，选择才有意义。在确定性的条件下，就是不同决策导致的结果要有足够大的差别。如果结果都差不多，对企业来讲无所谓，那么企业的价值观就没有用了。另一方面的条件就是相对不同的选项，企业的价值观要足够详细到可区分的不同选项。举例来说，如果给一个人两个水果供选择，一个是苹果，另一个是梨。如果这个人的价值观中对苹果和梨没有区别，那就无所谓选择，随便拿一个就好了。但如果这个人确实更喜欢苹果，但是只告诉他说这里有两个水果，你挑一个吧。这个人肯定不会满意，因为他随便挑一个就有可能没有选到他更中意的水果。

在企业决策的环境中，也有和以上类似的情况。一方面，企业决策者往往面临在一个不熟悉的领域里面做决策。这时企业决策者关于该领域的价值观还没有成熟，不知道需要掌握哪些要紧的信息，甚至有了信息都分不清优劣。另一方面，提供给企业决策者的方案没有包含足够的信息。也许所有选项看上去都很好，但企业决策者从中得到的信息不足，从而无法做出高质量的价值判断。这是企业在其不熟悉的领域做决策时必然面临的一个重大风险。

价值的衡量可以是带量纲或单位的数字，如 50 万元，也可以是无量纲的顺序或数字，如 10. 2、很好、很满意等。对价值衡量的最起码要求是能够区分不同选项，以便决策。

总之，在确定性条件下，企业在做决策时就知道决策与结果的一一对应关系。这时企业只需要根据自己的价值观找出所有决策中价值最高的选项就可以了。选择最有价值的选项，就是企业的正确决策。但是，企业决策所依赖的价值观，以及企业内部支持决策的体系，都不是一天两天就能建立的，需要一个成长到成熟的过程。

3 不确定性条件下的决策的价值

3. 1 不确定性对决策价值的影响

和确定性条件下的决策相比，不确定性条件下的决策是在决策的时候不确定知道决策的结果。不确定性条件下决策的时候，也许对可能出现什么样的结果毫不了解，也许知道可能结果的范围，但是不知道到底哪一个结果会出现。例如，如果一个游戏通过掷硬币来决定输赢，那么在最终结果出现之前，参与游戏的一方不会知道自己会输还是会赢，只能说胜负的可能性各半。不确定性在这里是指一种和时间有关的不确定性，不能通过搜集信息，获取知识来消除不确定性，只有时间才能消除不确定性。在实现决策目标的过程结束之前，不确定性始终存在。这里说的不确定性，是泛指结果的不确定性，包括了知道未来结果的可能性，也包括了不知道未来结果的可能性的情况。

2. 2 节提到，在确定性的条件下，决策和决策的结果是确定一一对应的。所以，确定性的条件下企业做决策只需要价值观。成熟的价值观就能指导做出正确的价值决策。而在不确定性条件下，决策和决策的结果不再是一一对应的，选择一个决策不见得就能得到某一个结果。因此，在不确定性条件下评估决策的价值，以便比较两个决策的优劣、好坏，就不能再用决策的某一个可能结果的价值。换句话说，在不确定性条件下，不能按照某一个可能的结果来决策，必须考虑不确定性的影响。

实践证明，和确定性条件下的决策一样，在不确定性条件下，企业和个人也都有能力考虑不确定性的影响下做出决策，而不会犹豫不决，不知所措。这说明，企业和个人有能力评估在不确定性条件下决策的价值。但是，不确定性条件下决策的价值和去除了其中的不确定性之后决策的价值应该有所不同。换句话说，不确定性改变了原来确定性条件下决策的价值。下面从一个简单的假想实验来看看不确定性是如何改变了决策的价值。

图 1 装着玻璃球的坛子

假定有这样的游戏，参与者要花 5 元买票才能加入游戏（图 1）。游戏的设计是有两个坛子，A 和 B，都装有 10 个不同颜色的玻璃球。游戏规则是从一个坛子中随机拿出来一个玻璃球，以这个玻璃球的颜色决定输赢。如果拿出来的玻璃球是红色，就赢 10 元；如果拿出来的玻璃球是别的颜色，就不输不赢。当然，在后一种情况下，参与者会损失买票的 5 元。参与游戏的人可以决定从坛子 A 或坛子 B 中随机抓取一个玻璃球。我们为方便说话，把从坛子 A 中抓取一个玻璃球称为游戏 A，把从坛子 B 中抓取一个玻璃球称为游戏 B。假设有一个人，为方便起见，我们称之为路人甲。路人甲现在有 5 元，正在寻求用这 5 元做本钱盈利 20%。此时，路人甲的决策选项是加入游戏 A 或游戏 B，或不加入任何游戏。当然，如果路人甲不加入这个游戏，就没有输，也没有赢，但是路人甲盈利 20% 的目标也不能实现。所以，路人甲需要看看坛子 A 和坛子 B 里面的玻璃球的颜色再决定是否要买票参与游戏。

假如游戏 A 和游戏 B 的情况相同，在两个坛子里 10 个球都是同一个颜色的。但不同的是，游戏 A 坛子里的球是红色的，而游戏 B 坛子里的球都是白色的。对路人甲而言，参与游戏 A 和游戏 B 的结果都是确定的。路人甲是否买票加入游戏 A 或游戏 B，就看坛子里球的颜色是否是红色。如果是红色，参与游戏者一定能赢 10 元；如果不是红色，参与游戏者就赢不到钱，反而会亏掉买票的 5 元。这时路人甲的决策就很简单，是一个确定性条件下的决策：如果坛子里的球是红色，就买票参与，结果是赢 10 元，扣除买票的 5 元钱，净盈利 5 元，相当于盈利 100%；如果不是红色，就不买票参与游戏。不参与游戏不盈不亏，虽然没有实现盈利 20% 的目标，但也比亏掉所有本钱强。因此，路人甲的决策参与游戏 A，拒绝游戏 B。对一个思维正常的人而言，路人甲的决策毫无疑问是正确的。

现在我们给路人甲的决策场景增加一点不确定性。假设还有一个游戏 C，而路人甲面对的选择是参与或不参与游戏 C。这个游戏 C，基本的设计和游戏 A 和游戏 B 是一样的，不同的是游戏 C 的坛子里有 9 个玻璃球是红色，1 个玻璃球是白色。这时，路人甲是否买票参与游戏完全取决于如何对待参与游戏 C 的决策价值。如果路人甲认为参与游戏 C 比不参与游戏更值得，那么就会买票参与游戏，否则就不参与。这时，虽然不能保证赢 10 元，但毕竟赢 10 元的可能性达到 90%。如果路人甲和多数人想法一样，此时路人甲会选择参与游戏 C。这说明在不确定性条件下，路人甲也有决策能力，而且路人甲认为在这种不确定性条件下参与游戏 C 的决策价值大于不参与。

如果我们给路人甲的选择不是参与游戏 C 与否，而是在游戏 A 和游戏 C 中间选择一个参与。游戏 A 是确定性的，能赢 100%；游戏 C 是不确定性的，有很大的可能性赢 100%，同时又有很小的可能性输 100%。那么，路人甲的选择一定会是参与游戏 A。反过来，如果我们给路人甲的选择是在游戏 B 和游戏 C 中间选择一个参与，由于游戏 B 是确定性的，肯定会输 100%，而游戏 C 只有很小的可能性输 100%，其余的情况会赢 100%，此时路人甲的选择一定会是游戏 C，即使游戏 C 是不确定性的。

总结以上的实验结果，我们知道在参与游戏 A、参与游戏 B、参与游戏 C 和不参与任何游戏这四个选项之中，路人甲的选择顺序如表 1 所示。

表 1 选择顺序

决策选项	决策条件	结果分布
参与游戏 A	确定性	100% 可能性赢 100%
参与游戏 C	不确定性	90% 可能性赢 100%，10% 可能性输 100%
不参与任何游戏	确定性	100% 可能性不赢不输
参与游戏 B	确定性	100% 可能性输 100%

路人甲的选择顺序说明，在路人甲看来，参与游戏 A 的价值比游戏 C 高，参与游戏 C 的价值比不参与游戏高，不参与任何游戏比参与游戏 B 高。

游戏 A 和游戏 C 的比较，可以看出不确定性确实改变了决策的价值。至于说改变了多少价值，依赖于路人甲个人的判断和环境条件。一个更直观的方法，可以测试出路人甲眼中游戏 A 和游戏 C 的价值差别。这个方法就是改变一下参与游戏的规则，把花 5 元买票参与游戏，变成参与者竞价买票。对于参与游戏 A 的决策，路人甲认为其价值 10 元，这很可能也是我们每个人的想法。原因在于，一方面，路人甲肯定不会花高于 10 元的价格买票参与一个肯定赢 10 元的游戏；另一方面，对任何低于 10 元的价格，路人甲肯定也是会接受的，因为用低于 10 元的价格买票参与一个肯定赢 10 元的游戏是划算的。对于参与游戏 C 的决策价值，路人甲不会认为其高于 10 元，因为花 10 元买票顶多能赢 10 元，且还不是一定能赢 10 元，所以这样的决策价值不会高于 10 元。但是，游戏 C 价值不会是 0，因为这个决策没有输的可能，只有赢的可能。在改变原来游戏规则之前，路人甲愿意花 5 元钱成本参与游戏 C 说明路人甲眼中游戏 C 的价值高于 5 元。所以，对路人甲而言，原来规则下游戏 C 的价值应该在 5 元和 10 元之间。这很可能也是多数思维正常的路人的想法。

3.2　决策中风险的价值

当进一步考察不确定性改变决策价值的原因，我们会发现，原因是在不确定性条件下决策者无法判定决策的目标是否能完成或完成得好坏。或者说，决策价值改变的原因是不确定性影响了决策目标的完成。这个“不确定性对目标的影响”，用现代风险管理的术语来说，就是风险。因此，如果我们用风险管理的术语来描述上面的实验结果，就是从参与游戏 A 到参与游戏 C，游戏 C 有了一些不确定性。在参与游戏 C 时，无法保证仍然得到参与游戏 A 的结果，所以参与游戏 C 的价值就不同于参与游戏 A 的价值，这两个决策之间价值的改变是因为风险的存在。而这两个决策的价值差，就可以看作是参与游戏 C 这个决策中的风险的价值。用一个简单的等式表达如下：

参与游戏 C 的价值=参与游戏 A 的价值 + 参与游戏 C 的风险的价值

在这个等式中，参与游戏 A 的决策是确定性条件下的决策，游戏 C 是在游戏 A 的基础增加了不确定性得到的，所以参与游戏 C 的决策是不确定性条件下的决策，风险的价值就是这两个决策的价值之差。

一般地，对于不确定性条件的决策，我们可以通过去掉不确定性，得到一个相应的确定性条件下的决策，称为基准决策。以这个确定性条件下的决策为基准，比较不确定性条件下的决策和这个相应的确定性条件下的基准决策的价值，可以得出下列等式：

$$\begin{aligned}&\text{不确定性条件下决策的价值}\\&=\text{相应的确定性条件下基准决策的价值}\\&+\text{不确定性条件下决策中风险的价值}\end{aligned}\tag{1}$$

风险的价值和决策、基准决策中完成目标的价值有同样的量纲。例如，如果决策的目标的价值是 100 万元，那么风险的价值也是用万元来衡量；如果企业的投资决策的价值用盈利万元做量纲，那么基准决策的价值是盈利 1000 万元，风险的价值可能是 200 万元，也可能是负的 200 万元。

用数学符号表示上面这个等式更简单。我们把不确定性条件的决策记作 D，把相应的确定性条件下的基准决策记作 D_c，把 D 中的风险记作 R_D，把对象 x 的价值记作 $V(x)$，因此，我们就有下列等式：

$$V(D)=V(D_c)+V(R_D)\tag{2}$$

简单说，式（2）的意思就是，决策的价值等于其中基准决策的价值加上风险的价值。

3.3　判断风险的价值

为了说明式（2），我们来看两个例子。

我们先看上面所举的游戏A和游戏C的例子。参与游戏A，每次都能赢10元，扣除买票的5元成本后，每次盈利5元。由于游戏A是确定性的，这个决策的价值是盈利5元，应该是公认的。所以，对任何人来说，花5元买票参与游戏A的价值就是5元。游戏C是在游戏A的基础上增加了一些不确定性，因此有了一定的风险。所以，以参与游戏A的价值为基准，参与游戏C的价值就是参与游戏A的价值加上参与游戏C的风险的价值。上面说过，对路人甲来说，游戏C的价值小于游戏A的价值。这说明，路人甲认为这个风险是负的。这个理解是合理的，因为和游戏A相比，游戏C的成本相同，都是5元，但赢的机会减少了。至于这个风险具体是多少，路人甲有自己的判断，换个其他路人则可能有不同看法。从一般人的角度，我们可以更进一步看看这个风险到底价值多少。我们假设路人甲可以无限次重复参与游戏C。那么，经过多次参与游戏C后，如1000次以后，按照大数定律，路人甲从坛子里拿到红色球的次数约为$1000\times90\%=900$次，因此路人甲大约总共会赢得$900\times10=9000$元，平均下来，每次参与游戏C会赢9元。和确定性的游戏A相比，游戏C的价值少了1元。这个减少的1元，或者说，负的1元，就是参与游戏C的风险的价值。或者，换个角度，我们还可以设想，有一个保险公司提供保险给参与游戏C的玩家，保证他们得到游戏A的结果。换句话说，和参与游戏A相比，这个保险公司承担参与游戏C的风险。现在的问题，是保险公司应该收取多少保费？假设保险公司承保了1000个玩家，这些玩家都参与游戏C并希望得到游戏A的结果。还是大数定律的作用，这1000个玩家里面，约有900个会拿到红球，从而赢10元。这个结果和他们参与游戏A一样。因此，保险公司不需要向他们赔付。另外的约100个玩家，会拿到白球，从而不输不赢。因此，对照游戏A的结果，保险公司会向他们赔付每人10元，让他们得到和参与游戏A一样的结果。这样，保险公司对1000个投保的玩家的赔付总额是$100\times10=1000$元，平均每人1元。所以，为了不亏钱，保险公司会向每一个投保的玩家收取不低于1元的保费。这1元就是保险公司眼中的和游戏A相比参与游戏C的风险的价值。玩家投保，用风险管理的语言，是把游戏C的风险转移给了保险公司。也就是，把这个风险卖给了保险公司。之所以玩家要付给保险公司1元的保费，而不是保险公司付给玩家1元保费，是因为这个风险是负价值的。由此，我们也可以看到参与游戏C的风险的价值是负的1元。不管是反复参与游戏C还是向保险公司投保，参与游戏C的风险的价值在这里都是作为玩家的成本表现出来，而降低了平均收益。

我们再看一个市场上常见的例子。假设我想投资买100股某上市公司的股票，该公司的股票是每股60美元，而我的目标是到年底至少每股赚2美元。但买股票有风险，到年底这段时间内股票价格不仅可能涨，还有可能跌。为了估计我的投资决策的价值，我以确定能赚2美元为基准，计算我买100股股票的投资价值，就是：

买100股股票的决策价值

=股票价格等于62美元的价值

+股票下跌低于 62 美元的风险的价值
+股票上涨高于 62 美元的风险的价值

实际上，上面这个等式中，股票下跌低于 62 美元的风险的价值和股票上涨高于 62 美元的风险的价值是可以在市场里找到公允价格的。公允价格就是相应的买方和卖方期权的价格。换句话说，我为了每股赚 2 美元买 100 股股票的决策的价值是可以用买方和卖方期权的价格准确衡量出来的（图 2）。但是，由于我持有股票，股票下跌低于 62 美元的风险的价值对我来讲实际是负值，相当于我是卖方期权的空头；而股票上涨高于 62 美元的风险的价值是正值，因为我持有股票，因而是买方期权的多头。知道了这一点，我就可以在市场检查所有的股票到年底上涨 2 美元和下跌 2 美元的风险的价值，从中找出最有价值的股票投资。

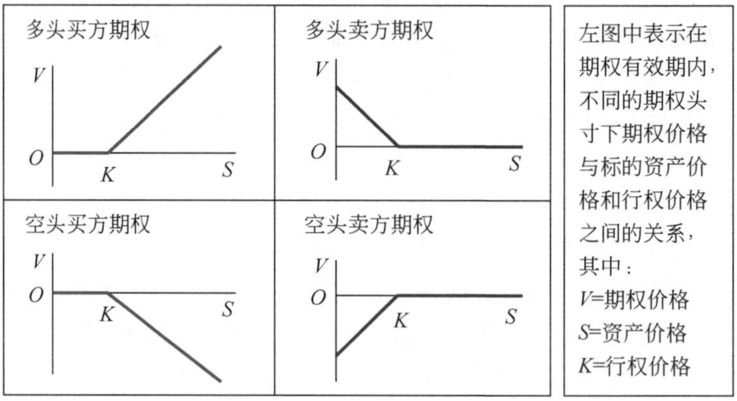

图 2　一般期权的收益曲线

上面所说的利用评估风险的价值来决策，就是我们常说的基于风险的价值决策的例子。基于风险的价值决策还有多种表现形式。例如，在上面的例子和式（2）中，不确定性条件下的决策的价值是和确定性条件下的基准决策相比较的，而得出该不确定性条件下的决策中风险的价值。选择不同的基准决策，由于锚定效应等的影响，会影响我们对决策价值的判断。我们还可以比较两个不确定性条件下的决策，得出这两个决策之间风险的价值。例如，假设有两个建设水电站的决策。这两个水电站分别建设在不同地点，第一个水电站的水量没有第二个充沛，但第二个水电站的地点处于地震多发地带。除了这些差别以外，两个水电站其他的情况都差不多。地震对水电站的影响从技术上是可以降低的，当然需要较高的工程建设费用。所以，比较这两个决策就是比较把地震风险的影响转化为工程成本以后，第二个水电站的水量是否充沛到能够抵消第一个电站没有的额外成本。当然，水量也是不确定性的。所以，这又是一个风险的价值估计。

从上面的分析，我们归纳一下，可以简单地说，确定性条件下的决策没有风险，而任何不确定性条件下的决策都有风险；风险的变化会改变决策的价值，价值的改变可能是正面的也可能是负面的；要想有效地评估决策的价值，就必须有效评估风险的价值。

所以，风险的评估是决策价值评估的核心问题。

4 风险的度量

4.1 风险度量的函数

风险的评估，一般包括识别、分析和评价三个步骤。风险评价的结果是赋值给识别出的风险，用于价值判断。所以，风险评价是对风险的一种度量，或者测量、量度。

从支持决策价值评估的角度，风险度量可以表示绝对的价值，也可以表示相对的价值。所谓绝对的价值，就是类似于算出来风险值多少钱、影响项目周期多少天、造成多少人的伤亡等。所谓相对的价值，就是虽然没有直接表示价值，但可以用来比较两个选项。在一些决策场合，如市场交易中的对冲、保险之类，可能需要一个绝对价值的风险度量，以便交易双方对所交易的风险的价值形成共识。这样才能有交易。但在多数的一般决策场合，只需要能够比较所有选项的风险度量结果就可以了，并不需要算出风险的绝对价值。并且，相对价值的风险度量，不必要求适用于所有选项。例如，在实践中，可以把所有选项分为几组，每一组使用不同的相对风险度量，找出每组选项的最优选项，然后再用另外一个相对价值的风险度量，比较每组最优的选项，找到整体的最优选项。例如，先比较期望值，然后在期望值相同的组合里再比较波动率。当然，这只是举个例子说明方法，不过多考虑偏好传递性的具体适用范围。

用数学的语言讲，任何一个风险度量，作为“不确定性对目标的影响”的度量，都是一个建立在不确定性和目标之上的函数，其函数值表示不确定性带给给定目标的价值增量。

所谓目标，作为风险度量的变量之一，不仅是希望达成的理想绩效结果，还包括完成目标的价值，而且还包括超额完成的绩效结果的价值、未实现理想绩效结果的价值等。总之，目标反映的是价值观，或者更确切地说，是确定性条件下的价值观。目标是有时间性的。这种广义上定义的目标，不必满足 SMART 原则，但至少应该明确到让企业知道到了应该完成目标的时候自己是否完成了目标，或者完成目标的好坏程度。

所谓不确定性，作为风险度量的另一个变量，就是可能的结果分布，以及可能出现结果的方式、表现问题的框架等。因为实际的决策问题，往往不是用纯粹数学语言来描述的，所以，风险的度量也不仅仅是一个数学公式那样简单。卡尼曼和特沃斯基曾经描述过一个实验，来说明他们所说的“框架效应”。在这个实验中，场景是如何为即将到来的瘟疫做准备。如不采取措施，据估计，瘟疫可能会导致 600 余人失去生命。他们描述了 A、B、C、D 四个应对方案，两两一组分成两组。第一组包含 A、B 两个方案，实施结果分别估计如下：

A 方案：能够挽救 200 人的生命；

B 方案：有 1/3 概率挽救 600 人的生命，2/3 的概率无法挽救任何人。

对于这两个选择，卡尼曼和特沃斯基发现多数人的决策是选择 A 方案。但是，同样的问题换一个提法得到的 C 方案和 D 方案的结果：

C 方案：400 人会死亡；

D 方案：有 1/3 的概率没有人死亡，2/3 的概率 600 人都会死。

如果让另一群人在 C 方案和 D 方案之间做选择，那么答案是多数人会选择 D 方案。在这个实验中，虽然从数学的描述看，两组决策的结果分布一模一样，但人们的选择完全相反。这就说明，除了结果的分布，风险度量还可能依赖于其他的因素。

4.2 风险度量的条件

显然，不是任何一个函数都能够作为有意义的风险度量。风险度量函数，应该满足一些必要条件。不管是绝对价值的风险度量，还是相对价值的风险度量，都应该满足这些条件。最基本的条件有以下两个。

1）零风险条件：当不确定性消失的时候，风险为 0。反过来说，风险为 0 的时候，确定性消失。

2）占优条件：结果分布占优的情况下，风险也占优。

第一个条件比较好理解。在确定性的条件下，可能的结果只有一个，自然就没有风险了。所以，确定性条件下，经过一个常数调整后，可以认为风险是 0；反之亦然。第二个条件需要稍微解释一下。它的意思是说，如果有两个选项，其中一个选项的结果在每个概率区间上都优于、好于另一个选项，那么该选项的风险度量的结果也会优于另一个的风险度量。风险度量的优化，则是指作为价值增量的风险函数值是增加了决策价值，而非减少了价值。例如，假设有两个选项甲和乙。甲有 10% 的可能性赚 100 元，还有 90% 的可能性不赚不亏；而乙有 10% 的可能性赚 90 元，还有 90% 的可能性亏 10 元。那么，给定同样的目标，甲的风险度量应该优于乙的风险度量。用实际生活的例子来说明，条件 B 指的就是，如果一个手机的各方面指标都比另一个手机好，那么这个手机的总体评价也应该比另一个好（图 3）。

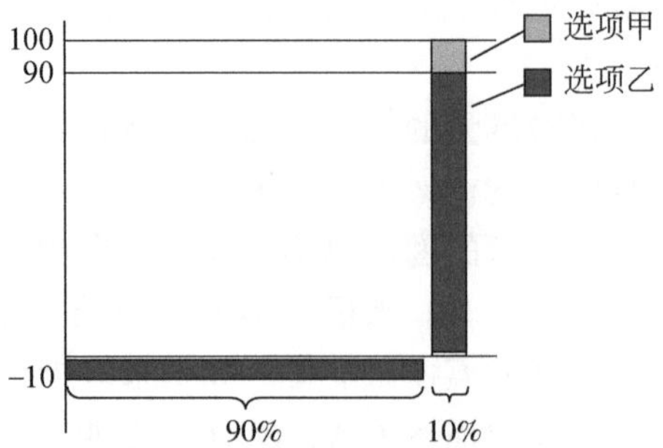

图 3 甲乙选项的比较

实践中常见的风险度量只部分满足以上条件。例如：

1）数学期望值作为风险度量满足条件 B，但不满足条件 A，因为在正负结果分布对称的时候，数学期望值是 0。但是，数学期望值用来度量只有负面的风险，如安全风险等，就可以同时满足两个条件 A 和 B。

2）波动性作为风险度量，满足条件 A，但一般不满足条件 B。

3）常用的 VaR 作为风险度量，满足条件 B，但不满足条件 A。

4）Black-Scholes 欧式期权公式可以用作风险度量，这时期权价格完全满足条件 A 和条件 B（当然，在确定性条件下需要做一个常数调整）。

4.3 实践中的风险度量的缺陷

在企业实践中，在做决策时碰到的问题通常不是使用了不满足以上条件的风险度量函数，而是使用的风险度量太弱，有各种缺陷，使得风险评估的结果不能提供足够的决策支持。所谓弱的风险度量函数，最简单的例子，就是“平凡的”风险度量函数，把一切风险都评价为 0。使用这样的风险度量，相当于完全无视风险，把一切决策看作是确定性条件下的决策。显然，这个风险度量的函数满足上面的两个条件，但是，它并不能有效支持不确定性条件下的决策。

常见的弱风险度量的例子还包括：

1）打钩的风险清单。例如，对某类项目投资，主管部门会在一个特定的风险清单的每一项风险旁边打钩，表示“这个风险，我们已经考虑过了”。严格地说，风险清单都不能算是风险度量，只能说是给决策者的一个提醒。在投资决策中使用风险清单的企业，往往对某类决策使用同样的风险清单，这时，风险清单不足以区分项目之间的差别，也不能决定是否投资。

2）排序的风险清单。例如，十大风险的清单，把十个风险从一排到十，如地缘政治风险、恐怖分子威胁、美联储政策、供应链脆弱、全球环境恶化、缺乏危机管理知识的高管等。这个清单，也许对研究机构设想的全球环境或国家几十年的政策有帮助，对企业的具体决策帮助不大。

3）打分的风险清单。例如，列出几个主要风险，每一个风险都打了分，如 3.75、4.0、4.1 等。问题是，这些分数的来源和意义不明。更有甚者，这些风险可能是来自企业某一个事先准备的风险库，这些分数是早就打好的，而不是专门为了眼前的具体决策选项准备的。所以，决策者很难根据打分做出相应的决策。

4）二维的风险图谱。类似的还有热力图、气泡图等。例如，一张二维图，纵坐标是可能性，横坐标是影响程度。可能性和影响程度都分为三档或五档，如高、中、低或极小、较小、中等、较大、极大。在这张图上分布着一些点，叫风险点。每个风险点所在的纵、横坐标分别表示该风险发生的可能性和影响大小。从风险图谱的设计可以看出，风险图谱可能用于地震、市场暴跌等突发事件型的风险，对于政策的实施、市场波动性等连续、整体性的风险不太适合。而且，把所有风险放在一个图上，把可能性和影响分成三档到五档等的做法过于粗糙。所以，风险图谱对于在宏观上看到所有突发事件型的风险的相对位置是有用的，但不适于较为微观的决策（图 4）。大集团公司层面的年度风险评估报告，使用影响和可能性大小按高、中、低排列的二维风险图谱，可能是合适的。但是对于一个具体的工程项目或投资项目风险评估报告，也用高、中、低来衡量所有的风险就显得过于粗糙，无法区分工程项目或投资项目之间的优劣。

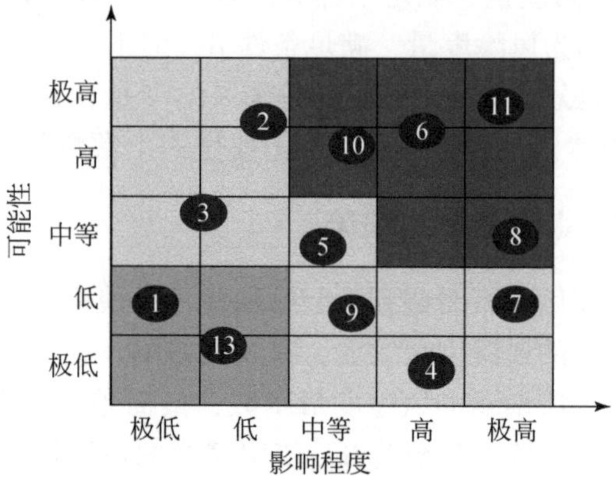

图 4 风险图谱

5）5% 和 10% 的敏感性。例如，一个项目的绩效依赖于未来几年的原料市场价格。那么在可研报告中经常会看到对原料价格按预测目标上下波动 5% 或 10% 对绩效的影响的数字和图表。这种敏感性分析的问题在于，5% 或 10% 可能并不是合适的、现实的波动性范围，真正的波动性范围可能是在预测价格的 30% 或 50% 以上。

从支持决策而评价风险的角度看，决策中风险度量的问题主要有对象、数据、方法三方面的问题：

1）对象问题。风险度量的对象不能和决策目标直接挂钩，评价结果无法和决策价值联系；或者忽视了重大风险。

2）数据问题。风险范畴过于宽泛，无法找到有效的数据支持，得出有意义的结果；使用的数据错误、过时，数据样本量太小，数据误差很大；没有有意义的数据支持；缺少相应的实际决策经验。

3）方法问题。使用的风险度量本身过于粗糙，导致评价结果范围太宽，不具有区分选项的功能；只注意线性的预测，忽视了波动性；只看到正面的影响，忽视了负面的影响；只看到负面的影响，忽视了正面的影响。

以上这些风险度量的问题虽然很重要，但都是技术细节的问题，都是可以在实践中通过学习和经验积累得到改进的。企业不可能在一夕之间就熟悉了风险评估的技术，掌握了风险评价的意义。风险评估的技术问题，不应成为企业开始使用基于风险的价值决策的障碍，因为企业不尝试，不实践，就永远不会掌握方法。所以，重要的是企业要开始走上使用基于风险的价值决策的道路。这其中的关键，在于企业决策者的观念转变。

5 基于风险的价值决策

5.1 基于风险的价值决策的意义

古典经济学里面有个“理性经济人”假设，说的是在面临多个选项的时候，一般人的价值观是“利己”。然后，在很多场合“理性经济人”被演化成了追求经济利益最大化的人，并引起了对“理性决策”的许多争论。无论如何，假定一个人在面临多个选项的时候，按照自己的价值观所做的选择，应该就是理性的决策了。因为从决策者的角度不会有更好的选择了，所以按照自己的价值观选择，就是唯一合理的选择，或者说，是理性、正确的选择。对于企业也是一样，按照自己的价值观做出选择，是合理的、正确的决策方式。我们把这种决策方式称为价值导向的决策方式，而把按照这种方式做出的决策称为价值决策。

从本文前面几节，我们已经看到，不确定性条件下的决策价值，是综合汇总了一个确定性条件下的决策价值和相应的风险价值之后得到的。不确定性条件下的价值决策，就是选择所有选项中决策价值最高的选项。这就是本节标题所说的基于风险的价值决策。

应该强调指出，我们这里说的合理的、正确的决策，并不是说决策结果一定是好的。正确的决策是事前对决策的判断，而不是事后的评价。事实上，由于不确定性的存在，任何决策都有失败的可能，也就是，最终结果可能不如人意。但任何一个正常思维的人，都不会仅仅因为一个事前看着很好的选项有可能失败而去选择一个事前看着相对差一些的选项，因为后者同样可能失败。站在决策者的角度，用事后的结果判断决策的正确与否，对决策没有任何帮助，因为做决策的时候是不可能知道事后的结果的。我们不能用事后结果来否定事前的判断，因为我们永远不知道不确定性条件下选择其他选项的结果。所以，合理的、正确的决策只能是事前看起来最好的决策。这个事前看起来最好的决策，只能是基于风险的价值决策。

企业坚持基于风险的价值决策，不仅因为从抽象的道理上讲基于风险的价值决策是合理的、正确的决策，还因为基于风险的价值决策确实比起其他的决策有具体的优势。简单列举一下，这些优势包括以下几方面。

1）基于风险的价值决策更有可能获得成功，实现决策的价值。具体包括：

a）选择成功可能性更大的选项，避免挑选失败可能性更大的选项；

b）预判风险，可以使得对未来可能的风险事件早做准备，避免陷阱；

c）使得不确定性显性化，避免可能的决策盲点。

2）基于风险的价值决策可以获得更高的决策价值。具体包括：

a）选择更有价值，综合价值更高，更符合企业价值，成本收益率更好的选项；

b）在决策执行中有备而来，提高决策价值，降低执行成本；

c）挑选项目组合，使得组合的整体风险降低。这点类似组合管理，但是针对每一个项目做的。

3）基于风险的价值决策更能够获得利益相关方的信任。具体包括：

a）更容易达成交易共识，在交易中取得对手的信任；

b）在决定交易定价的时候，有依据和交易对手讨价还价；

c）让交易对方相信己方的能力；

d）满足监管要求；

e）获得企业股东、业主的支持等。

4）基于风险的价值决策有助于企业在类似情境下的不断改进。并且，在组织环境中，有助于经验的积累和传承。具体包括：

a）改进对可能性的判断；

b）改进对风险事件影响的估计；

c）根据价值观调整关于风险的决策标准。

在直观层面上，我们不难理解建立在充分评估风险的基础上的决策方式，比不评估风险的决策方式，是更好的做决策的方式。例如，企业考虑同样满足回报率要求的十个项目，要投资其中三个项目。按照原来不考虑风险价值，只考虑回报率的预估值的做法，可能随便挑选三个项目就投了。但是，这些项目的回报率是有一个分布的。如果考虑风险价值的话，这些项目里面就有一些可能被淘汰，因为失败可能性过高。这样，通过投资决策时的风险评估，在大量项目中使用基于风险的价值决策就会规避掉一些不好的项目。所以，基于风险的决策使得最终上马的三个项目的回报率分布优于原来所有十个项目的整体分布，因此整体的投资效果也会好于不基于风险的决策的投资效果。

5.2 基于风险的价值决策的实践案例

目前，基于风险的价值决策还是一个相对新生的事物，但在世界范围内，基于风险的价值决策已经在一些领域取得了突出的成果。例如，在华尔街乃至整个金融界，大型金融机构已经广为应用类似“4 点 1 刻”报告的管理机制，根据风险的情况配备资产。最近基于风险的价值决策在人工智能方面，有了一个更加广为人知的例子。在 2016 年，谷歌公司的围棋软件阿尔法狗（AlphaGo），战胜了人类的顶尖高手。阿尔法狗软件，利用了大量人类高手的棋谱，再经过训练形成自己的策略。所以，对于阿尔法狗的成功，当时还有不少人认为是因为机器学习了人类思考的成果。一年之后，阿尔法狗的升级版，阿尔法元（AlphaGoZero），根据简单的围棋规则，从零开始，不依赖于任何人类的知识，只用三天时间的训练就达到轻松战胜所有人类棋手的水平。一时间，舆论哗然。阿尔法元的成功，不仅极大震撼了围棋界，也极大震撼了人工智能界。自阿尔法元成功以来，世界范围内在人工智能方面的投资已经有了成十倍的增长。围棋被公认为是最复杂的游戏，被看作是人类智力游戏的顶峰。由于计算量巨大，任何计算机都不可能通过穷举棋盘上所有的步骤来找到胜利的道路。所以，一直以来，人们都认为计算机不可能打败人类棋手。但现在，阿尔法元让人们看到了人工智能完全可以打败人类的大脑。换句话说，在棋盘上，机器可以教人如何思考。

阿尔法元是怎么做到的呢？从披露的信息看，阿尔法元的决策方法就是基于风险的价值决策方法。之所以说阿尔法元的决策是基于风险的决策，是由于阿尔法元的决策是纯粹基于终局赢棋的可能性大小的决策，与棋局进行到什么程度无关，与棋局的形势好坏无关。在对弈的任何一种局面下，棋手的目标都是明确的和不变的，即终局赢棋。人类棋手下围棋的目标简单，每一手棋的目标都是取得棋盘上最大的价值，但价值的偏好各人不同，有人偏好实地，有人偏好取势，有人偏好断杀，有人偏好平稳。阿尔法元简化了人类棋手的价值观，阿尔法元计算每一步可能的各种选择取胜的概率，然后选择获胜概率大的路径。从风险的角度看，阿尔法元纯粹基于终局赢棋的可能性大小的决策就是基于风险的价值决策。这说明，在阿尔法元看来，围棋没有一个确定性的获胜策略。每一个选择都有可能引向失败，也有可能走向胜利。最终确定性的胜利是通过积累不确定性的最佳决策获得的。

在围棋盘上，人类或许有多种思维方式，但阿尔法元的实践说明，基于风险的决策可以打败人脑。在阿尔法元的成功中，绝大多数人注意到了机器深度学习和神经网络的作用，很少有人从风险角度讨论机器决策的方式。而笔者认为，基于风险的价值决策方式是阿尔法元成功的关键。实际上，基于风险的价值决策方式，也同时提出一种可能打败阿尔法元的策略，就是在棋局不利的时候，不再挑选赢棋可能性大的地方行棋，而是选择赢棋可能性相对小一些，但波动性大的地方落子。

除了人工智能领域外，在一般性商业决策领域，世界上也有一些公司和机构使用基于风险的价值决策方法。国内已有个别大企业开始尝试在投资、工程报价、预算、规划和项目进度、项目费用管理等业务中使用基于风险的价值决策方法。国外有些企业和机构则已经应用比较成熟的基于风险的价值决策方法，如德国的巴斯夫股份公司、宝马公司，美国国家航空航天局（NASA）等。他们的实践都是成功的。

5.3 实施基于风险的价值决策

企业应用基于风险的价值决策，是一个学习过程。这个过程，本质上是企业培育自己的风险价值观的过程。一个企业，如果从来没有实践过基于风险的价值决策，不可能在一夜之间就具备系统的判断风险价值的能力。如同一个小孩子，不管听了多少道理，也不可能在没有实践的基础上具有成熟的成年人的价值判断能力。因此，企业应用基于风险的价值决策时，参考、借鉴、学习别的企业的经验是必要的，但决定因素是企业自己的实践。企业必须在自己的实践中才能成长、成熟。企业开始实践基于风险的价值决策的时候，必然会遇到一些问题，如数据积累问题、模型误差问题、决策者和分析人员的知识理解问题等。但这些问题并不可怕，都是可以在实践中逐步解决的。反过来说，如果不开始尝试基于风险的价值决策，企业便不会遇到这些问题，但企业也就永远不能学会基于风险的价值决策方法。所以，立即开始实践基于风险的价值决策，是最重要的。

企业应用基于风险的价值决策，是一个系统工程。这个系统工程里面，包括算法、模型，包括数据、经验、直觉，包括制度变更、程序调整，更包括企业有关的文化和行为规范的改变，特别是企业领导观念的改变。因此，基于风险的价值决策，不是一个算法、一两个专家就能解决，也不是靠修改一两个内部程序、制度就能解决，不能靠行政命令就能成功，更不能靠买一个信息系统就能见效。大量实践经验证明，应用基于风险的价值决策，需要企业从具体的决策项目着手，积累经验，树立典型，逐步向其他决策事项推广。企业越大，决策类型越复杂，这个过程就越长。从历史经验看，世界上应用基于风险的价值决策比较成功的大企业，无不是经过 5 年以上的实践积累才逐渐成熟的。所以，要去除那种“做一个短平快项目，半年建立健全体系”的心态，踏踏实实，把数据、模型、程序、政策、标准、决策者和决策支持人员的整体能力等各方面的基础工作做好。

企业应用基于风险的价值决策，是根本性的管理变革。企业中，特别是大型企业集团中，由于管理体系的推广，“凡事走程序”已经深入人心。这本来是企业正常经营应有之义。但近年来有些企业在决策过程中过分强调程序化，就带来一个弊端，也就是以程序正义掩盖决策的责任。基于风险的价值决策的特征，是基于风险的价值决定选项的取舍，这就要求选择决策的过程是价值取向的过程，而非纯粹程序性的过程；最终的决策选择不是基于程序，而是价值；不是其他价值，而是风险的价值。所以，基于风险的价值决策，对于建立企业管理的价值导向，具有指导性的意义。况且，基于风险的价值决策，不像以往其他一些工作那样，是“企业领导重视，下面部门执行”，而必须是企业领导自己亲力亲为，所以有很强的导向作用。

企业应用基于风险的价值决策，是企业全面风险管理体系的深化。至今为止，在全面风险管理体系的建设中，很少涉及企业的决策过程，包括投资决策、采购决策、预算决策、战略规划、报价决策、项目管理、股权管理等，中外皆是如此。所以，基于风险的价值决策对绝大多数已经建设了全面风险管理体系的企业来说，特别是对这些企业的风险管理部门来说，是一个全新的挑战。一般企业的决策过程包括两个要素，决策程序和决策标准。企业在做各类具体的决策时，是把这两个要素通过不同的方式组织起来的。如果应用基于风险的价值决策，就势必要在一定程度上改变现有决策程序，建立新的决策标准。风险管理部门的困难是，这些变革工作往往涉及许多业务主管部门，而风险管理部门却不属于这些主管部门。所以，对风险管理部门的挑战就在于，如何在自己不是决策主管部门的情况下，帮助主管部门建立适当的程序和标准，并把基于风险的价值决策不断推向深化。在这点上，领导的支持很重要，但风险管理部门的努力和思考是关键。

6 结语

本文标题所说的是企业决策中的风险价值，其实基于风险的价值决策方法对所有组织都适用。每个组织都有自己的价值观，都有目标，因此需要在不确定性条件下做各种决策。为了实现自己的目标，组织需要承担风险，所以，培养建立与组织价值观一致的风险价值观，就是保证组织能够正确决策的必由之路。

每个组织都有自己的目标，有自己的愿景。同时，未来又是不确定的，各种各样的事情都可能发生。因此，组织的风险永远存在，组织必须面对风险。幸运的是，组织在面对风险的时候，能够做出选择。有选择，就有控制风险的机会。通过自己的理性选择，组织努力实现自己的目标，创造自己的未来，而不是听天由命。对于理性决策，塔勒布曾经在《非对称风险》一书（第十八章）中说："理性就是风险管理"。对此，也许我们可以说，基于风险的价值决策就是组织的最好选择。

参考文献

保罗·格莱姆齐.2010. 决策、不确定性和大脑——神经经济学. 贺京同等译. 北京：中国人民大学出版社.

丹尼尔·卡尼曼，保罗·斯洛维奇，阿莫斯·特沃斯基.2007. 不确定性状况下的判断. 方文等译. 北京：中国人民大学出版社.

格来哲·摩根，麦克斯·亨利昂，米切尔·斯莫.2011. 不确定性. 王红漫译. 北京：北京大学出版社.

基斯·斯坦诺维奇.2016. 决策与理性. 施俊琦译. 北京：机械工业出版社.

卡尔·斯佩茨勒，汉娜·温特，珍妮弗·迈耶.2017. 如何做好一个决策——斯坦福商业决策课. 长沙：湖南文艺出版社.

肯·宾默尔.2016. 理性决策. 李娜译. 北京：格致出版社.

雷德·海斯蒂，罗宾·道斯.2013. 不确定世界的理性选择. 谢晓非，李纾译. 北京：人民邮电出版社.

马克斯·巴泽曼.2007. 管理决策中的判断. 杜伟宇，李同吉译. 北京：人民邮电出版社.

斯科特·普劳斯.2010. 决策与判断. 施俊琦，王星译. 北京：人民邮电出版社.

约翰·阿代尔.2006. 决策与解决问题. 林颖译. 上海：上海人民出版社.

约翰·阿代尔.2008. 正确决策. 燕清联合译. 海口：海南出版社.

s 纳西姆·塔勒布.2019. 非对称风险. 北京：中信出版社.

RayDalio. 2017. Principles. New York：Simon & Schuster.

作者简介

吕多加　男，现为北京第一会达风险管理科技有限公司董事长。1990年获美国宾夕法尼亚大学数学博士学位。研究方向为风险管理有关领域。已在国内外权威杂志和学术会议以及网上发表论文60余篇。

E-mail：lud@firsthuida.com

气候变化对我国航空安全发展的潜在影响及政策建议

孔　锋

摘要

随着社会经济的快速发展，民航在国民经济中的战略地位凸显，且发展潜力巨大。气候变化背景下极端天气事件增多，给航空安全带来了巨大挑战。本文从我国民航快速发展入手，基于增暖背景下的航空安全风险和经济损失风险趋于增大的趋势，从极端天气气候事件影响航空安全、飞机起飞限重天数、雾霾（低能见度）影响航空安全、航班飞行时间增加、高高原机场起飞条件变化、飞机腐蚀和晴空湍流颠簸七个方面分析了气候变化对航空安全发的影响，并探析了航空业发展对气候变化的可能影响。最后基于气候变化和航空业的相互影响，提出了包括科学规划新建机场布局、航空气象数据共享平台建设、综合评估气候变化对航空影响、开发航空气象指数保险、探究航空业污染排放对雾霾天气的影响和气候变化背景下的航空工作人员新风险应对培训在内的六点政策建议。本文对于全面了解气候变化和我国航空安全发展的相互影响具有参考价值。

关键词：航空安全；气候变化；极端天气；公共安全；政策建议

1　引言

近年来我国航班延误导致的旅客大范围滞留和冲突事件屡见不鲜，且国际上航空事故率也趋于增多。其中由气候变化导致的极端对流和恶劣天气所引发的航班延误率占比不断攀升（周璞等，2018）。2011～2015年，我国民航航班正常率逐年降低，平均正常率仅为71.8%，其中天气原因是航班延误率增加的主要原因（中国民用航空局，2017）。同时增暖背景下飞机起飞限重天数趋于增多（Zhou et al.，2018），从长期来看，这种趋势必将导致旅客行李减少，导致同等条件下的飞机票价和行李托运费趋于增长。目前，全球气候变化与航空业的相互影响还处于探索阶段（张玮鸥，2015）。随着全球化进程的不断发展，我国民航的作用不断增高（刘璐，2016）。民航作为国家的战略性基础产业、窗口服务行业，其地位在国家经济社会发展和改革开放进程中越来越高，作用和责任越来越大，社会关注度越来越高，不断提高民航安全和真情服务，推动民航安全的高质量发展具有重要意义。因此，必须高度重视气候变化对民航的影响。

2 我国民航机场剧增 民航战略地位凸显

随着社会经济的发展和全球化进程的推进，我国民航业发展迅猛，越来越多的民众开始选择飞机出行，2017 年春节民航运送旅客 984 万人次，同比增长 15.1%，春节期间全国平均航班正常率 85.6%（周璞等，2018）。截至 2015 年年底，中国民航共有民航运输飞机 2650 架，颁证运输机场 210 个，通用机场 78 个，其中年旅客吞吐量一千万人次以上机场有 26 个。2015 年，中国民用航空运输总周转量达到 852 亿吨公里，比 2014 年增长 13.8%，完成旅客运输量 4.4 亿人次，比 2014 年增长 11.3%。中国民航已连续 11 年位居世界第二，成为仅次于美国的全球第二大航空运输系统（中国民用航空局，2017；庞伊利，2018）。

目前的民航机场大致形成了五大机场群，即西北机场群、北方机场群、西南机场群、华东机场群和中南机场群。这五大机场群与我国五大战区在地理区位上具有较高的重合，为我国的国防安全建设发挥着重要作用，同时对于推进军民融合国家战略具有积极的作用。根据国务院办公厅《关于促进通用航空业发展的指导意见》文件，到 2020 年，全国要建成 500 个以上通用机场，拥有各类运输飞机 4600 架，航班起降达到 1142 万架次，比 2015 年的 779 万架次增加 47%（国内发〔2016〕38 号）。根据中国民航局在编的《全国通用机场布局规划》，预计到 2030 年，我国民用机场总量约 2300 个，其中通用机场总量约 2058 个，运输机场 257 个（发改基础〔2017〕290 号）。此外，“十二五”末，我国航空公司通航全球 55 个国家和地区的 137 个城市，国际航线达到 660 条，国际客运市场份额达到 49%。国内航线则由 1990 年的 385 条增加到了 2016 年的 3055 条，增幅超过 69 倍（中国民用航空局，2017）。2010 年以来我国公民出境旅游基本保持 20% 左右的速度增长，自 2014 年开始，我国居民出境游总量超过 1 亿人次，123 个机场旅客吞吐量的增长速度超过了行业平均增长速度（11%）。我国国内的民航得到空前的发展，年均作业约 650 万小时。2020 年我国将初步建成民航强国，旅客运输量将达到 7.2 亿人次，2035 年达到 15 亿人次（国内发〔2016〕38 号）。这些数字均表明我国民航的蓬勃发展，战略地位日益凸显。

在高速增长的经济形势下，可以预测，我国未来 30 年内航空业会保持稳步增长的势头。随着机场的改、扩建和新建，机场面积越来越大，跑道数量也在增加，机场范围的气象要素更加复杂，需要更加精细化的气象服务。

3 全球变暖背景下航班延误和事故风险升高

21 世纪以来受气候变化、城镇化步伐加快和人口激增等因素的影响，民用航空业风险造成的潜在经济损失呈快速增长态势。其中气候变化背景下的恶劣天气导致航班延误率和事故率居高不下，且缺乏有效应对的措施，加剧机场公共安全风险。

3.1 气候变化背景下的航空延误率趋于增多

国际航协统计了2009～2013年全球各地区百万架次航空事故率，其中欧洲、北美洲、南美洲、东亚、东南亚、地中海地区和非洲地区的百万架次航空事故率分别为0.25、0.19、0.86、0.07、0.64、1.51和6.64。2013年上述七个地区的百万架次航空事故率分别为0.15、0.32、0.44、0.00、0.70、0.68和0.44（赵巍，2015）。中国民航50余年来，因不利气象条件导致的二等和重大以上飞行事故40起，占二等和重大以上飞行事故总数的31.9%（吴风波等，2015）。2012～2016年间我国国内航空公司非正常航班次数明显增加，由2012年的250.2万班次，增加到2016年的367.9万班次，增加了47.0%。航班延误原因中由天气原因导致的比例由2012年的21.6%增加到2016年的56.5%。其中由气候变化导致的极端天气事件贡献明显增多，可以避免的比例占到50%以上。在全世界范围来看，造成航班的不正常起飞，如航班晚点或延误，75%以上的是由恶劣天气造成的（中国民用航空局，2017）。

3.2 极端天气因素导致的航空事故人员和经济损失巨大

航空史上迄今为止最惨重的空难就是由恶劣天气引发的。1977年3月27日加纳利群岛之一的特内里费岛的洛斯罗德奥斯机场，大雾瞬时笼罩了机场，加之当时通信技术、雷达技术落后，两架波音747巨无霸客机在跑道上高速相撞，导致了583名乘客和机组人员丧生。1993年7月26日韩亚航空733号班机首尔金浦国际机场前往木浦市，降落前天气却瞬间转差，并伴有强风和暴雨，导致飞机即时爆炸，66名乘客及2名机组人员死亡。2010年4月10日，波兰总统乘坐的飞机由于降落地天气条件恶劣在俄罗斯机场坠毁，机载96人全部遇难。2010年10月冰岛火山喷发导致的火山灰造成近60%欧洲机场网络全面瘫痪，百万旅客滞留严重影响机场安全运营，直接经济损失达30亿欧元。由此可见由极端天气因素导致的航空业人员伤亡和经济损失巨大（Schiermeier，2013；Williams，2013，2016）。

3.3 航班延误导致旅客滞留和公共安全风险增高

气候变化背景下频发的极端天气导致航班延误，通常会造成长时间、大范围的旅客滞留，目前尚未有成熟的旅客滞留应对体制机制和赔偿方案，容易导致旅客和机场管理部门的冲突，影响机场公共安全风险。2016年4月24日，因天气原因导致湖南长沙黄花机场飞往海南三亚的一个航班未能按时起飞，部分旅客因此情绪激动并与地勤发生冲突。2017年6月10日当天，我国多地出现了大暴雨天气，范围扩张波及多个省份，华东地区多个机场航班起降被雷雨打乱，当日上海通行能力下降约50%，南京、杭州、广州、长沙等机场均受到影响，大量旅客长时间滞留，同年 8 月 8 日上海再度遭遇雷雨天气，通行能力再度下降 50% 。

3.4 恶劣天气影响航空工作人员操作事故风险增高

恶劣天气对飞行人员和地勤人员会造成不良心理影响，工作负荷增加可能造成疲劳等，容易增加事故风险。同时，航班延误导致的人员滞留问题尚未有成熟的解决机制，加剧了冲突和机场安全风险，对公共管理秩序产生恶劣影响。

回顾全球历史上飞机空难，事故调查和善后处理复杂而且漫长，航空事故足以彻底抵消掉航空公司多年安全运营积攒的声誉，航空公司甚至整个航空业遭遇品牌危机。加之近年来，全球航空业整体走下坡路，航空公司面临安全和效益之间的平衡。因此，必须高度关注增暖背景下的气候变化对我国民航业的影响，将风险减到最小。

4 气候变化对航空业影响形势严峻

4.1 增暖背景下的极端天气事件频发影响航空安全

由于全球气候变暖，导致雷暴、暴雨、冰雹、晴空湍流等极端天气事件频发及由于大气环流、等压面高度等方面的改变，尤其是气候变化导致恶劣天气的变异特征增强，影响民航飞机在航路上飞行安全。雷暴、闪电、冰雹和大风四种灾害性对流天气对民航的影响显著，亟待开展增暖背景下的灾害风险评估，以保证运行安全，促进航班正常性和民航服务品质的提高。1963 年，美国泛美航空公司的一架客机被雷电击中油箱爆炸，导致 83 人丧生。2017 年 6 月 21 ~ 24 日华北、黄淮中东部和东北地区南部自西向东的一次强降雨过程，伴随着雷暴和大风，导致全国 16 个机场的航班遭遇大面积延误，其中仅首都机场取消航班 703 架次。

4.2 全球变暖导致飞机起飞限重天数增加

随着气候变暖，空气会不断扩散，大气密度减小，在更稀薄的空气中，当飞机沿跑道前行时，机翼所产生的升力将会变小。因此，根据飞行器的型号、跑道长度、机场海拔等因素，如果温度过高，满载的飞机在某些时候可能无法安全起飞，必须清除超额重量，否则航班将不得不延误或取消。因此，对于特定机场跑道和特定机型而言，存在一个最高气温阈值，如果机场气温超过这个阈值，飞机的理论最大起飞重量就难以满足起飞条件。飞机起飞必须得通过减少乘客或者货物来降低载荷，这无疑会对民航业造成一定的经济损失（Zhou et al.，2018）。

已有研究表明全球变暖导致的气温上升，将使得世界各地许多飞机在未来几十年里更加难以起飞。可见，高温导致的限重天数是量化气候增暖对飞机起飞影响的重要指标。我国学者周天军等基于集合模式预估数据，研究了未来不同温升目标下中国日最高温度变化，并选取北京、上海、昆明、拉萨、乌鲁木齐、香港和广州7个典型的民航机场，以波音737为例，讨论了温升阈值对这7个民航机场飞机最大起飞重量的影响。结果表明：在全球1.5℃（2℃）温升阈值下，北京、上海、昆明、拉萨、乌鲁木齐5个机场的夏季日最高气温将会增加1.0~2.0℃（1.4~3.0℃）（Zhou，et al. 2018），其中拉萨的增温幅度最大，这将导致北京、上海、拉萨3个机场的限重天数将显著增加，乌鲁木齐机场在2℃温升背景下将需要限重。其中拉萨机场对增暖最为敏感，在1.5℃和2℃全球温升情景下，拉萨机场的限重天数将由当前的7天分别增加到的25天和46天。而香港和广州两地在两种温升背景下的日最高气温增幅差异不大（Zhou，et al. 2018）。

气候变暖背景下导致极端热浪的频率和强度增加，观测数据表明全球变暖使得全球80%地区的创纪录热浪发生概率有所提高（Zhou，et al. 2018）。2017年7月上海最高气温达到40.9℃，创145年来最高纪录。2017年9月，美国湾区多地出现创纪录历史高温，其中旧金山连续两日最高气温达到41℃，打破了自1874年有气温记录以来的历史最高纪录。2017年6月下旬，美国航空公司取消了40余架次从亚利桑那州凤凰城出发的班机，其原因是接近48.8℃的高温，导致一些飞机无法起飞。2017年7月20日，由于机场气温异常偏高，导致美国菲尼克斯机场取消了40余架次航班，引起了公众和媒体的高度关注。

4.3 增暖背景下雾霾天气增多影响航空安全

气候增暖背景下静稳天气增多，导致雾霾影响飞机飞行安全的风险增高。雾霾通常天气能见度低于10 km，且变化缓慢，持续时间长，几乎不受日变化影响，且不容易消散，一方面雾霾天气导致飞机着陆中看不清跑道，使飞机偏离跑道或过早、过迟接地；另一方面雾霾天气导致飞行指挥员看不见飞机，容易造成指挥错误；此外，雾霾天气导致能见度达不到起飞或降落要求，增加了航班延误或取消频率，同时，飞行员看不清地标只凭感觉和仪表飞行时，由于心理压力导致操纵错误，从而引发事故。因此，增暖背景下的雾霾天气增多给航空飞行活动的安全提出了巨大挑战。2010年8月24日21时38分，B3130号航班执行哈尔滨至伊春客运任务时，在黑龙江省伊春市林都机场着陆过程中失事，导致44人死亡和52人受伤。数据显示，1951~1985年，发生过245次与气象有关的严重飞行事故，其中受能见度影响的占47起，达到了19.2%，仅次于低云。

4.4 增暖背景下导致航班飞行时间增加

全球气候变暖导致飞机飞行时间增加，并导致二氧化碳排放增多（Williams，2016）。由于全球变暖，飞机穿行的大气环境特征正在发生着变化。气候变化对航空的影响包括增强的湍流和增加的起飞重量限制，也导致了飞行时间的增加。风速是造成91%飞行时间差的原因。已有研究表明当大气中的二氧化碳浓度加倍时，横渡大西洋的伦敦飞往纽约的航班发生了显著变化，即无论哪个季节，盛行急流风的增强引起了东向航班航行时间显著缩短，而西向航班航行时间显著增加。东向航行缩短的时间和西向航行延长的时间并未相互抵消，而是使得航行往返时间增加（Williams，2016）。在冬季东西向往返时间增加了近 2 倍，东向航班航行时间约为 5.3 小时，而西向航班航行时间则超过了 7 小时。即使未来航班数量没有增加，所有横渡大西洋的航班飞机每年在空中的航行时间将额外增加 2000 小时，将额外燃烧 7200 万加仑①的喷气燃料，额外花费近 2200 万美元，并额外排放 7000 千克二氧化碳。根据联合国政府间气候变化专门委员会（IPCC）数据显示，全球航空公司造成了约 3.5% 的温室气体排放，从而导致了气候变化（IPCC AR5，2013）。厄尔尼诺现象也对全球航空业产生了显著影响。太平洋赤道部分的水表层温度变化所产生的大气波会冲向东西半球更高纬度区域，从而改变高纬度环流性质，导致航空飞行时间的变化。已有研究数据显示，美国每天飞行约3 万个商业航班。如果往返的总飞行时间存在一分钟的变化，商业航班每年在将多出 18.25 万小时，导致消耗大约 10 亿吨的附加喷射燃料，并且导致每年排放100 亿千克的二氧化碳（Williams，2016）。

4.5 气候变化导致飞机腐蚀现象加剧

气候变化导致的大气环境变化加剧了飞机的电化学腐蚀、应力腐蚀和高温氧化腐蚀。电化学腐蚀的两个基本条件是电位差和电解质溶液。构成飞机的航空材料多为铝合金，客观上存电化学腐蚀的可能。由于飞机飞行中时常穿越温度和湿度差异较大的气候带。气候变化背景下大气中的二氧化碳和二氧化硫等气体，在空气湿度高的地区，吸附在铝合金等航空材料的潮湿表面并电离生成电解质溶液，为金属材料发生吸氧腐蚀提供了必要条件。同时飞机存在大量的结构连接间隙，会造成电化学腐蚀蔓延的风险。长期运行在海洋等潮湿中的飞机电化学腐蚀问题更为突出。海洋环境的特点是空气湿度特别高且大量存在氯离子（Cl^-），可以直接穿透目前大部分抗氧化防护涂层而破坏航空材料。尤其是在气候增暖背景下海洋上空湿度会不断提高，飞机穿越气候差异大的地区时容易造成飞机表面的积冰和积水问题，造成应力腐蚀。因此，气候变化导致的飞机电化学腐蚀和应力腐蚀将有增大风险。此外，气候变暖后极端高温频发会对飞机发动机产生高温氧化腐蚀，极大地消耗了发动机的使用寿命，增加发动机安全风险。

4.6 气候变化影响了高高原机场飞机起飞条件

高高原机场，是指海拔高度在 2438 米及以上的机场。目前世界上运行中的高高原机场有 25 个，其中我国有 13 个；全球范围内海拔超过 3500 米的高高原机场 11 个，其中我国有 8 个；5 个海拔超过 4000 米的高高原机场，4 个都在我国（李海龙，2016）。这些高高原机场集中在青藏高原和云贵高原，地理环境复杂，净空条件差，天气复杂多变，地方性特点突出，时常出现的大风、雷暴、低云、低能见度、低空风切变等天气现象，极大地增加了航空安全保障的难度。同时高高原机场运行的飞机构型要求特殊。已有研究表明海拔较高地区对气候变化

① 1 加仑=4.54609 升。

的响应较之低海拔地区敏感（IPCC AR5，2013）。未来随着气候增暖不断加剧，必将导致高高原机场基础设施、设备和起飞条件均有不同程度变化。

4.7 气候变化导致飞机飞行颠簸频率增多

气候变暖导致飞机遭遇晴空湍流现象频发，使得飞行更颠簸，甚至造成人员伤亡（Williams，2013，2016，2017）。二氧化碳增多会导致飞机遭遇晴空湍流现象频发。30 000 英尺（1 英尺=0.3048 米）以上湍流源于高速气流带来的涡流与不稳定气流。高速气流是相对较窄、自西向东围绕地球的气流带，南北半球各有两条。高速气流跟随热带气团与极地气团的等温线自北向南传播。气候变暖加快了高速气流的传播。不同强度的晴空湍流导致的飞行颠簸对旅客的影响不同。目前全球大气中二氧化碳的平均浓度是400ppm，预计 21 世纪末期二氧化碳浓度将上升到560ppm，是工业化前水平的两倍。这将导致晴空湍流增多，飞机颠簸频率上升，其中轻度颠簸上升 59%，轻度至中度颠簸上升 75%，重度颠簸将上升 149%（Williams，2017）。这意味着旅客将面临更多打翻饮料的困扰，听到更多系好安全带的警告。重度颠簸甚至会造成人员伤亡，这必将给航空业带来严峻挑战。

5 航空业对气候变化的影响不容乐观

航空业也对气候变化产生以下显著影响。

第一，航空业产生的二氧化碳加剧了全球气候变暖和环境问题（宗苗，2014）。联合国政府间气候变化专门委员会日前发布报告称，尽管航空排放的温室气体仅占全球总量的 3.5%，但由于飞机排放的二氧化碳和其他污染物对气候变暖的影响更大，因此航空排放对地表增温作用更明显。飞机在高空排放的二氧化碳能在大气中存留百年以上，且二氧化碳与其他气体和颗粒物排放组合后对气候变暖的效应将达到二氧化碳自身的 2 倍或 4 倍（IPCC AR5，2013）。

第二，除了导致全球变暖以外，飞机排放还会形成酸雨和烟雾。美国环境保护署发布报告指出，美国飞机排放的氮氧化物约占全美总量的 1%，而在机场周围的一些区域能达到 4%。从 2002 年到 2010 年，全球商业航班增长了 9%，而到 2020 年将再增长 34%。这将意味着，如果现在放任航空造成的二氧化碳排放，在其他领域做出的减排努力很可能徒劳无功。

第三，航空业加剧了雾霾天气的发生。飞机由于自重大、耗油量大，其污染排放量也相当大。北京首都国际机场年均起降飞机约 56 万架次，发送旅客 8400 万人次、货运量达到 200 万吨，是我国最大和最繁忙的机场。据相关研究表明，1 架空客 380 型飞机，起降时耗油为 2 吨，相当于 600 辆出租车一天的耗油量和废气排放量。据此推算 56 万架次的飞机起降，每年约排放二氧化硫 1188 吨、氮氧化合物 20563 吨、可吸入悬浮颗粒物 88 吨，相当于 128.6 万辆机动车的空气污染排放量；按照北京机动车摇号政策每年净增 9 万辆计算，北京首都机场因飞机起降导致的污染物排放量将消耗北京 15 年的机动车调控指标。按照全球机场中转量数据即20%计算，每天约有18万人从北京首都机场进入市区，按照地面交通和轨道交通各50%的比例计算，9万人乘坐机动车出入机场，每年产生4000亿升汽车尾气。机场临空经济区的工业产业活动每年产生156.6亿立方米工业废气。北京首都国际机场位于北京东北部，处在冬季进风口，上述污染物，加剧了北京雾霾天气（宗苗，2014）。

此外，值得注意的是，航空业的社会认识，处在高端产业；以飞机为核心的临空经济区利益本复杂，治理手段有限；加之目前技术手段有限，对高空污染物排放检测困难。而航空业近几十年来在航油和速度等技术上突破甚微，已步入中端产业和污染治理中的低端产业。

6 我国亟须开展气候变化对航空影响的科学评估

气象保障对于民航业尤为重要。在国际上，气候变化对民航业的影响逐渐受到重视（杨济华，2013）。美国国家科学院于2012年颁布了《机场气候适应和恢复力》科学报告；欧洲航空安全组织（EUROCONTROL）也于2013年出台了题为《气候变化风险和恢复力》的评估报告。国际科学界围绕气候变化对航空业的影响问题研究近年来亦不断有大量成果涌现，科学认知不断加深。而我国尚未有相应评估报告问世。1880～2012年，全球陆地和海洋平均表面温度升高了0.85℃。1900～2015年，中国表面温度呈现（0.121℃±0.009℃）/10年的增温趋势。伴随平均温度的升高，极端天气和气候事件频发且强度不断增强。如何适应这种变化是包括航空业在内的社会各界所必须面对的问题。伴随全球温度的升高，极端天气和气候事件等对民航业的影响愈发显著，而关于气候变化对我国民航业的影响问题，国内目前的认知水平尚存在不足。受限于历史资料的获取和气候模式的水平，相关研究工作尚处于探索性阶段，因此，航空气象和气候变化的综合评估工作，亟待加强而且已经迫在眉睫。

7 对策建议

2017年我国通用航空飞行小时数不到美国的3%，甚至明显落后于巴西和南非等发展中国家，发展严重滞后和不平衡。随着我国社会经济的发展，民航业发展潜力巨大。因此，气象部门必须抓住民航发展机遇期，以“智慧气象”为理念，以“安全航空”为目标，以“气候变化”为抓手，全面参与到民航的发展建设中。主要建议如下：

1）以军民融合战略为抓手，在充分考虑气候变化的基础上，中国气象局、中国民用航空局和军方协同科学规划未来新建机场布局。气候变化以其多样化的方式从功能和结构方面影响着航空业。在全面开展气候变化对航空业影响评估的基础上，需要高度重视气候变化对新建机场的多样性和复杂性影响，合理布局和规划民用和军用航空机场。三方需要协同合作，通过顶层设计，科学高效规划促进未来新建机场的安全运营。

2）以中国气象局和中国民航部门为主，深化航空气象数据共享平台建设。虽然我国民航已建立了面向运输航空的基本气象服务体系，气象信息服务和天气预报能力不断提升，但仍存在民航气象信息共享不充分等问题，亟须利用互联网技术实现民航气象数据共享，提升气象服务能力，优化服务品质。因此，亟须以中国气象局和中国民航部门为主，通过协同设计、协同实施和协同推广来有序推动航空气象数据共享平台建设。

3）系统开展气候变化对航空业影响的综合评估和区划工作，并基于区块链技术搭建多方协同参与的航空气象服务平台。此外以中国气象局为核心的我国气象部门需要全面参与到我国新建机场规划中，新建机场需要充分考虑气候变化对飞机起飞的影响，并开展不同地区和季节民用航空的风险评估和区划工作，并基于区块链技术尽快搭建多方协同参与的信息化程度高、资源集中、功能全面的航空气象服务平台。

4）大力开发各类航空气象指数保险。随着我国民航业的不断发展，旅客的维权意识越来越高，航班延误时的旅客补偿问题渐渐地成为焦点。欧美等发达国家都对航班延误时补偿方面有着完善的制度，而我国在此方面却基本属于空白。航班延误补偿制度的缺失导致我国民航业在遭遇航班延误补偿时产生混乱，严重地影响了航空公司的运行效率，增加了运行成本，干扰了国民生产生活秩序。因此，亟须采用非工程措施中的金融手段，大力发展各类航空气象指数保险，化解因气候变化导致的航空业的长期风险。针对特殊航班运输任务，还应通过再保险手段进行风险转移。

5）高度重视航空业污染物排放对雾霾产生的影响。北京大兴机场位于北京城区的出风口。如果北风较大，城区污染物容易扩散至此；如果东南气流较强，航空业产生的污染物则可能进入城区。因此，需要全面深入研究飞机及临空经济区污染物排放在雾霾产生中的机理及其占比。

6）定期对航空服务人员开展增暖背景下飞机飞行和地勤服务中新显现风险的应对培训。以中国气象局干部培训学院和中国民航培训系统为核心，通过相互合作，优势互补，取长补短，开展变化环境背景下的新型风险应对培训。除应急技能培训外，尤其应增加空乘服务人员在恶劣环境下的心理调节培训。

致谢

本文受北京市社会科学基金研究基地项目（19JDGLA008）、中国博士后科学基金资助项目（2019T120114；2019M650756）、国家自然科学基金（41801064；71790611）和中亚大气科学研究基金（CAAS201804）的资助。

参考文献

李海龙．2016. 高高原航线飞行员胜任特征模型研究．广汉：中国民用航空飞行学院硕士学位

论文 .
刘璐 . 2016. 推动航空气象服务上新台阶 . 中国民航报，2016-03-31（001）.
庞伊利 . 2018. 提升航空气象服务能力的措施研究 . 科技经济导刊，26（6）：168.
吴风波，肖海平，成永勤 . 2015. 浅析气象服务对民航运输业全过程决策的支持作用 . 广东气象，37（1）：47-51.
杨济华 . 2013. 气候变化威胁航空安全 . 科学新闻，（5）：91.
张玮鸥 . 2015. 航空气象面临特殊挑战 . 中国气象报，2015-05-06（003）.
赵巍 . 2015. 全球航空安全的统计特征分析 . 民航资源网，2015-06-12（9-2015-0024）.
中国民用航空局 . 2017. 2016 年民航行业发展统计公报 .
周璞，张恬月，刘晓达 . 2018. 成都双流机场跑道视程与低能见度的关系 . 陕西气象，（3）：20-24.
宗苗 . 2014. 中国民航碳排放监测方法研究 . 天津：中国民航大学博士学位论文 .
IPCC AR5. 2013. Intergovernmental panel on climate change climate change fifth assessment report（AR5）. London Cambridge University Press, Cambridge, UK.
Schiermeier Q. 2013. Climate change brings stormier weather to the US. Nature, 12763.
Williams P D. 2013. Intensification of transatlantic aviation turbulence in response to anthropogenic climate change. Nature Climate Change, 3（7）：644-648.
Williams P D. 2016. Transatlantic flight times and climate change. Environmental Research Letters, 11（2）：024008.
Williams P D. 2017. Increased light, moderate, and severe clear-air turbulence in response to climate change. Advances in Atmospheric Science, 34（5）：576-586.
Zhou T, Ren L, Liu H, et al. 2018. Impact of 1.5℃ and 2.0℃ global warming on aircraft takeoff performance in China. Science Bulletin, 63（11）：700-707.

作者简介

孔锋 男，现为清华大学公共管理学院博士后。2016 年获北京师范大学减灾与应急管理研究院理学博士学位。研究方向为综合减灾、气候变化治理、应急管理。发表中英文论文近 150 篇。

E-mail:kongfeng0824@foxmail.com

灾害风险沟通中的社交媒体网络

刘铁忠　张湖源　司皓旭　张湖波

摘要

社交媒体打破了传统媒体对信息传播的垄断，给灾害风险沟通带来了机遇与挑战。针对人为灾害与自然灾害特点，以新浪微博中天津爆炸和台风天鸽为实证分析对象，通过社会网络分析方法对不同类型灾害信息传播网络结构进行比较分析，以求揭示不同类型灾害风险沟通中社交媒体的影响作用。研究结果显示：人为灾害风险沟通的社交媒体网络呈现“核心-外围”结构，该类网络呈现针对蓄意攻击的脆弱性；自然灾害风险沟通的社交媒体网络主体地位相对平等，整个网络连通性更强，信息传播相对较快。研究结果有助于完善基于社会关系建构的风险沟通理论，以及优化灾害信息传播结构进而改变风险沟通效果。

关键词：风险沟通；人为灾害；自然灾害；社交媒体；社会网络分析

1　引言

社交媒体凭借简便、快速及强大的聚合能力对信息交流产生了重大影响（谭天和张子俊，2017）。据统计，截至2017年6月中国共有网民7.51亿，通过社交媒体进行信息获取或交流的比例已达99%①。社交媒体在信息传播速度和号召力上有一定的优势（Gao et al.，2011），进而给灾害风险沟通带来了机遇。例如，2010年的海地地震后，人们通过社交媒体发布了很多相关文本和图片。与此同时，社交媒体打破了传统媒体对信息传播的垄断，使得公众在一定程度上成为信息制造者，这又可能带来信息失真（Murthy et al.，2017），进而给灾害风险沟通带来挑战。例如，已有学者基于谣言案例的研究发现，当灾害事件发生时，社交

① 中国互联网信息中心．第40次中国互联网络发展状况统计报告[EB/OL].(2017-08-03)[2018-7-18]. http://www.cnnic.net.cn/hlwfzyj/hlwxzbg/hlwtjbg/201708/t20170803_69444.htm.

媒体中常识类谣言由于受众广、辟谣难度大等特点，经常会在社交媒体反复出现，形成多次传播高峰（刘知远和孙茂松，2015）。此外，人为灾害由于致灾因子更为复杂，公众对于官方信息缺乏信任，社交媒体对于灾害信息传播的贡献更大。由此可见，面对社交媒体日益兴起的现实环境，必须针对灾害风险沟通不同特点开展充分研究，以求有效利用社交媒体对于灾害风险沟通的积极影响，及时化解社交媒体的消极影响。

对于社交媒体对灾害风险沟通中的影响这一主题，已经开展很多实践探索。例如，美国联邦紧急事务管理局（FEMA）积极利用各种社交媒体向公众提供灾害有关信息①。然而，不同社交媒体形成的社会关系存在着一定强弱，导致风险沟通效果存在差异。已有研究发现，Facebook 中的线上关系在一定程度上是以线下关系为基础（Ellison et al.，2007），而 Twitter、微博等则允许更多的单向和非对称连接（Valenzuela et al.，2014）。格兰诺维特认为弱关系是关系强度较弱的个体间的一种联系，能够提供更多的新信息和多样化资源；强关系则是关系较强个体间的联系，在信息传递方面具有较大冗余性，但可以提供心理支持，如信任、尊重和责任感等（Granovetter，1983）。有证据表明，通过社交媒体建立的线上沟通网络是弱关系网络，具有网络规模大，网络结构多样化等特征，可以通过社交媒体获取到更多信息。可见，以社交媒体网络结构为代表的社会关系，对于灾害风险沟通具有重要影响。

因此，本研究将引入社会网络分析方法，针对社交媒体形成的社会关系开展研究，基于自然灾害与人为灾害的比较分析，研究社交媒体网络结构对于灾害风险沟通的影响作用。研究成果有助于解决灾害事件发生时，如何有效利用社交媒体这一实践问题，研究结果也将有助于完善基于社会关系建构的风险沟通这一理论问题。

2 研究方法

2.1 理论框架

人为灾害信息的不对称性与意见领袖的作用。人为灾害则由于人的主观行为而发生，因此两类灾害风险具有不同的传播特征。人为灾害具有的技术复杂性特征，带来灾害信息的不对称性，一般公众很难直接获得相关的一手信息，公众得到的信息往往是经过多次处理、过滤的信息。因此，公众会尝试通过多种渠道获取危害信息，如官方渠道、社交媒体、朋友口述等。此外，人为灾害的污名化、责任分配等特征，导致人为灾害风险沟通涉及复杂的利益分配，容易形成不同的利益群体及对抗情绪，意见领袖的作用突显，意见领袖可以在一定程度上引导其小群体内公众的主流信息方向。

---

① FEMA Social media. (2018-08-23)[2018-09-26]. https://www.fema.gov/social-media.

与人为灾害不同，自然灾害风险沟通很少存在利益群体间的对立，个体间可以相对平等、顺畅地进行直接沟通，意见领袖的作用弱化。因此，自然灾害信息流动与人为灾害相比，最大的不同在于意见领袖的作用。因为缺少对抗性的利益相关者，不易形成观点针锋相对的小群体，自然灾害风险沟通缺少相应的意见领袖；同时，自然灾害中公众得到的信息是相对客观的灾害情况信息，观点性信息，特别是对抗性观点信息相对较少。

基于以上分析，建立如图1所示的灾害风险沟通中的社会媒体网络概念模型。模型中，两种灾害风险沟通中的社交媒体具有不同的网络特征，进而对风险沟通效果产生影响。此外，不同网络主体，如意见领袖，既可能因其所处位置影响信息传播，也可能会因其群体偏好影响信息传播，而公众的议题偏好也对于信息传播产生影响。

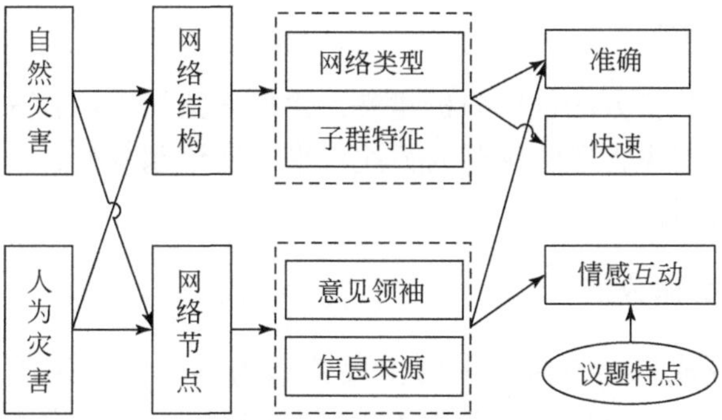

图1 社交媒体影响风险沟通概念模型

2.2 数据来源

社交媒体涵盖社交网站、微博、微信、论坛等多种形式（Gao et al.，2011），本研究选择具有一定权威性的新浪微博中的微博信息作为数据来源。新浪微博的信息发布门槛低，新浪微博用户可以随时随地发布信息，也可以实时搜索微博信息，能够实现信息的快速传播与交流（贾瑞雪和李卫东，2018）。

首先，针对社交媒体对于人为灾害风险沟通的影响，选择“8·12天津滨海新区爆炸事故”（以下简称“天津爆炸”）作为典型案例。使用新浪微博上关于天津爆炸的讨论作为研究对象，重点研究社交媒体中关于危险化学品（以下简称“危化品”）危害风险沟通讨论形成的社会网络属性，及社会网络属性对危化品危害风险沟通的影响。根据百度搜索指数数据显示，微博相关信息主要集中于事故发生后的半个月内。所以，检索新浪微博相关内容发布时间范围为2015年8月12日至2015年8月31日。通过新浪微博提供的高级搜索选项，以“天津”“塘沽”“天津港”“滨海新区”“爆炸”“火灾”“事故”“8.12”等关键词作为搜索依据进行初步数据筛选，然后人工排除与天津爆炸事故无关的微博（数据收集日期为2018年7月17日）。同时，因为很多微博的转发、评论、点赞数都较少，没有产生较大的社会影响，因此选用转发、评论、点赞数中至少有一项数据大于1000的微博作为研究对象。通过以上标准最终筛选获得396个微博账号发布的562条微博。562条微博中政务微博17条，新闻媒体微博185条，名人和非名人个人微博283条，非官方组织微博（如各种明星后援会、兴趣小组）77条；认证账号发布微博417条，未认证账号发布微博145条。

其次，针对社交媒体对于自然灾害风险沟通的影响，选取台风天鸽作为典型案例。根据百度搜索指数显示，其相关信息主要集中在台风形成的前十天。所以，检索新浪微博相关内容发布时间范围为2017年8月20日至2017年8月31日。以“台风天鸽”“珠海台风”等为关键词，最终筛选获得51个微博账号发布的70条微博。70条微博中政务微博6条，新闻媒体微博56条，名人和非名人个人微博3条，非官方组织微博（如各种明星后援会）5条；认证账号发布微博65条，未认证账号发布微博5条。

2.3 模型建构

选择社会网络分析方法进行分析建模，建模步骤如下：首先，使用文本分析方法分析微博主体对灾害风险议题的关注水平，即议题分析；其次，针对微博转发网络进行建模分析。

2.3.1 基本议题数据分析

依据已有研究成果，将微博中的主要信息内容分为灾害信息、社会行动信息、政府行动信息和观点信息等四类12个议题指标。一是灾害信息，主要是关于灾害情况的一些基本信息，包括“灾害情况”“谣言澄清”两个指标；二是社会行动信息，主要是关于公众采取的风险或危机应对信息，包括“危情应对”“社会求助”“公众参与和呼吁”等3个指标；三是政府行动信息，主要是发布政府部门的风险或危机应对措施，包括“事故处理”“恢复措施”“部门合作”三个指标；四是观点信息，主要是表达政府或公众意见和缓解社会矛盾，包括“责任归因”“先进事迹”“灾害总结”“质询”4个指标。

在此基础上，开展议题偏好分析。将天津爆炸和台风天鸽相关的热点新浪微博对照12个议题指标逐条分析，如果微博内容属于某议题则编码为1，否则编码为0。同时统计相关微博的点赞数、转发数和评论数用于后续的参与效果评价（表1）。

表1 天津爆炸微博与台风天鸽微博议题

议题类型	天津爆炸					台风天鸽				
	议题	百分比	平均点赞	平均转发	平均评论	议题	百分比	平均点赞	平均转发	平均评论
灾害情况	118	21.0	4 572	7 642	2 366	28	40.0	7 669	2 686	4 198
谣言澄清	18	3.2	3 299	3 401	3 056	4	5.7	1 313	133	307
危情应对	12	2.1	9 119	14 045	970	0	0	0	0	0

续表

议题类型	天津爆炸					台风天鸽				
	议题	百分比	平均点赞	平均转发	平均评论	议题	百分比	平均点赞	平均转发	平均评论
社会求助	10	1.8	1 774	2 913	687	1	1.4	1 797	676	136
公众参与和呼吁	144	25.6	6 972	3 140	877	13	18.6	18 782	2 004	1 767
事故处理	16	2.8	2 106	1 240	771	12	17.1	13 554	1 298	2 312
恢复措施	12	2.1	2 350	1 468	1 042	1	1.4	2 403	286	754
部门合作	0	0	0	0	0	0	0	0	0	0
责任归因	11	2.0	1 010	1 115	886	0	0	0	0	0
先进事迹	144	25.6	14 084	3 705	1 668	11	15.8	16 489	1 177	1 019
灾害总结	4	0.7	1 178	1 186	1 151	0	0	0	0	0
质询	73	13.1	4 208	1 102	671	0	0	0	0	0
总计	562	100	7 366	4 056	1 443	70	100	11 606	1 875	2 594

2.3.2 社交媒体网络构建

遵循以下步骤分别构建天津爆炸和台风天鸽的风险沟通社交媒体网络（Shi et al., 2017）：以新浪热点微博为行动者，构建行动者集合 N，令其涵盖 g 个行动者，记为 $N=\{n_1, n_2, \cdots, n_i, \cdots, n_g\}$。考虑一对行动者$n_i$和$n_j$间有关系存在，并且这种关系是有向的，则两者是一对有序对 $\langle n_i, n_j\rangle$，记作：$n_i \rightarrow n_j$，热点微博账号间如果有转发关系，则两者间是一个有序对，且方向为被转发者指向转发者。将热点微博账号之间的所有转发关系记为有序对，然后构建热点微博转发邻接矩阵。由于微博转发网络是有明确的方向性，因此形成的矩阵为非对称矩阵。基于表 1 基本议题数据，分别构建得出天津爆炸和台风天鸽的热点微博转发邻接矩阵。在此基础上，将热点微博转发邻接矩阵转换为 Pajek 文件，然后采用聚类布局方法进行可视化展示，即根据节点的属性及相互间的连接关系，通过 Kamada-Kawai 算法来聚类分组网络节点。由此得到天津爆炸热点微博转发网络（以下简称“天津爆炸网络”），以及台风天鸽热点微博转发网络（以下简称“台风天鸽网络”）。

3 整体网结构分析

3.1 社交媒体网络的小世界特性

刻画小世界特性的两个基本概念为聚集系数和特征路径长度。小世界网络必须同时满足平均聚集系数很大而且平均路径距离很小的条件。

第一，聚焦系数。聚焦系数是网络密度的平均值，能够在一定程度上反映社会网络中个体网之间的重叠水平，聚集系数是网络结构化程度的表征。天津爆炸网络、台风天鸽网络的聚焦系数分别为0.280、0.599，表明网络中任意节点相邻节点之间的实际关联关系边数占最大可能关联关系边数的比例分别为28.0%、59.9%，比例较高，说明两个网络中的局部信息沟通是相对顺畅的。同时，天津爆炸网络的聚焦系数小于台风天鸽网络的聚焦系数，说明天津爆炸网络中的节点关系相对松散，而台风天鸽网络中各节点间的紧密性和关联程度更强，台风天鸽网络中不同节点间进行有效沟通的可能性更大。

第二，平均路径长度。平均路径长度可以比较直观地反映社交媒体网络的传输效率，平均路径长度越短，网络中不同节点间的信息交换速率越快。天津爆炸网络、台风天鸽网络的节点数分别为396、51，其对应的平均路径长度分别为2.882、1.829，网络中的个体间可以通过不超过3个其他个体进行信息传播。台风天鸽网络的平均路径长度小于天津爆炸网络，表明台风天鸽信息传播更快，天津爆炸信息传播速度相对较慢，信息失真产生谣言的可能性增加。

两个网络均有较短的平均路径长度和较高的聚焦系数，具有比较明显的“小世界网络”特征，属于小世界网络，可以实现较快的信息传播。

3.2 社交媒体网络的基本参数

选择网络结构作为基本参数，涵盖网络的度分布、网络直径、网络密度、网络关联度等指标。本小节将对这些参数进行分析，这些参数对研究个体节点属性与整体属性的特征方面具有重要的理论依据，可以帮助鉴别出在同一组织单位中的不同特征的网络，或者对不同组织单位的网络特征进行对比。

第一，平均出度。平均出度可以反映信息来源的广度，即平均度越大公众获得信息的可能性越高，根据平均出度也可以推测公众对待灾害信息的心理。天津爆炸网络的平均出度为23.96，台风天鸽网络的平均出度为32.5，台风天鸽的信息传播可能性更高。可见，虽然天津爆炸网络的节点数明显多于台风天鸽网络，但是其平均出度却小于台风天鸽平均出度，这在一定程度上反映了公众对于人为灾害信息的不信任，公众在众多的信息来源中只选择了自己信任信息源的信息进行传播。

第二，网络直径。网络直径是网络中任意两节点之间最短路径的最大值，一般用于度量网络连通性，此处可用于表征信息传播速率和失真水平。天津爆炸网络、台风天鸽网络的网络直径分别为9、5，天津爆炸网络的网络直径较大。网络直径较大表明信息传播链条较长，这将导致信息传递速度偏慢，不能将信息及时传递给公众；同时，信息传播链条较长更容易发生信息失真，谣言产生的可能性加大。

与自然灾害相比，社交媒体中人为灾害信息的传播速度慢、失真率高。这可能与天津爆炸网络中的“派系”分割有关，即因为天津爆炸的敏感性和利益冲突等原因，微博主体更愿意转发“自己人”的信息，不同派系间的沟通相对不畅，因此不同派系间个体的沟通路径变长。

第三，网络密度。网络密度是网络中实际存在边数与理论最大可存在边数的比值（Kim and Hastak，2018）。网络密度描述了社会网络中节点间的总体关联水平，节点间的联系关系越紧密，网络密度越大。天津爆炸网络的网络密度较小，为0.0303，表明天津爆炸网络节点间的关联程度很低，节点间的信息沟通很不充分，是低密度的社会网络。台风天鸽网络的网络密度较大，为0.3183，表明台风天鸽网络节点间的关联水平很高，节点间的信息交流十分充分，是高密度的社会网络。此外，天津爆炸网络一方面具有较低的网络密度，另一方面具有较大的聚焦系数，表明该类型社交媒体网络中，长距离信息沟通存在困难，小集体内的沟通相对活跃。

第四，网络关联度。网络关联度是指在有向网络中，任意两点之间建立联系的比例，网络关联度越高，网络中不同节点间相互进行信息传播的可能性越高。天津爆炸网络的网络关联度为0.1633，台风天鸽网络的网络关联度为0.3528。

天津爆炸网络的网络关联度相对较低，表明信息传播中存在较多数量的信息孤岛且单向沟通较多，部分群体不能及时地接收到信息，也不利于信息反馈；台风天鸽的网络关联度相对较高，表明信息传播过程中的信息孤岛较少且双向沟通的比例较高，主体地位相对平等，可以保证信息的覆盖率和正常反馈。

4　中心性特征分析

4.1　社交媒体网络的度分布

度分布是指网络中节点的度分布情况，大量研究结果表明，实际网络的度分布一般为幂律分布。结合社交媒体网络特点，选择节点出度进行分析。节点的出度是一个节点信息被其他节点转发的次数，出度越大表明该节点的信息被更多其他节点转发，该节点发布的信息影响力可能也就越大。构建天津爆炸网络度分布（出度）与台风天鸽网络度分布（出度），如图2所示。

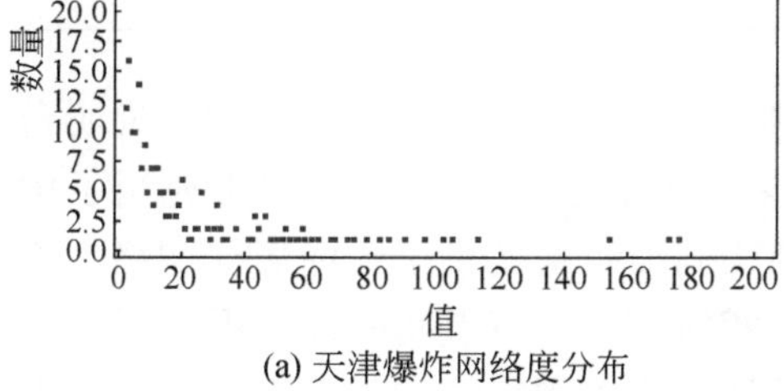

(a) 天津爆炸网络度分布

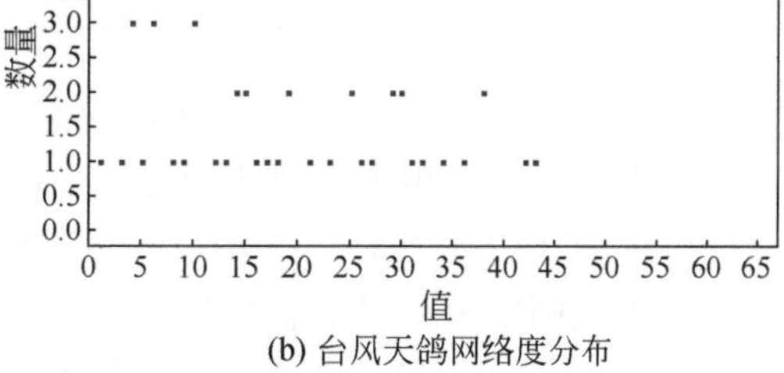

(b) 台风天鸽网络度分布

图2　社交媒体网络度分布（出度）

第一，大部分天津爆炸热点新浪微博的被转发数均小于 20 次，只有很少数量的微博被转发次数超过了 100 次，具有比较明显的幂律分布特征。因此，天津爆炸网络具有针对“随机故障”的鲁棒性和针对“蓄意攻击”的脆弱性，即该网络中如果随机出现个别的错误信息不太可能会对整个网络的信息准确性造成影响，但是如果网络中的关键节点有意或无意发布了错误信息，那么整个网络将十分有可能出现混乱。所以，必须重视关键节点在微博转发网络中的作用，保证关键节点信息的准确性。

第二，台风天鸽网络的出度分布幂律分布特征相对较弱，各出度区间的频数相对均匀。这就使得台风天鸽网络中相对缺少关键节点，整个网络的信息的稳定性较强，即因为某节点的信息失真导致整个网络信息失真的概率相对较小。但是，如果想通过某一节点向整个网络快速发布信息或者进行谣言澄清，由于缺少核心节点而效果不佳。

4.2 社交媒体网络的中心性与结构洞

中心性是反映网络节点重要性的关键指标，可分为中介中心性、接近中心性和权重中心性：中介中心性数值越大表明节点充当中间人的可能性越高，掌控网络资源的能力越强；接近中心性数值越大表明该节点越处于网络中心位置；权重中心性从某节点与关键节点联系的角度考察其重要性。此外，引入结构洞的“限制度指标”，用于考察某节点协调信息、资源的能力，限制度值越小表明该节点越重要。天津爆炸网络和台风天鸽网络的中心性和限制度指标如表 2 所示。

表 2 两类网络中心性和结构洞限制度比较

指标	天津爆炸网络				台风天鸽网络			
	中介中心性	接近中心性	权重中心性	限制度	中介中心性	接近中心性	权重中心性	限制度
均值	0.0024	0.1809	0.0319	0.2774	0.0153	0.5213	0.1241	0.1876
标准差	0.0053	0.1689	0.0389	0.3140	0.0183	0.1954	0.0648	0.1870
最大值	0.0464	0.5552	0.2202	1.0000	0.0702	0.8734	0.2168	1.0000
最小值	0.0000	0.0000	0.0000	0.0230	0.0000	0.0000	0.0000	0.0994

可以看出，台风天鸽网络的中心性普遍大于天津爆炸网络的中心性，说明台风天鸽网络节点间的联系更加紧密，有更多的节点在信息传播过程中充当了中介、桥梁的作用。但是，台风天鸽网络的结构洞限制度又小于天津爆炸网络，说明台风天鸽网络节点对信息传播的控制能力相对较弱，节点间的地位更平等。

直观上看，这与天津爆炸和台风天鸽的社交媒体网络结构类型有关，天津爆炸网络接近于无标度网络，有着一定的核心节点，而台风天鸽网络更类似于规则网络，所以天津爆炸网络节点有更高的限制度；同时，因为台风天鸽网络的节点数较小，因此各节点成为中介或桥梁的可能性增大，中心性数值普遍偏大。但是，进一步分析可以发现，天津爆炸网络中，公众有参与相关信息传播的热情，十分愿意进行观点性的讨论，但是因为人为灾害致灾因子的社会敏感性、信息的不对称性和权威信息发布主体的确定性等原因，公众只能处在信息传播的外围，造成网络整体的限制度数值偏高。

5 结论

通过以上分析可知，针对不同灾害类型，风险沟通中的社交媒体网络结构呈现不同特点，应针对这些特点施加不同的干预，以求有效趋利避害。

第一，人为灾害是由于人的故意行为而导致的灾害，相对于自然灾害和技术灾害，具有更严重的危害性、危险性和隐蔽性。由于人为灾害的致灾因子具有技术复杂性、责任等特点，使得人为灾害风险沟通社交媒体网络兼具信息传播功能与情绪交流功能。由此，导致该类灾害风险沟通的社交媒体网络呈现实体社区具有的派系分割特点，子网络的意见领袖等关键节点作用更强，长距离信息沟通存在困难，小集体内的沟通相对活跃。同时，正是由于该类灾害信息传播过于依赖关键节点，导致信息传播链较长，且受制于关键节点能力，导致信息传递速度偏慢，容易发生信息失真。更为严重的是，该类社交媒体网络呈现针对蓄意攻击的脆弱性，如果意见领袖出现失误或有意发布谣言，则更容易造成群体恐慌。

第二，作为与人类共存的、必然的、不可避免的自然现象，自然灾害活动的时间、地点、强度等具有很大的不稳定性。由于自然灾害致灾因子相对单纯，使得自然灾害风险沟通社交媒体网络是比较纯粹的信息传播网络。由此，导致该类灾害风险沟通的社交媒体网络，呈现主体地位相对平等的特点，整个网络连通性更强，信息传播过程中的信息孤岛较少且双向沟通的比例较高，可以保证信息的覆盖率和正常反馈。但是，如果由于缺少核心节点，节点对信息传播的控制能力相对较弱，如果想通过某一节点向整个网络快速发布信息或者进行谣言澄清，则会效果不佳。

综上所述，针对人为灾害风险沟通的社交媒体网络，意见领袖等核心节点极为重要，必须重视该类灾害社交媒体网络的关键节点建设，应从信息传播与情绪稳定两方面开展工作，更加重视社会关系建构而不单单是信息传播；针对自然灾害风险沟通的社交媒体网络，公众对其更为信任，因此对于该类网络的功能应给予更多的关注，即对于该类网络的利用应从初级的“信息”传递，向更为高级的“知识”传递过渡，使公众不仅获得危害的表面信息，还要获得面临危害如何行动的深层次信息。研究结果有助于完善基于社会关系建构的风险沟通理论，以及优化灾害信息传播结构进而改变风险沟通效果。

致谢

本研究得到国家社科基金（16BGL175），以及国家重点研发计划课题（2017YFF0209604-2）的资助，所有作者对于资助者表示感谢。

参考文献

贾瑞雪，李卫东. 2018. 基于社交网络演化的政府形象认知传播机制——以上海“12.31”外滩拥挤踩踏事件为个案. 公共管理学报，15（2）：28-42.

谭天，张子俊. 2017. 我国社交媒体的现状、发展与趋势. 编辑之友，37（1）：20-25.

Ellison N B，Steinfield C，Lampe C. 2007. The benefits of Facebook “friends”：Social capital and college students’ use of online social network sites. Journal of Computer-Mediated Communication，12（4）：1143-1168.

Gao H，Barbier G，Goolsby R. 2011. Harnessing the Crowdsourcing Power of Social Media for Disaster Relief. IEEE Intelligent Systems，26（3）：10-14.

Granovetter M. 1983. The strength of weak ties：A network theory revisited. Sociological Theory，1（1）：201-233.

Kim J，Hastak M. 2018. Social Network Analysis：Characteristics of Online Social Networks After a Disaster. International Journal of Information Management，38（1）：86-96.

Murthy D，Gross A J. 2017. Social Media Processes in Disaster：Implications of Emergent Technology Use. Social Science Research，63（3）：356-370.

Shi J，Kapucu N，Zhu Z W，et al. 2017. Assessing Risk Communication in Social Media for Crisis Prevention：A Social Network Analysis of Microblog. Journal of Homeland Security and Emergency Management，14（1）：1-16.

Valenzuela S，Arriagada A，Scherman A. 2014. Facebook，Twitter and youth engagement：A quasi-experimental study of social media use and protest behavior using propensity score matching. International Journal of Communication，51（8）：2046-2070.

作者简介

刘铁忠　男，现为北京理工大学管理与经济学院副研究员。2006 年获北京理工大学管理学博士学位。研究方向为风险分析与危机管理、体系管理理论与方法等领域，已在国内外权威杂志和知名国际会议发表学术论文 40 余篇。

作者简介

张湖源　男，博士，现就读于北京理工大学管理与经济学院。主要研究方向为国民经济动员与应急管理。

作者简介

司皓旭　男，北京理工大学硕士研究生，主要研究方向为体系管理与国民经济动员。

作者简介

张湖波　男，博士，2019 年毕业于北京理工大学，获管理学博士学位。现就职于中国电子技术标准化研究院，主要研究方向为风险分析与国民经济动员，提出风险沟通的社会情境理论。

网络环境中科技谣言内容特征及其传播规律研究

刘 玮 赵泽沛 马续补

摘要

网络谣言话题性强，传播迅速，影响广泛，给网络治理带来挑战。本文通过采集辟谣平台相关科技谣言文本和两个新浪微博科技谣言案例文本，分析了科技谣言文本的内容特征，对谣言案例的讨论热度、谣言传播特征和评论情感进行深入研究。发现医疗卫生和高科技是重灾区，“权威”是谣言背书的主要形式，科技素养欠缺是谣言得以传播的主要原因；具有相近知识背景的网络大V对谣言传播作用显著；谣言自身的情感倾向影响网民的情绪；网络空间具有自我净化能力；官方辟谣略显滞后。从网络空间治理角度，本文认为官方及时充分辟谣和网络大V的高自律性不仅能有效辟谣，还能起到普及科学知识的作用。

关键词：科技谣言；网络舆情；微博

1 引言

互联网，尤其是Web 2.0，在很大程度上改变了人们沟通交流的方式，加快了信息传播的速度、深度和广度。无论是生活中的点滴小事，还是热门的公共事件和世界未解之谜，均可作为网络用户发表自己观点的素材，这也使得信息在产生和传播过程中容易出现失真、曲解、恶意杜撰等现象，从而产生网络谣言。用户发布信息之后，关注者有转发、评论、点赞等互动行为，同理转发者的关注者也可进行以上活动，进而形成一个巨大的信息传播链条（宇泉锟，2014），网络谣言具有传播速度快、影响范围广、传播渠道多、扩散性强等特点（王谢宁和蔺学如，2016），给互联网平台管理带来了巨大的挑战。

网络谣言根据内容可以分为社会政治类、科学常识类、社会时政类、明星八卦类等（喻国明，2018），科学常识类的谣言占据较大的比例。2018 年 9 月中国公民科学素质调查显示，我国具备基本科学素质的公民比例达 8.47%（中国科普研究所，2018），2019 年 7 月第 44 次《中国互联网发展状况统计报告》显示，我国网民大学本科及以上学历者仅为 9.7%，初中及以下者占 56.1%（中国互联网信息中心，2019）。目前我国国民的科学素养不高，科学知识水平有限，容易成为信谣者和传谣者，引起科技谣言的广泛传播（宇泉锟，2014）。随着网络谣言的影响力增大，辟谣工作的要求也越来越高。习近平总书记提出“加强互联网内容建设，建立网络综合治理体系，营造清朗的网络空间”。很多平台成立了专门的辟谣栏目，如果壳网的“谣言粉碎机”、新浪微博的“捉谣记”及“中国互联网联合辟谣平台”。

科技类谣言的辨识度低、模糊性高、影响力大，值得研究者的特别关注。本文通过文本内容分析、复杂网络分析、情感分析等方法，研究网络环境，特别是社交网络环境下科技谣言的内容特征、传播规律，以及用户行为、情感特征，为网络上的科技谣言防控提供有效建议。

2 科技谣言传播相关研究

在谣言传播模型方面，研究者通常借鉴传染病学、传播学理论研究谣言传播的规律。Lowell Reed 和 Wade Hampton Frost 提出的 SIR（Susceptible-Infective-Removed）传染病模型被广泛地应用（Zhao et al.，2013；Zhou et al.，2007）和借鉴（Zan et al.，2014），Zanetee（2001）给出了小世界网络中谣言传播的一般模型，Moreno（2004）提出了无标度网络中谣言传播的一般模型。Li 和 Yang 等（2019）构建了基于复杂网络的 I2S2R 谣言传播模型和 ILSR 谣言传播模型。Zhao 等（2011）提出考虑遗忘因素的谣言传播模型。Lin 和 Dazhen 等（2018）从基于博弈论的角度对谣言扩散进行了模型研究。

在谣言传播影响因素研究方面，尹良润等（2015）认为造谣者的“可信度”与“批判能力”，谣言本身的“重要性”与“模糊性”，围观者的“态度”与“关联性”，传谣者的“可信度”“批判能力”“信息关联性”“活跃度”，传播媒介的“转发次数”等变量是重要的影响因素。王光辉等（2015）认为舆论演化各阶段的特征因素同时包含内驱动因素和外驱动因素，内驱因素包含公共事务议题、传统媒体、网络大 V 等，外驱因素包括舆论时空因素和政府干预的缺失等。

从研究方法角度，许多学者应用复杂网络研究谣言传播规律。Poddar 等（2018）利用神经网络算法收集推特上特定话题评论的立场，对谣言的真实性进行监测与预测。Tang 等（2013）基于兴趣的角度提出了一个扩散模型，分析了社交网络中谣言扩散的特征，研究发现正面信息可能在传播过程中演变成谣言；聚类系数越小的网络，传播效率较高，谣言在具有较小全局聚类系数的社交网络中比在具有更大全局聚类系数的社交网络中更广泛地传播。其他网络事件传播的研究成果也可借鉴，如刘怡君（2016）提出的“舆论超网络模型”和“超链路预测”算法；侯治平等（2017）针对学术事件在科学网上的传播，采用链路分析法和社会网络分析法研究好友链接、推荐链接的网络结构特征和信息传播规律；Michael 等（2018）选取寨卡病毒爆发事件相关推文为例，进行社会网络分析，利用 R 语言制作转推网络结构分析。

目前国内对科技谣言的研究以定性为主，对于科技谣言在社交网络平台上的传播规律及用户行为特征很少进行详细深入的定量研究，本文通过定性与定量相结合的方法，在研究科技谣言整体内容特征的基础上，选取社交媒体环境中的两个典型案例进行深入研究，从而发现科技谣言自身的特点和规律。

3 研究方法与数据处理

3.1 研究思路

为了研究科技谣言在网络环境中的内容特征和传播规律，本文首先采集了“中国互联网联合辟谣平台”中“科学”分类下的辟谣文本，通过逐一阅读将其对应的谣言文本筛选出来，形成谣言文本集。通过对该谣言文本集的内容分析，对科技谣言的用词特点、话题热点、造谣套路、谣言背书等特征进行概括。然后，选择与中医药相关的两个主题“中药致癌”和“疟原虫治癌”，通过新浪微博采集数据，从时间角度分析了谣言传播中的讨论热度；然后对每个主题中影响力最大的发帖的转发网络和评论情感进行研究，通过案例研究了社交网络中谣言传播特征和规律。最后，根据对科技谣言的内容分析和案例研究，讨论了网络环境中科技谣言产生和传播的特征和规律，给出科技谣言治理的若干建议。

3.2 数据采集与预处理

本文的数据采集和预处理分为两部分：科技谣言文本采集与预处理和微博案例数据采集与预处理。数据采集日期为 2019 年 3 月 24 日，采集工具主要是八爪鱼采集器和 Python 编程。

1. 科技谣言文本采集和预处理

“中国互联网联合辟谣平台”是由中央网信办违法和不良信息举报中心主办、新华网承办的平台，旨在为广大网民提供辨识谣言、举报谣言的权威平台。该平台于 2018 年 8 月 29 日正式上线。平台将谣言分为政治、社会、文化、健康、食品、科学共六类。爬取“科学”类中的所有辟谣文本，共 111 条，包含辟谣文章的标题、正文、时间等属性。依据采集到的辟谣文本，人工筛选出每条记录中所包含的谣言文本，作为本文研究所使用的科技谣言样本集，共 213 条。表 1 是辟谣文本与谣言文本的对照示例。

在确定谣言文本集的基础上，采用 Python 的 jieba 分词包对谣言文本进行分词，通过中文停用词表（共 1893 个停用词）剔除无意义词（数量词、时间词、副词、代词等），得到 5196 个有意义的词。

表 1 辟谣文本–谣言文本对照表（部分）

辟谣文本	谣言文本
玩手机会导致黄斑变性进而造成失明？ 长时间特别是夜晚玩手机会造成眼部黄斑疾病，导致黄斑变性，如同患上了“眼癌”，完全无药可治，导致失明。 真相： 黄斑变性的病理机制主要为黄斑区结构的衰老性改变，通常是高龄退化的自然结果，随着年龄增加，视网膜组织退化、变薄，引起黄斑功能下降。 诱发黄斑变性的原因包括遗传、年龄、眼部炎症、高血糖、高血脂、高血压、吸烟、长期从事户外工作、眼睛暴露在强光下等，这些因素与在黑暗中看手机并无直接关系	长时间特别是夜晚玩手机会造成眼部黄斑疾病，导致黄斑变性，如同患上了“眼癌”，完全无药可治，导致失明
人工增雪催化剂影响健康？ 2 月 13 ~ 14 日，华北地区的大范围降雪是人工增雪。人工增雪催化剂中含有的碘化银会危害人体健康，并造成环境污染。 真相： 在本次降雪中，确实有部分地区进行了人工增雪，但增雪使用的碘化银催化剂即使全部降落到地面上，每平方公里碘化银的含量也仅有 0.21 克。按照降水量计算银离子浓度，银离子含量约合 0.000 035毫克/升，这远低于世界卫生组织标准和我国国家生活饮用水卫生标准中银的含量不超过 0.05 毫克/升的要求，不会对生态环境造成污染，更不会危害人体健康	2 月 13 ~ 14 日，华北地区的大范围降雪是人工增雪。人工增雪催化剂中含有的碘化银会危害人体健康，并造成环境污染

2. 新浪微博案例数据的采集和预处理

如何治愈疾病是人类共同面对的难题，循证医学取得很多可信的研究成果，而传统中医药长期受到质疑（毕京峰等，2008）。社交媒体已经成为人们分享和交流信息的主要方式（谭天和张子俊，2017），全球用户数量已经达到 31.96 亿人，中国新浪微博用户规模已达到 3.4 亿人（搜狐网，2018）。新浪微博具有用户量大、平台互动性高、信息流通效率高等特点（孟一，2012）。用户在微博上的转发、评论、点赞、收藏等行为，形成了网络信息有向传播网络。因此，本文选择“疟原虫治癌”和“中药致癌”两个话题，通过新浪微博采集案例数据。

目前医学上对“中药致癌”问题没有确定性的结论，因此网络上流传的“中药致癌”等消息均为谣传。在 2017 年 10 月，台湾长庚医院发表文章（Ng et al.，2017），称发现近八成肝癌与马兜铃酸有关。马兜铃酸存在于几百种中药材，此消息一出，即刻引发大规模网络讨论。爬取新浪微博相关数据并人工剔除无效数据，得到发帖 788 条，转发 10 265 条，评论 6367 条。发帖时间从 2014 年 3 月 9 日至 2019 年 3 月 1 日。该话题下影响力最大的发帖是“晨光 us”在 2017 年 10 月 19 日的帖子，获得 645 条有效评论和 5169 条转发。

2019 年 1 月 28 日，中国科学院广州生物医药与健康研究所研究员陈小平发表了“疟原虫将成为抗癌主力军”的演说，介绍其多年来的科研成果与治癌进展。随即被主流媒体报道，引发网友热议。然而，该信息在中国互联网联合辟谣平台 3 月 1 日发布的“2 月谣言榜”中被辟谣，认为疟原虫治癌尚属于早期的临床试验，不适宜作为确切消息进行传播。爬取新浪微博相关数据并人工剔除无效数据，得到发帖 969 条，转发 19 182 条，评论 13 440 条。发帖时间从 2017 年 5 月 3 日至 2019 年 3 月 13 日。该话题下影响力最大的发帖是“新浪爱问医生”的博主在 2019 年 1 月 29 日的帖子，获得 519 条有效评论和 4028 条转发。

3.3 数据分析方法

1. 文本内容分析

通过词分析和人工标注分类，对“中国互联网联合辟谣平台”上的涉及的科技谣言进行文本内容分析，阐明了当下互联网环境中科技谣言的热点话题及谣言文本特征。

首先，对谣言文本集进行词频和词对共现关系的统计分析。根据词频生成的词云图能直观地展示文本集中的热点词汇（贺宏伟和杨方琦，2017），对 5159 个有意义的词进行词频统计，绘制了前 40 个高频词云图；词对共现关系表达了两个词在同一个文本中出现的次数，能说明两个词之间的关系强弱，表达更清晰的语义概念（罗贤春等，2015），本文采用 Bibexcel 生成高频词共词矩阵，用 Gephi 绘制高频词共现关系网络图。

其次，通过人工标注对谣言的内容分类、背书类型、造谣手法进行研究。本文基于王井（2018）提出的谣言内容分类方法，将科技谣言事件分为自然现象、高端科技、环境保护、食品安全、医疗卫生、科普活动、其他等七个类别。造谣者在编撰谣言时通常会采用一些修辞手法对所涉及的事件进行包装，即谣言套路。本文基于曹珩（2014）的研究结果，将谣言套路分为五大类：以偏概全、无中生有、歪曲事实、夸大其词及认知错误。科技谣言经常借用“权威机构”、“权威人士”等给谣言以背书，增加谣言的可信度。借鉴黄婧等（2015）的研究结果，本文将科技谣言的背书类型分为五大类：权威人士（专家）；权威文献（论文、期刊等）；权威机构（科研机构、官方机构等）；权威媒体（科学网站、科学栏目、传统媒体等）；其他。表 2 是人工标注结果示例。

表 2 谣言文本内容的人工标注结果（部分）

谣言文本	事件类别	谣言套路	谣言背书
科学家研发出一种神药，可延长人类寿命至 150 岁	医疗卫生高端科技	无中生有	权威人士（专家）
以色列一家生物公司声称将在一年内完全治愈癌症	医疗卫生	夸大其词	权威机构

2. 情感分析

目前，对于文本的情感分析主要分为两类：基于机器学习和规则的方法及基于非监督的情感词典的方法（Sharma and Dey，2012；Liu，2012）。本文使用 LIWC——“语言探索与字词计数”，是一种基于情感词典对数据进行情感倾向处理的分析工具。通过对两个案例的评论文本进行情感分析，识别出谣言传播过程中用户的情绪状态和变化。在案例中，积极情感被认为是相信认可谣言内容，消极情感为拒绝否认谣言内容。

3. 社会网络分析

社会网络分析对社会网络中行为者之间的关系进行量化研究，是社会网络理论中的一个具体工具（朱庆华和李亮，2008）。本文采用 Gephi 构建案例中的传播路径（李国栋，2014），选择 YifanHu's Multilevel 算法（Hu，2005）绘制谣言传播网络图。在社会网络分析中，特别对节点的度中心性和中介中心性特征进行测量和解释。度中心性表示节点的中心性，一个节点的节点度越大，表明这个节点相邻的节点数越多，这个节点越重要。在谣言传播网络中，度中心性越高的节点表示直接转发该节点的数量越多，该节点的影响力越大。中介中心性指某节点出现在其他节点之间的最短路径的个数，以标识节点对于其他节点信息传播的控制能力。在谣言传播网络中，中介中心性高的节点表示其转发能力强，经过该节点的转发谣言得到更大范围的扩散。

4 结果分析

4.1 科技谣言的内容特征

1. 基于词和词对关系的内容分析

对 5196 个有意义的词进行词频统计，选取词频最多的前 40 个词语生成词云图。图 1 中“量子”出现次数最多，达到 68 次；“地震”出现次数最少，有 14 次。科技类谣言具有明显的“科技”感，充满了科技术语。“量子”是近代物理的重要概念，“量子物理”“量子通信”“量子计算”等对于专业学习者尚且晦涩难懂，对于社交媒体上的普通网民，更是很难有正确的理解。次高频词是“辐射”，信息科技的发展，辐射似乎成为人们集体关注的问题，手机辐射、家用电器辐射、变电站辐射，等等，都是谣言的重灾区。近年来频频爆出居民抵制安装通信基站的事件充分显示出民众对于辐射认知的偏差。“专家”、“科学家”等词出现次数较多，科技谣言经常假借“专家”、“科学家”增加谣言的“权威性”和“可信度”。

图 1 科技谣言文本词云图

根据词对在同一文本中的共现关系，将 213 个谣言文本独立输入 Bibexcel 软件，构造 40×40 高频词共现矩阵，并导入 Gephi 生成共现关系网络图。图 2 中，节点大小与其在多少个谣言文本中出现有关；边的粗细与词对在多少个谣言文本中同时出现有关。“量子”与“产品”的共现次数最多，科技谣言中，“量子内衣”、“量子头盔”等是科学术语“量子”的主要表现形式，将“高大上”的科学概念和“接地气”的产品结合起来形成“博眼球”的特殊功效的用品，是科技谣言的生成模式。“研究”的点度值最高，跟其他词的联系多，说明科技谣言通常使用“某研究表明”来吸引网民，是科技谣言的表述形式特征。此外，“朋友圈”的点度值也比较高，说明在社交媒体中，不仅仅是微博这样的社交网络滋生谣言，微信这样的熟人圈子也是谣言传播的温床。

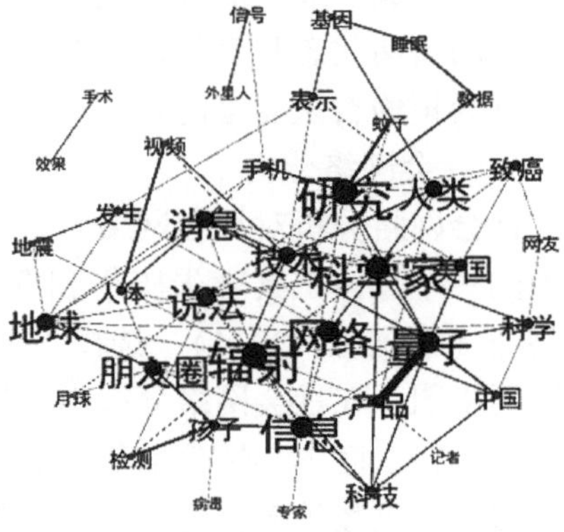

图 2　谣言文本高频词共现关系网络图

2. 基于人工标注的内容分析

通过对 213 条谣言文本的人工标注，科技谣言在事件类别、谣言套路和谣言背书方面具有以下特征：

（1）医疗卫生、高端科技是科技谣言的重灾区

图 3 中占比最多的是医疗卫生类，相关谣言有：基因检测、癌症治疗、产品致癌，等等。这类谣言与人们的身体健康密切相关，但正确理解此类信息往往需要具备专业知识，因此容易造成某些医疗卫生研究成果被夸大、扭曲、断章取义等，导致此类谣言的广泛传播。高端科技类谣言也占据较大的比例，如量子产品、人工智能、太空探索等技术含量较高的科技信息，往往被造谣者用来吹嘘产品的性能以谋取利益。此外，食品安全与人们日常生活息息相关，“塑料紫菜”“含铅皮蛋”“食品致癌”等谣言迷惑人心。科普活动类谣言涉及一些生活常识，如“手机用电过猛”、“女司机技术差”等，貌似符合常理实则没道理。

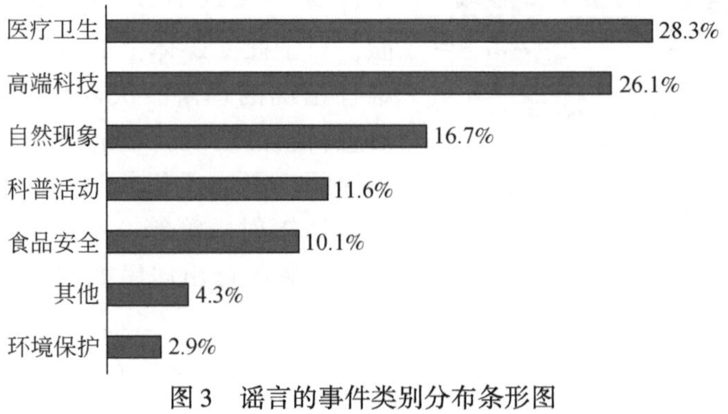

图 3　谣言的事件类别分布条形图

（2）夸大其词与利用网民的错误认知是主要的造谣套路

造谣者采用不同的套路对谣言进行包装，如图 4 所示，夸大其词和错误认知占比相对较大。谣言多基于事件话题进行衍生创作，造谣者对事件进行夸大以增

加谣言的影响力和吸引力，如“吐口唾沫就能测艾滋”和“手机一格电时，辐射是平时的1000倍”。在生活中，人们会存在一些根深蒂固的错误认知，如人们通常会认为电器具有较大的辐射，对人体健康有害，因此谣言“电动汽车辐射高”得以传播。此外，无中生有和歪曲事实也是常见的谣言修辞套路。网络上有流言称，捐献骨髓会对捐献者产生伤害，甚至会影响生育功能和寿命，这便是典型的歪曲事实。与食品相关的谣言，如“注胶杨梅”“塑料紫菜”“致癌大豆”等都属于无中生有的情况。

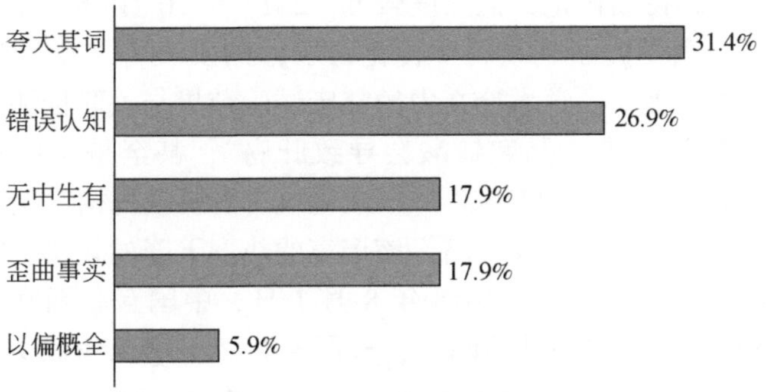

图4　造谣套路类别条形图

（3）“专家”成为谣言背书的主要形式

科技谣言经常借用各类“权威”给谣言以背书，增加谣言的可信度。如图5所示，通过人工标注，打着“专家”旗号的谣言占据了37%，如“专家称治疗艾滋病的药物已经研究成功”、“专家认为蓝光会导致视力下降”等。此外，还有很多谣言假借个人和群体之名，一方面从众心理使得人们愿意接受他人已经认可的事情，另一方面谣言通过具体的人名、地名甚至图片、视频等，增加了谣言的“真实性”，如“西安市龙女士在6月20日被狗咬伤腿部，虽然及时注射了四针狂犬病疫苗，但20多天后仍然病发死亡，因此狂犬病疫苗无用”。即使官方辟谣，“塔西佗”陷阱（杨妍，2012）、“逆火效应”（熊炎，2019）等也促使民众更容易相信此类谣言。

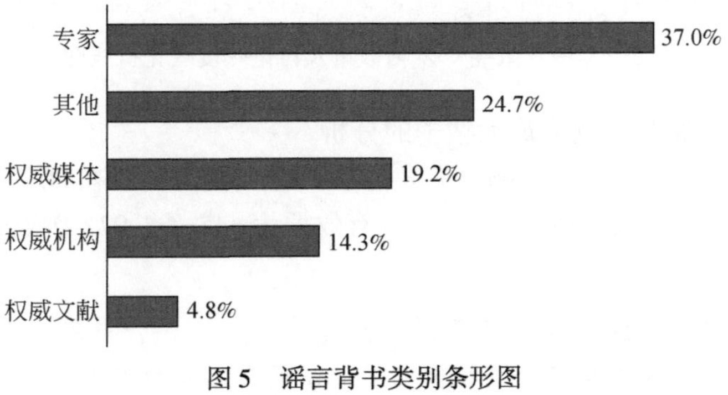

图5　谣言背书类别条形图

4.2 “中药致癌”案例分析

1. “中药致癌”谣言发帖数量变化规律

由于“中药致癌”相关帖子的持续时间较长，以每隔3月为单位显示了该谣言引起的讨论情况，将发帖数、转发数和评论数叠加在一起构成谣言讨论热度。图6中，虚线折线代表发帖数量，实线折线代表谣言讨论热度。在最初的2014年，“枸杞致癌”就引发了一定的话题热度，网友参与度较高。在2017年9月之前，在微博上该话题持续讨论，但热度较低。2017年10月18日，“马兜铃酸导致肝癌”成果在《科学》子刊《科学转化医学》的发表将“中药致癌”推向了风口浪尖，引起网络舆情。学术论文中的临床试验结果与关联推测“马兜铃酸与肝癌有关”研究被演化为“马兜铃酸会导致肝癌”，甚至是“中药致癌”的谣言。该案例中，谣言以“权威专家”“权威论文”“权威机构”为背书，内容上存在以偏概全、歪曲事实的造谣套路。该谣言的热度下降的较快，2018年6月下降到谣言爆发前的平均水平。在2018年8月1日，中国互联网联合辟谣平台以“《科学》子刊称中药致癌系炒旧闻”为标题宣布“专家认为该文并未提供马兜铃酸致肝癌直接证据”。这一文章标志着“马兜铃酸致肝癌”的正式辟谣。

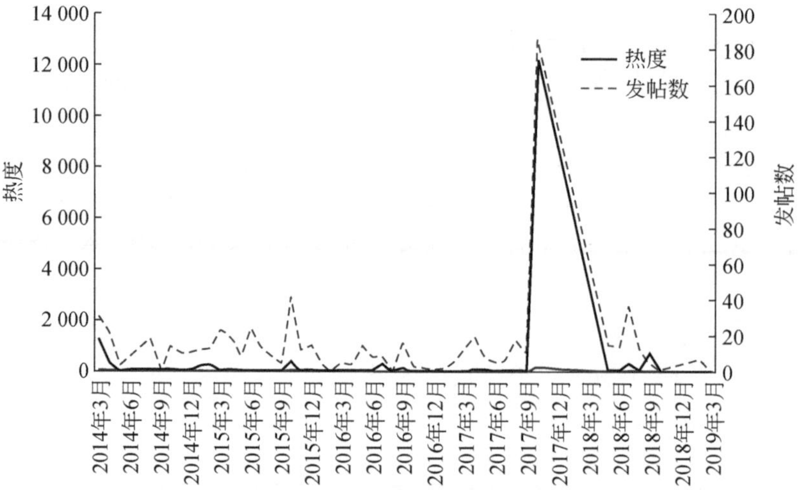

图6 “中药致癌”发帖数量及讨论热度变化折线图

2. “中药致癌”影响力最大帖子的分析

在“中药致癌”话题中影响力最大的帖子是“晨光us”在2017年10月19日的发帖，该微博的转发量达到5169次，有效评论645条，972次点赞。发帖原文如下：

真的是苦口婆心说了那么多年，不要吃中药，……，最新一篇*Science*子刊的文章又把臭名昭著的马兜铃酸拉出来了，新的罪名是致肝癌！最触目惊心的是马兜铃酸已经严重地扩散了，看一下我贴的第三张图中饼状图中红色的部分，马兜铃酸在中国大陆使用扩散到几乎占了快一半！……很多中药成分里面根本不会告诉你是否含马兜铃酸的……

（1）传播网络分析

该用户微博认证为“UAB 医学院糖尿病中心博士后研究员”，拥有 4 万多粉丝。绘制“晨光 us”发帖的转发网络，得到图 7。“晨光 us”是该图的中心节点（出度达到 1292），即直接被转发的次数为 1292 次；其次是节点 1893，被转发 428 次。图 7 中出度在 10 以上的节点仅占 0.7%，说明少部分的节点在转发网络中起到了关键作用。该网络的直径为 8，说明传播深度相对较高。谣言原帖传播从中心向外发散，经少数节点后产生较显著的转发效应，引起多次舆论爆发，有明显的“裂变式”特征。表 3 是转发网络中介性最高的 5 个节点，合计产生了 764 次转发。

表 3 “晨光 us”转发网络中具有较高中介中心性的节点

节点序号	博主名称	粉丝数	微博认证	出度	中介中心性
1983	女王 C-cup	692 万	性科普作者、两性专栏作者 微博签约自媒体	428	1136.5
778	科学未来人	18 万	知名科学科普博主头条文章作者 微博签约自媒体	124	398.5
2623	竹顶针	1 万	无	81	321.5
1827	奶粉揭秘	165 万	知名母婴育儿博主	47	226
1872	仲举扫地	9 万	海南导游	16	163

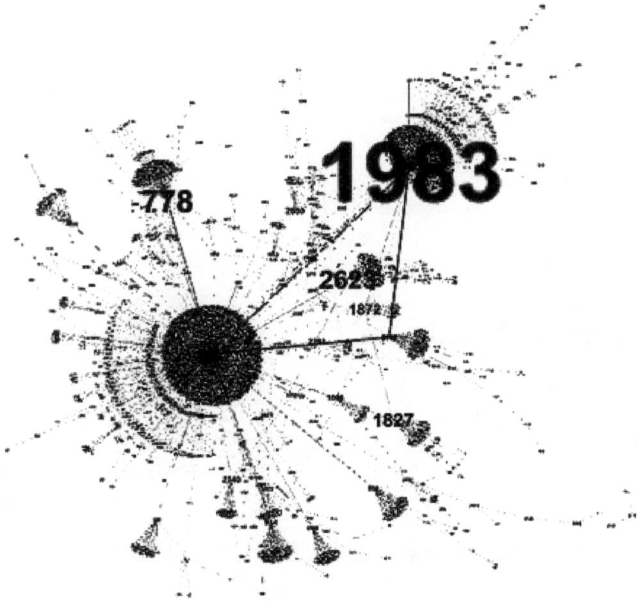

图 7 “晨光 us”的转发网络图

（2）评论帖的情感分析

对“晨光 us”引起的评论文本进行情感分析，发现发文第一天积极情绪略高于消极情绪，第二天评论数量达到最高，而消极情绪值是积极情绪值的两倍，第三天及以后评论数下降，消极情绪值持续高于积极情绪值。

4.3 “疟原虫治癌”案例分析

1. “疟原虫治癌”谣言发帖数量变化规律

以每隔两天为单位对“疟原虫治癌”相关帖子进行统计。图 8 中，虚线折线代表发帖数量，实线折线代表谣言讨论热度。在 2017 年 5 月新浪微博上就出现了通过疟原虫治疗癌症的信息，这是由于中国科学院广州生物研究院研究员陈小平就“疟原虫治癌”对外做出了初步报告。在 2018 年 12 月陈小平发现疟原虫对治疗癌症有效果，并在 1 月 23 日中科院“SELF 格致论道”讲坛上发表演讲。2019 年 1 月 28 日，其团队在微博上发布招募志愿者的信息，广大网友纷纷转发、评论、点赞，积极参与到该事件的讨论当中。这个时期发帖数量少，但网络讨论热度非常高。数天之后，该事件经过主流媒体的报道及网络自媒体的宣传，引发了网友的强烈关注，发帖数和讨论热度在较长时间中保持高涨。“疟原虫治癌”谣言的发帖数在 2019 年 2 月 18 日达到了高潮，但是随即出现了“疟原虫治癌项目被叫停”的说法，舆论出现反转。在 2 月中旬往后，微博账号“华商报”“滨海时报”“新浪视频”等发文质疑疟原虫治癌的真实性与可行性。在谣言消减阶段，发帖数降低较慢，但讨论热度降低比较快。最终在 3 月 1 日中国互联网联合辟谣平台正式发布辟谣文章。

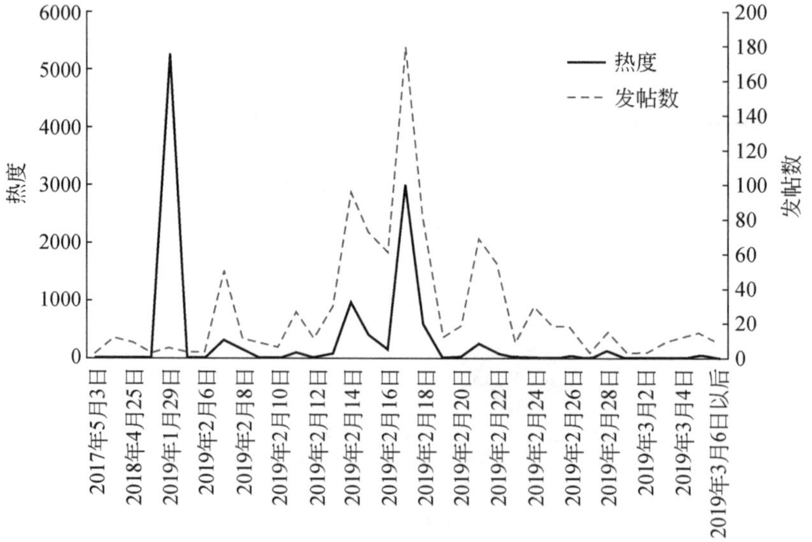

图 8 “疟原虫治癌”发帖数量及讨论热度变化折线图

2. “疟原虫治癌”影响力最大帖子的分析

在“疟原虫治癌”话题中影响力最大的帖子是“新浪爱问医生”在 2019 年 1 月 29 日的发帖——“这也许就是我们要找的癌症疫苗!”言论，配有陈小平的演讲。该微博的转发量达到 4028 次，共有 519 条评论，6640 次点赞。

(1) 传播网络分析

“新浪爱问医生”是新浪健康官方产品的博主，拥有743万粉丝。绘制“新浪爱问医生”发帖的传播网络图。如图9所示，“新浪爱问医生”为网络图的中心（出度达到3440），即直接被转发的次数为3440次；其次是节点3493，仅被转发71次。图9中出度大于1的节点仅占0.9%。“新浪爱问医生”在转发网络中占据无可撼动的重要位置，其他节点对谣言扩散的影响非常有限。该网络的直径是4，说明谣言传播的深度较浅。表4是转发网络中介中心性最高的5个节点，合计仅仅产生了146次转发。

表4 “新浪爱问医生”转发网络中具有较高中介中心性的节点

节点序号	博主名称	粉丝数	微博认证	出度	中介中心度
3493	医学手札	51万	南开大学附属天津第一中心医院生殖中心 方祺 健康达人	71	172.5
3644	卤煮疫苗	12万	健康达人 知名健康博主	20	60
3519	琉辉 liuki	37万	全国高校健身气功比赛男子个人项目冠军	17	34
3582	爱问医生科普	260万	新浪爱问医生官方运营账号	26	22.5
59	吃冰淇淋的大怪兽	309	无	12	12

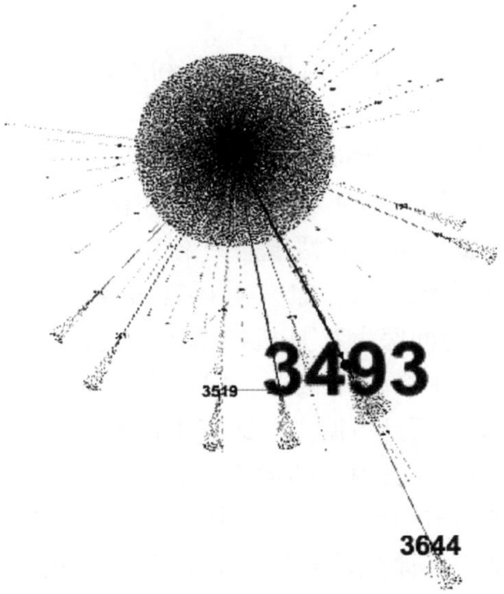

图9 “新浪爱问医生”的转发网络图

(2) 评论帖的情感分析

对“新浪爱问医生”发帖引起的评论文本进行情感分析，发现在发帖当天评论数达到最高点（320条），第二天评论数减半（167条），第三天以后热度明显消退。从评论文本的情绪倾向分析，第一天积极情绪值几乎是消极情绪值的5倍，第二天约6倍，第三天及以后积极情绪值依然高于消极情绪值。

5 结论

本文通过从“中国互联网联合辟谣平台”和新浪微博获取科技谣言文本数据，对科技谣言文本内容特征和中医药相关的两个微博谣言帖的讨论热度、转发网络、用户行为和情感进行研究，得到以下结论。

1）医疗卫生和高端科技是科技类谣言的重灾区，各种“权威”是科技类谣言背书的主要形式，普通网民对科技知识缺乏客观理性认知是谣言得以传播的主要原因。

无论是“治病”还是“致病”，网民对生命健康相关信息非常敏感，同时普通网民不具备医学专业知识；高端科技类话题虽与人们日常生活有一定距离，但普通网民容易盲目崇拜高科技。教育程度偏低，科学素养不足，导致普通网民对科技类谣言辨识能力较弱。科技谣言往往假借专家、科研机构、科技文献等各种“权威”之口，“权威”的背书与自身辨别力不足容易造成科技谣言的广泛传播。这也符合曹珩（2014）总结的科技谣言的特性：内容上突出事件的灾难性，利用科学建立权威性、利用科学理论自身的不确定性等。

2）科技谣言传播过程中，知识背景与谣言内容密切相关的大 V 有较强的推波助澜作用。机构博主主要依靠自身影响力，而个人博主依靠更有影响力的大 V 转发。

通常微博“大 V”具有几十万到几百万的粉丝，有较大的关注度，较多的转发量与评论量。因此当微博“大 V”有支持谣言、否定谣言、关注谣言的行为时，会对谣言的传播有很大的影响。这个影响体现在引发大规模的讨论、评论、转发上，即触发用户对话题的关注（迟钰雪和刘怡君，2018）。在本文选取的两个案例中，个人博主“晨光 us”发帖传播网络中，“女王 C-cup”是典型的“大 V”，该博主具有医学和科普知识背景，对谣言传播起到较强的推波助澜作用。在第二个案例中，“新浪爱问医生”是机构博主，谣言帖的转发主要来自该机构博主的粉丝，其他节点的中介作用很弱，但中介作用相对最高的节点“医学手札”不仅有 51 万粉丝量，而且该博主是医疗工作者。

3）科技谣言传播中，谣言内容的情感倾向对网民的情绪变化影响显著。

本文所选的两个案例与中医药和癌症相关，“中药致癌”否定了传统中医药，属于消极信息，而“疟原虫治癌”给出严重疾病的治愈方法，属于积极信息。从两个谣言帖子的评论文本情感分析，尽管都是模棱两可的科技谣言，但整体上“中药致癌”评论文本以消极为主，网民对该谣言持质疑否定态度，而“疟原虫治癌”评论文本以积极为主，网民情绪乐观，持接纳肯定态度。

4）网络具有自我净化能力，官方辟谣与谣言消除之间存在时滞。

观察图 6 和图 8，对照官方辟谣日期，可以看出发帖数量和讨论热度在官方辟谣之前已经趋于平稳。一方面由于网络信息的易逝性，网民关注力聚焦时间短（张丽娟和罗娟，2012）；另一方面网络的确具有自我净化能力（郁赛君，

2017)，谣言经过一段时间的讨论，清者自清。官方辟谣显得比较滞后，并没有在谣言爆发前期或爆发期及时辟谣。

基于以上的结论，我们提出以下两点网络科技谣言治理的对策建议。

第一，增强官方辟谣的及时性。尽管在社交网络上任何话题难以持续得到关注，但在谣言爆发期或者爆发前期，往往是科普的最佳时机。第十次中国公民科学素质调查显示，互联网对公民科学素质提升发挥着越来越重要的作用，我国公民每天通过互联网及移动互联网获取科技信息的比例高达 64.6%。及时可靠的官方辟谣不仅仅降低谣言传播范围，也能适时普及科学知识，提高网民科学素养和辨别能力。Tamotsu Shibutani（2012）曾说道："谣言的产生源于存在模棱两可的情况。如果公众对新闻的需求超过了新闻的供给量，谣言便容易产生。"因此官方辟谣机构应该及时供给相关可靠的信息。

第二，提高网络"大 V"的自律性。虽然有研究表明，拥有越多粉丝的"大V"在转发谣言或辟谣帖时的概率越低（Amirhosein，2019)，但有更多的研究表明"大 V"对谣言传播有强大的影响力（季丹和郭政，2015；胡继冬，2013；刘锐，2011)。通过早期发现谣言并提前干预与谣言所涉背景知识相关的"大 V"，增强网络"大 V"的自律性，使得"意见领袖型"博主真正起到抵制谣言，普及科学知识的作用。第十次中国公民科学素质调查显示，科学技术职业在我国公民心目中声望较高，科学家、教师、医生和工程师的职业声望和职业期望均排在前五位。在社交网络时代，这些科学技术职业的网络"大 V"要担负起辟谣和传播正确科学知识的责任。

本文研究还存在以下不足：首先，由于网络谣言大都经历产生、传播和辟谣，因此辟谣后部分谣言会被造谣者删除，导致获取到的谣言数据不够完整；其次，两个案例都是医学疾病类的谣言，研究结果有一定局限性。

参考文献

毕京峰，李子峰，段俊国 . 2008. 论循证医学思维模式下传统中医药疗效评价的偏倚 . 中药药理与临床，(4)：64-65.

曹珩 . 2014. 科技类谣言的网络传播初探 . 东南传播，(3)：76-79.

迟钰雪，刘怡君 . 2018. 基于社团发现的舆论大 V 影响下"多对多"用户交互模式研究 . 电子科技大学学报（社科版)，102（3)：19-24.

贺宏伟，杨方琦 . 2017. 我国教育技术学科领域研究状况与热点分析——基于词频分析和可视化共词网络技术 . 集美大学学报（教育科学版)，18（2)：50-57.

侯治平，黄少杰，李昕宸，等 . 2017. 学术事件社交网络结构及信息传播规律研究——以科学网屠呦呦获诺贝尔奖博文为例 . 情报资料工作，(5)：36-43.

胡继冬 . 2013. 论微博大 V 的形成、影响与社会管理 . 思想理论教育（23)：70-74.

黄婧，王戈，钟声扬，等 . 2015. 科技谣言传播规律及作用模式研究 . 情报杂志，(1)：156-160.

季丹，郭政 . 2015. 网络意见领袖对危机信息传播效果的影响因素研究 . 情报杂志，(2)：22-27.

李国栋 . 2014. 基于 GEPHI 的共词可视化分析：以文献计量学作者合作关系为例 . 硅谷，(7)：96，120-121.

刘锐 . 2011. 微博意见领袖初探 . 新闻记者，(3)：57-60.
刘怡君. 2016. 社会舆情的网络分析方法与建模仿真. 北京：科学出版社.
罗贤春，余波，姚明 . 2015. 信息价值研究的热点领域可视化分析 . 现代情报，35 (11)：120-126.
孟一 . 2012. 微博的社会功能及其作用方式研究 . 桂林：广西师范学院硕士学位论文 .
谭天，张子俊 . 2017. 我国社交媒体的现状、发展与趋势 . 编辑之友，(1)：20-25.
王光辉，刘怡君 . 2015. 网络舆论危机事件的蔓延扩散效应研究 . 中国管理科学，23 (7)：119-126.
王井 . 2018. 科学谣言传播内容分析——以 2004–2014 年科学热点事件为例 . 江苏科技信息，(4)：62-67.
王谢宁，蔺学如 . 2106. 社交网络下的谣言扩散与控制研究 . 图书情报导刊，(11) ：130-133.
熊炎 . 2019. 谣言传播逆火效应的成因解释与抑制策略——基于实证研究的整合与推导 . 现代传播 (中国传媒大学学报)，41 (1)：81-87.
杨妍 . 2012. 自媒体时代政府如何应对微博传播中的“塔西佗陷阱” . 中国行政管理，(5)：26-29.
尹良润，徐速 . 2015. 微博科技谣言传播影响因素的实证分析——兼论微博谣言传播公式 . 当代传播，(3)：82-84.
宇泉锟 . 2014. 微博谣言研究——基于新浪微博的分析 . 南京：南京师范大学硕士学位论文 .
郁赛君 . 2017. 网络热点事件的信息生成、传播及自净机制——以 “罗尔事件” 为例 . 青年记者，(14)：80-81.
喻国明 . 2018. 网络谣言的文本结构与表达特征——基于腾讯大数据筛选鉴定的 6000+谣言文本的分析 . 新闻与写作，(2)：53-59.
张丽娟，罗娟 . 2012. 网络舆情热点事件中的网民行为效应 . 青年记者，(23)：51-52.
中国科普研究所 . 2018. 第十次中国公民科学素质调查结果公布 . 科协论坛，(09)：62.
朱庆华，李亮 . 2008. 社会网络分析法及其在情报学中的应用 . 情报理论与实践，31 (2)：179-183.
Bodaghi A, Goliaei S, Salehi M. 2019. The number of followings as an influential factor in rumor spreading. Applied Mathematics and Computation, 357：167-184.
Hu Y. 2005. Efficient, high- quality force- directed graph drawing. Mathematica Jounal, 10 (1)：37-71.
Lin D Z, Ma B, Jiang M, et al. 2018. Social network rumor diffusion predication based on equal responsibility game model. IEEE Access, 7：4478-4486.
Liu B. 2012. Sentiment Analysis and Opinion Mining. Synthesis Lectures on Human Language Technologies. Morgan & Claypool Publishers.
Moreno Y, Nekovee M, Vespignani A. 2004. Efficiency and reliability of epidemic data dissemination in complex networks. Physical Review E Statistical Nonlinear & Soft Matter Physics, 69 (2)：055101.
Ng A W T, Poon S L, Huang M N, et al. 2017. Aristolochic acids and their derivatives are widely implicated in liver cancers in Taiwan and throughout Asia. Science Translational Medicine, 9 (412), eaan6446.
Poddar L, Hsu W, Lee M L, et al. 2018. Predicting Stances in Twitter Conversations for Detecting Veracity of Rumors：A Neural Approach//IEEE 30th International Conference on Tools with

Artificial Intelligence (ICTAI): 65-67.

Sharma A, Dey S. 2012. A document-level sentiment analysis approach using artificial neural network and sentiment lexicons. ACM SIGAPP Applied Computing Review, 12 (4): 67-75.

Snyder A B. 2012. Factory farms, artificial additives, and mystery meat: Food safety rumors concerning modern food production. The Ohio State University.

Tang M, Mao X, Guessoum Z, et al. 2013. Rumor diffusion in an interests-based dynamic social network. The scientific world journal, (3): 824505.

Yang A Z, Huang X Y, Cai X M, et al. 2019. ILSR rumor spreading model with degree in complex network. Physica A-Statistical Mechanics and Its Applications, 531.

Zan Y, Wu J, Ping L, et al. 2014. Sicr rumor spreading model in complex networks: counterattack and self-resistance. Physica A Statistical Mechanics & Its Applications, (405): 159-170.

Zanette D H. 2001. Dynamics of rumor propagation on small- world networks. Physical Review E Statistical Nonlinear & Soft Matter Physics, 65 (1): 041908.

Zhao L, Cui H, Qiu X, et al. 2013. Sir rumor spreading model in the new media age. Physica A: Statistical Mechanics and its Applications, 392 (4): 995-1003.

Zhao L, Wang Q, Cheng J, et al. 2011. Rumor spreading model with consideration of forgetting mechanism: a case of online blogging livejournal. Physica A, 390 (13): 2619-2625.

Zhou J, Liu Z, Li B. 2007. Influence of network structure on rumor propagation. Physics Letters A, 368 (6): 458-463.

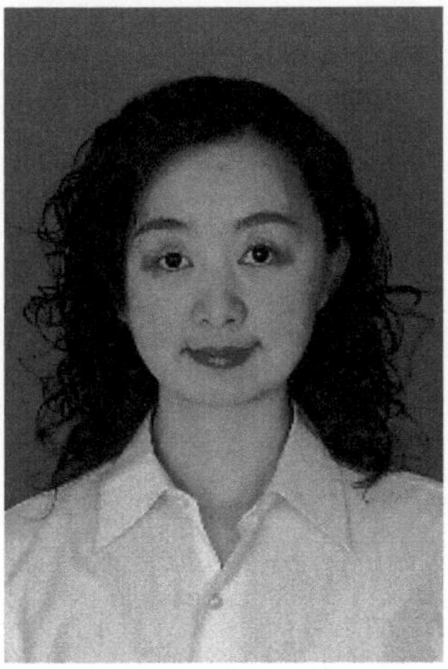

作者简介

刘玮　女，博士，现为西安电子科技大学经济与管理学院副教授。2006 年毕业于武汉大学信息管理学院，获管理学博士学位。研究方向为科学计量与信息系统量化分析。已在国内外学术期刊和学术会议上发表论文 20 余篇。

作者简介

赵泽沛 女，西安电子科技大学经济与管理学院2019届本科生。现硕士就读于南加利福尼亚大学工程学院应用数据科学专业。

作者简介

马续补 男，博士，2012年毕业于西安交通大学管理学院，获管理学博士学位；现为西安电子科技大学经济与管理学院讲师。主要研究方向为公共政策及社会化媒体量化分析。已在国内外学术期刊和学术会议上发表论文20余篇。

社会热点事件中社交媒体用户传播行为研究

丁学君　鲁　颜　苗　蕊

摘要

目前社交媒体已经成为舆情传播的主要平台。本文以社会热点事件为背景，基于计划行为理论（theory of planned behavior，TPB）和冲动行为理论（theories of impulsive behavior，TIB），对影响社交媒体用户传播行为的因素进行建模。在此基础上，本文采用网络问卷的方式进行数据收集，并利用 SPSS 软件对所收集到的数据进行回归分析，以三种不同类型的社会热点事件为背景，对所构建模型中各影响因素的交互关系进行验证。本文的研究结论将为制订有效的社会热点事件网络舆情控制策略，提供重要的理论依据。

关键词：社交媒体；社会热点事件；传播行为；计划行为理论；冲动行为理论

1　引言

由于 Web 2.0 技术的快速发展与普及，社交媒体成为社会热点事件舆情的第一引发点和民众讨论的聚集点。事件发生时，通过官方媒体报道或群众在线爆料，通常在几个小时之内，事件会因为用户的转发、点赞、评论等行为引起广泛关注，并且导致网络舆情的形成。在事件发生、发展和演化的过程中，网络舆情也会随之发生变化。例如，在 2018 年 10 月 28 日的“重庆公交车坠江事件”中，事件的每一次进展，都会引起网友新一轮的热议。但是，在事件真相公布或是部分网友未完全了解真相之前，网民的传播行为可能会对事态的发展演化带来负面影响，甚至引发舆论危机。例如，在 2019 年 2 月全国各地陆续爆出的“非洲猪瘟事件”，一些夸大疫情的言论在社交媒体中大肆传播，并引发了民众对疫情发展的恐慌，从而影响了社会的和谐与稳定。

虽然因为社交媒体信息发布的时效性、交互性，用户可以快速获取信息并传播、评论，但是现在的社交媒体及其监管机制还未完全发展成熟，网络热议让社交媒体成为社会热点事件的放大镜甚至是变形镜。在某些情况下，社交媒体用户的传播行为会影响事件发生后的舆论走向。当正面信息较多时，事件大多会有较好的处理结果；而负面信息和非理性的信息较多时，事件的发展会不受控制，尤其是在引起民众广泛关注的突发公共类事件中，负面信息的传播往往会引发民众群体性的恐慌，从而不利于社会的和谐与稳定。针对上述背景，本文通过理论剖析和实证分析，探究社交媒体用户的社会热点事件传播行为，了解相关的影响因素，最终在此基础上提出网络舆论监管的建议。在理论意义上，本文探讨了三种不同类型事件环境下，社交媒体用户传播行为的差异，从一定程度上弥补了现有研究的空缺；在现实意义上，本文最后得出的分析结果，为相关部门针对不同类型社会热点事件，制定有效的网络舆论疏导策略，提供了一定的理论基础。

2 相关研究

社会热点事件是指在一段时间内，引起了民众的广泛关注并积极参与讨论、传播，会激起较强烈响应的社会事件。最初的社会热点事件大多指的是社会公共类事件，但发展到现在，所涉及的范围愈加广泛，包括司法、自然、科技、人物、体育、民生、娱乐等。本文根据现有文献，将社会热点事件分为了三类：第一类为突发公共事件（Xie et al.，2017），如自然灾害、交通事故、恐怖袭击、经济危机、食品安全等；第二类为政治司法事件（Hossain et al.，2018），如国庆阅兵、贪污反腐等；第三类为文化事件，如电影上映、奥运会举办等。众所周知，社交媒体具有时效性、大众性、交互性、匿名性等特点，其使得社会热点事件舆情能够更加快速传播的同时，极易引发群众的高度关注和广泛讨论。社交媒体用户传播行为是指借助于社交媒体平台，用户通过发送、转发、评论、关注、点赞等方式，发布、获取和分享信息，以此来满足信息需求并实现信息共享（李运华等，2016）。在社交媒体中，用户不仅仅是信息的受众者，也是信息的发布者，而社交媒体用户之间的关系网络，使得社交媒体中的信息传播，呈现四处扩散和往复循环的模式。用户之间社交网络的存在，很容易让信息从某关系群体流向另一个关系群体，使得接收到信息的用户数量，远远超过其发布者的数量。因此，用户的传播行为已经引起了国内外大量学者的关注（Shi et al.，2017）。

目前，国内学者对于社会热点事件舆情传播研究可分为两类：一类是以具体的社会热点事件作为案例，进行相关研究，如以“小悦悦事件”为例，监测事件发生后一个月内的微博舆论的发展和演化过程，从而分析微博中舆论的形成机制；另一类是探究社交媒体对于社会热点事件的影响，如基于社会学、传播学、管理学的相关理论，对社交媒体中热点事件传播的影响因素进行全面深入地分析。在针对用户传播行为的研究中，李云华（2016）通过分析热点事件中微博用户的行为，对用户进行聚类分析。结果表明，不同类型的用户，对于热点事件传播的作用不同；谢耘耕则基于实证研究方法，分析了社交媒体中突发公共事件用户传播行为的影响因素（Xie et al.，2017）。

国外学者对于社会热点事件传播行为的研究，大多集中于政治分享问题。研究表明，国外的社交媒体平台，如 Twitter、Facebook 等，已经成为改变政治结构的强大推动者，大约五分之一的社交媒体用户，会因为在社交媒体上看到的某些信息，而改变了其对某些政治问题的观点和看法（Hossain et al.，2018）。国外的领导人或者政府也常常通过 Twitter、Facebook 等社交媒体，对时事发表意见，以影响其关注者的态度，这种现象激发了学者们对政治信息传播问题的兴趣。因此，国外的文献可分为关于政治分享的研究和个人传播行为的研究两个方向。例如，Hossain 等（2018）认为人类的决策行为不一定是有计划的。为此，他们在线调查了 257 名社交媒体用户计划行为和非计划行为的相关因素，以理解为什么人们会在在线社交媒体上分享政治内容；Shi 等（2017）通过社会交往理论，建立概念框架来对于个人的转发行为机制进行研究；Joseph 等（2013）则认为社交媒体用户所发的推文，与其政治倾向呈显著正相关，且候选人的推文与其之后的政治选举表现强烈相关，最后从形成的庞大推文数据库中提取出有效数据并加以分析，提取出有效的政治行为。

上述研究所针对的社会热点事件，大多集中于某一具体的案例、某一特定类型的事件或者某一社交平台，并没有对于社会热点事件的不同属性进行相关分析。为此，本文将社会热点事件进行分类，从而分别针对不同类型的事件，探究社交媒体用户传播行为的影响因素。除此之外，信息分享的一个重要动机是即时信息发布时引起的情绪反应（Wang et al.，2017），而社会热点事件的发布，往往就是一个即时信息的发布。在以往的大多数相关研究中，通常用计划行为理论、动机理论、使用与满足理论等完全理性的假设，来解释用户进行信息分享的传播行为。然而，本文根据冲动行为理论（Wang et al.，2017），认为即时信息共享也可以变得情绪化和冲动性。社会热点事件留给人们的思考空间较小，当各类信息在极短时间内铺天盖地而来时，用户的关注以及参与事件的本身，就是理性化和情绪化共存的过程（姬浩等，2014）。此外，Hossain 等（2018）也提到了计划行为和计划外行为，其与理性和冲动的两种量化形式存在异曲同工之处。因此，本文将用户传播行为用计划行为理论和冲动行为理论来解释，并用冲动程度来量化，以探究不同类型社会热点事件背景下，社交媒体用户的传播行为是否受冲动程度的影响，并进一步分析不同层次的冲动程度。

3 研究设计

3.1 研究对象

本文的研究对象是社会热点事件中社交媒体用户的传播行为。研究表明，社交媒体具有信息双向流动，以及用户的匿名性等特征，使得用户可以在社交媒体平台中，相对自由的分享自己或者他人的意见。此外，在社交网络中也不乏一些意见领袖的存在，其可能是官方的媒体账号，也可能是普通的社交网络用户。这些意见领袖的存在使得某些言论和观点能够得到更加快速、广泛的传播。社交媒体上的点赞、评论、转发的交互行为，是最常见、最快速的信息传播行为，因此在社会热点事件背景下中，探究哪些因素会影响用户的上述传播行为，且在突发公共事件、政治司法事件、文化事件等三类不同事件背景下，影响因素是否会存在差异？以上是本文要探讨的主要问题。

3.2 理论基础和研究假设

3.2.1 个人特征

在心理学研究中，个人基本特征会影响其行为意图。在日常生活中，我们也会发现：在许多情况下男性和女性对同一事物的认知会有一定程度上的差异。除了性别以外，一些社会身份，如年龄、工作、收入、教育经历等，也会对人们的认知造成影响。基于此，本文主要提出了三个人口特征量：①性别：性别为虚拟变量，男生定义为1，女生定义为0。②年龄：年龄分为四个阶段，18 岁及以下、19 ~24 岁、25 ~35 岁、36 岁及以上，因此将其设置为一个序数变量，从低到高为 1 ~4。18 岁是中国的法定成年的年龄，也是人们的世界观、人生观、价值观初步建立的阶段；第二阶段，即 19 ~24 岁，是人们较为迷茫的年龄段，有的人已经步入社会开始工作，有的人是面临着大学毕业；第三阶段为 25 ~35 岁，人们已经开始独立生活或者步入婚姻生活，有了较为独立的经济来源，认知开始慢慢变得成熟；最后一个阶段是 36 岁及以上，基本都进入工作状态，对于事件的认知已经基本成熟，并且人生的阅历有了一定的累积。③学历：学历以高中、大学、研究生为三个分界线，为序数变量，从低到高为 1 ~3。高中或者中专以下学历，对于各学科的学习都是理论阶段，对于事件的认知，主要基于知识和理论基础，并且一些观点更多的是通过被动灌输而接受的；大学本科和大专阶段，人们更多的是自主学习，在经历了高考阶段后，开始进行系统的专业知识学习，其对于某一细分专业会有更深层次的认知，从而对相关的社会事件会有新的见解；最后，研究生阶段在经历考研或者出国学习后，不管是学术研究还是社会实践的历练，都会使得眼界更加开阔。

基于此，本文提出假设 1：个人特征会对三类社会热点事件传播行为产生影响。

3.2.2 个人兴趣和社交媒体偏好

本文通过用户对于三类社会热点事件的兴趣偏好，以及社交媒体使用的偏好，来衡量社交媒体用户的认知因素，并且本文认为这种认知因素会影响用户对不同社会事件的关注程度。德国教育家 J. F. Herbart 在多方面兴趣理论中提到，兴趣是人的一种与丝毫不关心、不在乎，处于对立的心理状态，属于内心的一种主动倾向；兴趣会主动引导人们内心的爱好和欲望，从而发展成为一种意愿、态度。Herbart将兴趣分为六类，本文所讨论的社会热点事件，则属于其中的社会兴趣。社交媒体平台作为社会热点事件的主要信息传播渠道，用户在平台上面的信息传播形式主要体现为分享行为。李静和谢耕耘（2018）等的研究发现，对于不同类型的社交平台，其主要用户群体和所分享的信息内容均有所不同。QQ的客户群体整体年纪会偏小，而微信更多的是作为一个社交圈子，客户的使用年纪则会偏大一点，但两者的功能均是偏重于社交网络功能，以及了解周围朋友的看法；知乎作为一个在线问答式社区，和维基百科、百度百科等网络百科更为类似，更多偏重于信息的分享，其用户群体中包括一些以知识获取为主要目的的高知识型用户；微博、抖音等社交媒体，更多的是了解实时信息，具有较强的娱乐性和随机性。基于以上分析，本文认为社交媒体的使用偏好会在一定程度上反映出用户对不同信息的获取兴趣。

提出假设2：个人兴趣偏好和社交媒体偏好会对三类社会热点事件关注程度产生影响。

3.2.3 关注程度

根据计划行为理论（TPB），态度是行为意图的主要决定因素。个体对于事件的关注程度越高，越会驱使其去更加深入地了解该类事件，从而会影响个体的信息分享行为。皮尤研究中心的一个报告中指出，美国人是否会对公共问题分享看法，取决于他们对于该问题了解的信心程度、意见强度和兴趣强度（Xie et al., 2017）；在社会认知理论中，人类自身的认知活动与他们最终的行为之间存在一定的因果关系；Grunig（2013）提出的公众情景理论中，用公众的认知程度、参与程度、阻碍确定程度，来衡量和解释公众积极和消极的信息处理行为。基于上述理论，本文认为社交媒体用户对不同事件的关注程度，会正向影响用户的传播行为。

提出假设3：关注程度会对三类社会热点事件传播行为产生正向影响。

3.2.4 社交媒体使用习惯

在计划行为理论中，个体对执行特定行为难易程度的感知，被称为知觉行为控制，其通常与个人的过往经历、个体所拥有的资源，以及对行为难度的预期认知有关。在互联网高速发展和移动终端具有高普及率的背景下，社交媒体用户传播行为与用户对社交媒体的使用经验有关，即拥有更多在线信息分享行为经验的个体，其所具有的知觉行为控制更强，使得其在社会热点事件背景下，拥有更多的信息来源和传播机会，进而在一定程度上正向影响社交媒体用户的传播行为意图。

对于社交媒体使用，本文用三个指标来加以衡量，分别是社交媒体使用频率、使用时长以及曾经使用过的数量。以上三个指标的数值越高，则社交媒体使用经验越多，知觉行为控制越强。本文中，频率、使用时长和数量都为有序变量。

提出假设 4：社交媒体使用会对三类社会热点事件传播行为产生正向影响。

3.2.5 社交媒体使用动机

使用与满足理论可以用于分析互联网及社交媒体用户的使用动机。由该理论可知，用户对于社交媒体的使用完全是在个人的心理需求和愿望的驱动下进行的，即强调个人的心理因素对社交媒体使用的影响。可见，社交媒体的使用动机是为了满足个人的心理需求。为此根据使用与满足理论，Katz 等（1973）基于大众传媒及社会心理学中的 35 种个人需求，将社交媒体使用需求划分为 5 类：①对于知识、信息等的相关认知需求；②与情感体验、审美相关的情感需求；③与增强可信度、增强自身地位、认可度相关的综合需求；④与家人、朋友联系的社交需求；⑤与逃避或释放紧张情绪相关的综合需求。在凯度发布的《2018 年中国社交媒体影响报告》中，熟人社交、更快地了解社会热点，以及增长知识面，是社交媒体带来的三个主要的积极影响。通过上述分析，以社会热点事件为背景，本文综合提取了消遣娱乐、了解时事新闻、获取知识信息、社交需求、分享自身动态和情感作为五个社交媒体使用动机。

提出假设 5：不同的使用动机会对不同类型社会热点事件的传播行为产生影响。

3.2.6 冲动程度

冲动被定义为一个人可能会采取无意识的、立即的和不加思考的行动的程度，具有迫不及待以及对于行为将会导致的后果不敏感的特点。与计划行为理论相比，冲动行为理论的提出源于营销学中的冲动购物行为，即个体根据即时的判断进行购买，而没有预先的购买意图和购买计划，是一种冲动的、计划外的表现。可见，冲动行为理论可以有效地解释某些社交媒体用户面对社会热点事件时，产生的突发性、没有任何预见性的传播行为，即用户进行传播时更倾向于进行快速的分享，而不会意识到自己行为的后果。Hossain 等（2018）则用外向性和冲动的性格来衡量计划外的行为，其研究表明，计划外的行为会对用户的传播行为产生正向影响。基于以上分析，本文将冲动行为用四个程度进行量化，其中程度越低则越偏向理性、计划内的行为，程度越高则越偏向冲动、计划外的行为。

提出假设 6：冲动程度会对不同类型事件传播行为造成不同的影响。

3.2.7 信息情感

根据情感感染理论，情感在人们的日常交流中扮演着重要角色，且具有传染性。尤其是在社会群体中，情感在短期内的影响更具有代表性。因此，在社交媒体环境下，情感的传染会对于用户的信息分享行为产生重大影响。Hissu 等（2018）对社交媒体中情感问题研究的文献进行了综述，其研究结论表明，现有研究大多是探讨情绪对社交媒体中信息传播行为决策的影响，且其所关注的都是消息的病毒式传播和转发行为。此外，部分学者发现正面情感会得到更多转发；另一部分学者则认为带有负面情感的推文，会在社交媒体中更容易传播；有的研究则表明正面情感和负面情感，对于社交媒体中信息传播行为的影响，并没有显著差异。然而，虽然对正面及负面情感的影响存在争议，所有的相关文献却都无一例外的认为情感会促进社交媒体中的信息传播行为。

提出假设7：信息情感极性对于不同类型事件的作用不一样。

3.2.8 集体意见

在社交媒体环境下，个人的行为会受到他人观点，即集体意见的影响。集体意见被定义为个体基于他人的行动和看法，而表现出的分享行为倾向的程度（Hossain et al.，2018），其理论上与从众效应具有一致性。从众效应中的认知一致理论认为，人们在认知中会追求一种一致的、统一的和谐倾向。如果在传播过程中，出现了不一致的行为，会让人感到一种心理压力，并促使其将这种不一致性调整到最小，甚至有时候会导致社交媒体中出现“沉默的螺旋”现象。对于计划内的理性行为，集体意见作为一种环境因素，可以等同于主观规范对个体行为意向的影响；对于计划外的冲动行为，个体自发的、无意识的行为，则在一定程度上更容易受到集体意见的影响。现有研究表明，在社交网络中有影响力的意见领袖的观点和意见，更容易成为社会热点事件中的集体意见，从而对个体传播行为产生影响。

提出假设8：集体意见会对传播行为产生影响。

3.3 理论模型与问卷设计

本文拟在文化事件、突发公共事件、政治司法事件3个不同类型社会热点事件情景下，探讨社交媒体用户传播行为的影响因素，并进一步探究不同的事件类型是否会在某些影响因素上存在一定的差异，从而在民众面对不同社会热点事件时，采取不同的方式，引导其信息传播行为。此外，由文献分析可知，现有研究都只使用了计划行为理论或使用与满足理论等偏向理性的行为方式，研究社交媒体用户的传播行为，即认为每一个行为决策都是基于个体的认知判断而有计划地实施。然而，近期有关情绪化、冲动性的计划外传播行为研究则认为，社交媒体上的快速分享是自动、迅速发生的。实际上，个体在做决定时，会同时使用意识和潜意识两种思维模式，即一种思维模式是反思的、理性的和充满认知的；另一种思维模式是本能的、自动的。根据双过程理论，人类的心理过程运行着两个截然不同，但又相互关联的思维：自动和受控（Hossain et al.，2018）。基于此，本文以计划行为理论和冲动行为理论为基础，去解释社交媒体用户的传播行为，并建立了如图1所示的传播行为影响模型。本文采用问卷调查方式收集数据，并采用实证分析方法，探究三类不同社会热点事件背景下社交媒体用户传播行为的影响因素，从而对提出的理论模型进行验证。

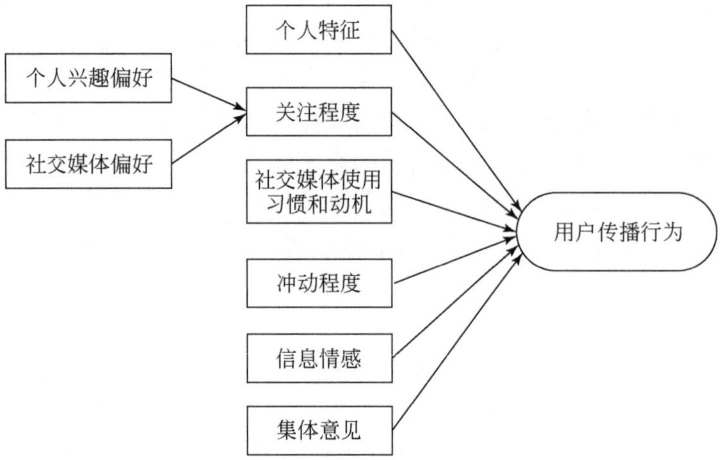

图 1 传播行为影响模型

本文设计的问卷共包括 24 个问项。问卷 1 ~3 题对应于个人特征变量；问卷第 4、9 题对应于个人兴趣和社交媒体偏好；问卷 5 ~8 题对应于社交媒体使用习惯和使用动机，其中社交媒体使用习惯均采用了 5 个维度加以量化；问卷第 10 ~24 题对应于三类不同热点事件情境下，用户的传播行为程度、关注程度、冲动程度、信息情感以及集体意见。参考现有文献，本问卷分别使用 4 个维度对传播行为程度、关注程度、冲动程度、集体意见进行量化，而信息情感则分为 3 类变量。

4 数据分析与结果讨论

4.1 问卷发放与数据收集

考虑到网络调查的范围相对更加宽广，且回收的时间更短，所需费用更低，因此本研究中的问卷调查方式采用网络投递式。问卷于 2019 年 4 月 14 日在“问卷网”平台发放，于 2019 年 4 月 16 日停止发放，共收回 276 份有效问卷。根据“问卷网”的数据显示：受访者平均答题时长为 2 分 48 秒；问卷的地域来源主要分布于江苏、江西、辽宁、山东等地，其次集中于重庆、云南、四川、浙江、安徽等地，可见本次问卷受访者涵盖了国内大部分地区，这在一定程度上保证了问卷数据的普及性。根据收集到数据，对每个变量做出描述性分析后，本文按照事件类型分别建立了三个独立的数据表格，并运用 SPSS 分别对三个数据集进行回归分析。

4.2 数据分析与结果讨论

4.2.1 数据描述性分析

(1) 自变量

自变量为三类社会热点事件情境下，社交媒体用户的传播行为，分为四个量化程度：从未传播、会转发、会转发且点赞或评论、会主动发布。在文化事件情境下，有61人从未传播过文化事件，215人表示转发或发布过文化事件；在突发公共事件情境下，有53人从未传播过突发公共事件，223人有过传播行为；在政治司法事件情境下，有114人从未传播过，162人有过传播行为。可见，对于文化事件和突发公共事件，人们更容易产生传播行为；而对于政治司法事件，人们产生的传播行为则相对较少。

（2）因变量

在个人特征方面，问卷的受访者包括136位男性和140位女性，男女性别比例差别不大；年龄方面，年龄中19～24岁所占比例最大，为42.8%，其次为25～35岁，为31.2%，以上数据与目前社交媒体主要使用群体的年龄情况相似；学历方面，大学本科以及大专学历最多，占67.1%，其次为高中或中专以下学历，占26.4%。

通过对社交媒体偏好和个人兴趣偏好数据进行分析可知，在社交媒体偏好方面，77.54%的人认为最常使用的社交媒体是百度百科、维基百科等网络百科；81.16%的人认为QQ占第二位；80.07%的人认为微博占第三位；79.35%的人认为微信占第四位；81.88%的人认为知乎为第五位；83.70%的人选了今日头条等新闻类APP占第六位。虽然10.51%的人选择微博为第一位经常使用的社交媒体，但相较于77.51%的人将网络百科作为首选社交媒体，其数据还是相差太远。而每一个排位的选择占比都在80%左右，这在一定程度上表明，此次调查人群对于社交媒体的使用偏好基本一致，没有较大差异。在个人兴趣偏好方面，对于文化事件感兴趣的人数最多，占48.9%；其次是对于突发公共事件感兴趣的人数，占41.0%；最后是对政治司法事件感兴趣的人数，占10.1%。可见，文化事件和突发公共事件的差异不大。本文分别就社交媒体偏好及个体兴趣偏好，对三类事件用户关注程度的影响，进行了回归分析。分析结果表明，对于文化事件（卡方=116.399，$p=0.156>0.05$）、突发公共事件（卡方=120.480，$p=0.102>0.05$）、政治司法事件（卡方=113.938，$p=0.197>0.05$），其影响都不显著。

在社交媒体的使用动机方面，排名前三的为休闲娱乐、了解时事新闻、社交需求。在文化事件情境下，社交媒体使用动机存在显著影响（卡方=26.935，$p=0.029$），其中休闲娱乐对于文化事件传播行为有显著影响（卡方=17.121，$p=0.001<0.05$）；从未传播行为与主动发布的传播行为相比，没有选择休闲娱乐作为使用动机的人，不容易产生传播行为（$p=0.001$）；没有选择社交需求作为使用动机的人，不容易产生传播行为（$p=0.017$）；而对于转发行为、转发并点赞或评论行为这两个中间维度的传播行为而言，与主动发布行为相比，休闲娱乐没有太过显著的影响（$p=0.110$，$p=0.123$）。在突发公共事件情境下，社交媒体使用动机存在影响（卡方=85.963，$p=0.000$），其中从未传播行为与主动发布行为相比，没有选择题项中五种动机的人会更容易决定不传播，其p值都小于0.05；而转发行为与主动发布行为相比，没有选择分享动态（情感释放）的人，更容易产生转发行为而不是主动发布行为（$p=0.011$）。在政治司法事件情境下，

社交媒体使用动机不存在影响（卡方=14.902，p=0.459）。

在关注程度方面，本文分别用4个维度来衡量人们对于三类事件的关注程度。在文化事件中，最多的是偶尔浏览行为，占42.8%；其次是经常浏览行为，占29.8%，均值为2.47。在突发公共事件中，最多的是经常浏览行为，占41.7%；其次是偶尔浏览行为占41.3%，均值为2.67。在政治司法事件中，最多的是偶尔浏览行为，占50.7%；其次是从未浏览和经常浏览，分别占21.0%和20.3%，均值为2.17。可以看出，社交媒体用户对于突发公共事件的关注程度最高，对于政治司法事件关注程度最低。

在社交媒体的使用方面，三个衡量角度都用了五个维度来加以量化，其中频率选项中，对于从未使用的选择率为0，因此本文剔除这一选项。虽然在使用频率上，人们集中在每天多次的维度上，但就社交媒体的使用时长而言，选择0.5～2小时的人占43.84%；其次是2～4小时，以及少于0.5小时的人；超过4小时甚至6小时的人占少数。在使用数量上，50%的人选择了3～5个，0个的人为0%，因此也剔除掉这一选项。

此外，本文分别将受访者在三类不同事件背景下的冲动程度、信息情感，集体意见，以及受访者的社交媒体使用习惯、关注程度、个人特征等，作为自变量，建立多元逻辑回归模型，以对不同社会热点事件背景下，社交媒体用户传播行为的三个维度（仅转发、转发并评论、主动发布）进行分析。此外，考虑到某些用户可能从未转发过特定类型的事件信息，本文在问卷中进行了跳题设置，以分别在上述三类热点事件情景下，排除从未产生传播行为的样本。

4.2.2 多元逻辑回归分析

（1）文化事件

本文以个人特征、社交媒体使用习惯、关注程度、冲动程度、信息情感、集体意见为自变量，以文化事件传播行为为因变量做多元逻辑回归，结果如表1、表2所示。由表1可知，经检验卡方值为100.323，$p=0.000<0.05$，该回归模型显著。由表2可知，模型中学历、社交媒体使用数量、关注程度、冲动程度、信息情感对文化事件传播行为具有显著影响。

表1 模型适合度（文化事件）

模型	模型适用准则		似然比测试	
	-2对数似然值	卡方	df	显著性
仅限截距	416.184			
Final	315.861	100.323	54	0.000

本文以主动发布行为作为参考变量，其与转发行为相比，性别、年龄的影响不显著，学历影响显著（p=0.000），其中学历为高中及以下，以及大学本科或大专两个维度，对于转发行为存在显著负影响。以上结果表明，转发行为与主动发布相比，学历为高中及以下和学历为大学本科或大专的人，比学历为研究生的

人更容易选择主动发布行为。社交媒体使用频率影响不显著，但社交媒体使用时长和社交媒体使用数量影响显著，社交媒体使用时长为负影响，而社交媒体使用数量为正影响。转发行为与主动发布行为相比，使用时长低于6小时，比使用时长超过六小时的用户，更容易选择主动发布（$p=0.000$），使用数量少于8个的用户，比使用数量多于8个的用户，更容易选择转发行为。与主动发布行为相比，冲动程度为2和3的用户有显著正影响（$p=0.001$，$p=0.002$），即冲动程度选择选项2和选项3的用户，比冲动程度为4的用户更容易产生转发行为。与主动发布行为相比，信息情感为正向情感的用户，比信息情感为负向情感的用户，更容易选择转发行为（$p=0.004$）。

表2　似然比测试（文化事件）

效果	模型适用准则	似然比测试		
	降阶模型的-2对数似然值	卡方	df	显著性
截距	315.861[a]	0.000	0	0.000
性别	317.144	1.283	2	0.527
年龄	323.597	7.736	6	0.258
学历	327.910	12.049	4	0.017
频率	325.488	9.627	6	0.141
时长	323.056	7.195	8	0.516
数量	329.616	13.755	6	0.032
关注程度	332.757	16.896	6	0.010
冲动程度	346.412	30.551	6	0.000
信息情感	327.642	11.781	4	0.019
集体意见	318.834	2.973	6	0.812

a. 因省略此效应并不会增加自由度，所以此简化模型相当于最终模型

以主动发布行为为参考变量，与转发并点赞、评论行为相比，学历和社交媒体使用时长与转发行为影响一致；使用数量上，社交媒体的使用数量为3～5个的影响与1～2个以上的影响相似，使用数量为1～2个和5～8个，与使用数量8个以上的用户相比，更容易选择转发并点赞、评论的行为；冲动程度和信息情感的影响与转发行为的影响一致。

（2）突发公共事件

本文以个人特征、社交媒体使用习惯、关注程度、冲动程度、信息情感、集体意见为自变量，以突发公共事件传播行为为因变量，进行多元逻辑回归，结果如表3、表4所示。由表3可知，经检验卡方值为96.154，$p=0.000<0.05$，说明该回归模型显著；由表4可知，模型中社交媒体使用时长、关注程度、信息情感、集体意见具有显著影响。

表 3 模型适合度（突发公共事件）

模型	模型适用准则	似然比测试		
	-2 对数似然值	卡方	df	显著性
仅限截距	469.086			
Final	372.932	96.154	54	0.000

以主动发布作为参考变量，使用时长对于转发行为有显著正影响（$p=0.000$）：使用时长为 6 个小时以下的用户，比使用时长为 6 个小时以上的用户，更容易选择转发行为。关注程度对于转发行为具有显著正影响（$p=0.004$）：关注程度为 2 的用户，比关注程度为 4 的用户，更容易产生转发行为。集体意见对于转发行为有显著正影响（$p=0.027$）：选择自己不会被环境所改变的用户，比起没有主见的用户更容易进行转发行为。

以主动发布作为参考变量，年龄在 25～35 岁，对于转发并点赞、评论行为具有显著负影响（$p=0.020$）；年龄在 25～35 岁的人，与 36 岁及以上的相比，更容易选择主动发布行为；使用时长在半小时以下，对于转发并点赞行为，具有显著正影响（$p=0.046$）；在半小时以下的用户，比起使用时长在 8 小时以上的人，更容易选择转发并点赞、评论行为；关注程度在 2 和 3 的人（$p=0.006$，$p=0.010$），比起关注程度为 4 的人，更容易产生转发并点赞、评论行为；信息情感对于转发并点赞、评论行为，呈显著负相关（$p=0.011$），即信息情感为负向情感的用户，比起信息情感为正向情感的用户，更容易选择主动发布行为。

表 4 似然比测试（突发公共事件）

效果	模型适用准则	似然比测试		
	降阶模型的-2 对数似然值	卡方	df	显著性
截距	372.932[a]	0.000	0	0.000
性别	373.790	0.858	2	0.651
年龄	379.531	6.599	6	0.360
学历	375.395	2.464	4	0.651
频率	378.548	5.616	6	0.468
时长	392.956	20.024	8	0.010
数量	374.414	1.482	6	0.961
关注程度	388.170	15.238	6	0.018
冲动程度	377.010	4.078	6	0.666
信息情感	384.334	11.402	4	0.022
集体意见	391.265	18.333	6	0.005

（3）政治司法事件

本文以个人特征、社交媒体使用习惯、关注程度、冲动程度、信息情感、集体意见为自变量，以政治司法事件传播行为为因变量做多元逻辑回归，结果如表5、表6所示。由表4可知，经检验卡方值为142.805，$p=0.000<0.05$，该回归模型显著；由表6可知，模型中学历、社交媒体使用时长、关注程度、信息情感、集体意见具有显著影响。

表5 模型适合度（政治司法事件）

模型	模型适用准则		似然比测试	
	-2对数似然值	卡方	df	显著性
仅限截距	286.746			
Final	143.942	142.805	54	0.000

以主动发布行为作为参考变量，社交媒体使用频率为每天一次，对于转发行为存在显著负影响（$p=0.048$）；与每天多次的使用频率相比，使用频率为每天一次的用户，更容易选择主动发布行为。对事件关注程度为2，即偶尔浏览政治司法事件的行为对于转发行为存在显著正影响（$p=0.031$），即偶尔浏览政治司法事件的用户，相比会主动搜索政治司法事件的用户，更容易选择转发行为。维度为3的集体意见，对转发行为具有显著正影响（$p=0.016$），即对自己有影响力的人会改变自己传播决策的用户，比起对于政治司法事件完全没有主见的用户，更容易选择转发行为。

表6 似然比测试（政治司法事件）

效果	模型适用准则		似然比测试	
	降阶模型的-2对数似然值	卡方	df	显著性
截距	143.942[a]	0.000	0	0.000
性别	144.760	0.818	2	0.664
年龄	149.895	5.954	6	0.428
学历	158.981	15.040	4	0.005
频率	156.316	12.374	6	0.054
时长	160.810	16.869	8	0.032
数量	156.353	12.412	6	0.053
关注程度	195.441	51.499	6	0.000
冲动程度	151.941	7.999	6	0.238
信息情感	154.569	10.628	4	0.031
集体意见	168.880	24.938	6	0.000

以主动发布行为作为参考变量，社交媒体使用时长为半小时以下（$p=0.005$）和使用时长为 3 ~ 5 小时（$p=0.004$），对于转发并点赞、评论行为有显著正影响，即比起使用时长在 6 小时以上，上述两个维度更容易进行转发并点赞、评论行为。关注程度为 2，即偶尔浏览政治司法事件的行为，对于转发并评论的影响，与上述因素对转发行为的影响一致。

4.2.3　结果讨论

通过上述分析，可得出如下结论：在个人特征方面，性别对于传播行为并没有影响，而年龄和学历则在一定情境中会产生影响：年龄处于 25 ~ 35 岁的社交媒体用户更容易主动发布突发公共事件；学历越低的用户对文化事件传播行为程度越高；学历越高的用对政治司法事件传播行为程度越高。而在社交媒体中，因为网络的匿名性和开放性，以及庞大的用户规模，使得男性传播行为和女性传播行为之间存在的差异被降至最低，因此性别不存在显著影响，故剔除性别后，假设 1 成立。其次，根据上述社交媒体偏好和个人兴趣偏好与关注程度的回归分析结果可知，假设 2 不成立。上述结果说明，现在的用户对于社交媒体的使用偏向基本一致，主流的社交媒体平台成为大众的首选，并且随着移动终端设备的不断更新换代，用户同时使用多个社交媒体不会存在任何阻碍。再次，用户的个人兴趣并不会完全影响对各类事件的关注程度，对某类事件存在较高的兴趣程度，并不会降低用户对其他事件的关注程度。此外，结果也表明现在的社交媒体用户，对于突发公共事件和政治司法事件的关注比以往更加具有普遍性。

社交媒体使用习惯在三类热点事件情景下，均存在显著影响，其中使用时长与传播行为呈正向影响关系；在文化事件中，使用数量与传播行为呈正向关系；而在政治司法事件中，使用频率为每天一次的用户，容易有更高程度的传播行为。除去社交媒体使用频率，假设 4 成立。此外，社交媒体使用动机在三类事件中存在不同影响：文化事件中，休闲娱乐和社交需求，会促进用户对于传播行为的选择；突发公共事件中五种动机，都会促进用户传播行为的选择；而分享动态（释放情感）会增强传播行为的程度；政治司法事件中不存在影响。因此，假设 5 成立。

在三类事件中，关注程度对传播行为具有正向显著影响：关注程度越高，传播行为程度越高，即假设 3 成立。冲动程度只在文化事件中对传播行为呈正向影响关系，而在突发公共事件和政治司法事件中，其影响却并不显著，即假设 6 不完全成立。究其原因，可能是因为对于文化事件的传播，社交媒体用户会更加开放、自由并且敢于传播，且对于所传播的内容不需要过多的思考；而对于突发公共事件和政治司法事件，每个人立场不同，有的用户因为网络的匿名性，敢于马上表明自己的立场与态度而不考虑后果，而有的用户对于这两类事件，尤其是政治司法事件的传播，存在自己的顾虑，导致不论是转发还是更高维度的主动发布都会更有计划、更具理性。可见，由于突发事件和政治事件往往涉及道德、犯罪和群众自身的利益诉求，导致社交媒体中同时存在对其持“稍显激进”和“缄口不言”两种态度的人群。

在三类事件中，信息情感对用户的传播行为都具有显著影响，但是影响方向不同，即假设7成立。在文化事件中，具有正向情感的信息更容易增强传播行为的程度；而在突发公共事件和政治司法事件中，具有负向情感的信息更容易增强传播行为的程度，但不论对于哪类事件，具有情感的信息比不具有情感的信息，更能促进传播行为。文化事件由于更多的是涉及对娱乐偶像或者体育偶像的喜爱，因此正向信息更容易得到传播；对于突发公共事件和政治司法事件，常常都是坏消息传播的更快，且突发类事件往往是车祸、地震等涉及身体健康及生命安全的事件，因此容易带有负向情感。

集体意见对于突发公共事件和政治司法事件具有显著正向影响，对于文化事件没有显著影响，假设8部分成立。对于文化事件，有的社交媒体用户的认知程度可能较高，有自己独立的看法，不容易受环境影响；而有的社交媒体用户，如盲目追星的粉丝，容易受网络中意见领袖的影响，从而改变其传播行为。但对于突发公共事件和政治司法事件，人们对于事件的认知，往往是通过网络媒体的报道或者他人发布的信息而获得，传播行为容易受集体环境的影响。

5 结论及建议

5.1 研究结论

综上所述，本文基于计划行为理论和冲动行为理论，来解释社交媒体用户的传播行为；并通过网络问卷方式，收集到276份数据；运用SPSS软件对收集到的数据进行回归分析，得出三种不同社会热点事件环境下，社交媒体用户传播行为的差异。本文的研究结论将为政府或官方媒体，对社会热点事件中公众传播行为的监督和引导，提供一定的理论支持。本文的研究得出如下结论。

1）性别不会对社交媒体用户的传播行为产生影响，但年龄和学历仍会产生行为差异。在网络背景下，网民的性别差异被降至最小，每个人都拥有传播信息的自由，不会因性别受限，其对各类事件的传播行为也没有较大差异。但年龄和学历因为会影响人对于事物的认知，即随着年龄和学历的增长，人的经历增多、见识更广、社会参与感更强，其对于政治司法类事件的传播行为会增多。

2）社交媒体的使用数量和时长会正向影响传播行为，而使用频率则不会产生影响。使用数量越多和每天使用时长越长，用户对于社交媒体的使用越熟练，所获得的信息也会更多，从而在一定程度上增加传播行为的可能性。但使用频率越高却不能代表用户浏览信息的次数越高，高频低时长的情况，说明用户只是使用社交媒体发布某个动态或者回复社交消息，而不是因为关注某类事件并产生传播行为。

3）关注程度正向影响各类事件环境下的传播行为，但个人兴趣偏向和社交媒体偏向不会影响对各类事件的关注程度。用户对一类事件的关注程度越高，对于这类事件的参与度就会越高，自然传播行为的程度更高。但是个人兴趣偏向却不会影响关注程度，也就是说某个用户对于文化事件更感兴趣，那么这个用户对突发公共事件和政治司法事件的关注程度，不一定比文化事件的关注程度低。随着信息获取成本越来越低，社交媒体用户对于突发公共事件和政治类事件的参与程度较之以前，已经大幅提升。

4）冲动程度只在文化事件背景下产生正向影响，说明社交媒体用户对于文化事件更加敢于进行不计后果的行为。突发公共事件总是带有争议和谣言，感同身受的用户或许会冲动的转发，但也会有用户感到疑惑不会轻易传播。至于政治司法事件，往往涉及政府发布的信息，通常由政府官方媒体发布，内容可能是涉及贪污腐败等负面信息，也可能是会议讲话、文件发布等正面信息，用户可能会对关联到自身的信息更容易产生冲动传播行为，对于其他类型信息则会稍显谨慎。

5）带有正向情感的信息会促进文化事件的传播行为，带有负向情感的信息会促进突发公共事件和政治司法事件的传播行为。社交媒体用户更多的会喜欢传播带有正能量，且具有体育精神类的信息，或者积极向上的偶像明星类信息。在突发公共事件和政治司法事件背景下，则通常是负向信息更容易引起关注和传播，如车祸、地震、贪污等负面信息，要么涉及公众健康和生命安全，要么在一定程度上威胁社会治安和公共安全，使得社交媒体用户更加倾向于高维度的传播行为。

6）集体意见会影响突发公共事件和政治司法事件背景下的传播行为，但不会影响文化事件下的传播行为。突发公共事件和政治司法事件的信息来源，除了官方媒体的发布以外，更多的是社交媒体用户的自行发送，所以常常出现谣言和不实的负面舆论信息。用户对于事件的认知程度受环境影响较大，所以很容易受周围意见的影响。而文化事件中，大部分社交媒体用户都是扮演着粉丝的角色，对于事件的认知更加清晰，对于自身的立场很坚定，不容易受集体意见的影响。

5.2 策略建议

1）对于突发公共事件和政治司法事件，及时发布官方信息。这两类事件通常存在一个发展过程，从事件在网上曝光，到最后的真相或者结果的公布，事件的传播存在两种可能：一是被社交媒体用户积极讨论；一是由于讨论热度不够，而逐渐被人们遗忘。不论是哪种可能，事件所涉的官方媒体都应该及时发布最新的进展信息。对于前种情况，避免用户的讨论脱离真相，进而滋生网络谣言；对于后者情况，再度引起网友的注意，让事件能够在大众的监督下，得到公平妥善的处理。此外，官方信息公布的及时性和准确性，也能在一定程度上减少谣言的数量，让社交媒体用户对于事件的认知更为清楚，避免负向信息得到更广泛的传播。

2）及时进行舆论信息监测，对于不实的负面信息及时删除。社交平台和相关的网络监管部门，应该加强舆论监控。在事件发生后，及时进行对于相关关键词的监测，了解实时的舆论变化，以便及时做出预防措施。因为网络中水军和一些居心不良的人存在，所以网络暴力常有发生。现在网络流言所带来的伤害已经越来越大，但其实很大一部分用户，只是接收了不实信息并进行传播，而并未对信息进行鉴别。在检测到不实信息源头，或者发现不实信息被传播后，相关部门应及时联系发布者，要求其删除信息，或者由社交媒体平台直接删除后，通知用户该信息为不实信息，并做出警告，以防用户再次发布。

3）培养属于自己网络意见领袖，加强主流媒体与民众的交流。社交媒体让人与人之间的线上距离变得很短，媒体与民众之间的交流变得更加容易。因此，政府机构应该培养属于自己的网络意见领袖，其可以是官方账号，也可以是经认证的“大V”用户。除了及时发布信息外，应该和用户之间多进行双向交流，包括微信公众号的回复、微博的私信或者评论回复、知乎的邀请问答等，从而缩短政府和群众的距离，及时了解群众的想法。在成为网络意见领袖后，运用主流媒体的影响力，及时引导舆论走向，发布权威信息，避免用户的盲目跟随。

参考文献

姬浩，苏兵，吕美，等. 2014. 网络谣言信息情绪化传播行为的意愿研究——基于社会热点事件视角. 情报杂志，33（11）：34-39.

李静，谢耘耕. 2018. 大学生在社会热点事件中的社交媒体传播行为研究——基于上海十所高校的实证调查分析. 新闻记者，（1）：90-96.

李运华，汪祖柱，叶燕霞，等. 2016. 基于热点事件的微博用户行为聚类实证分析. 情报探索，（2）：75-79.

Hissu H，Roman B. 2018. Emotions Trump Facts：The Role of Emotions in on Social Media：A Literature Review. Proceedings of the 51st Hawaii International Conference on System Sciences. HICSS，1797-1806.

Hossain M A，Dwivedi Y K，Chan C，et al. 2018. Sharing Political Content in Online Social Media：A Planned and Unplanned Behaviour Approach. Information Systems Frontiers，20（3）：485-501.

Grunig J E. 2013. Excellence in public relations and communication management. New York：Routledge.

Joseph D G，Karissa M K，Johan B，et al. 2013. More Tweets，More Votes：Social Media as a Quantitative Indicator of Political Behavior. PLoS ONE，8（11）：e79449.

Katz E，Hass H，Gurevitch M. 1973. On the use of the mass media for important things. American sociological review，38（2）：164-181.

Shi J，Lai K K，Hu P，et al. 2017. Understanding and predicting individual retweeting behavior：

Receiver perspectives. Applied Soft Computing, 60: 844-857.
Wang C G, Zhou Z, Jin X L, et al. 2017. The influence of affective cues on positive emotion in predicting instant information sharing onmicroblogs: Gender as a moderator. Information Processing & Management, 53 (3): 721-734.
Xie Y, Qiao R, Shao G, et al. 2017. Research on Chinese Social Media Users' Communication Behaviors during Public Emergency Events. Telematics and Informatics, 34 (3): 740-754.

致谢

国家自然科学基金项目（71874025；71503033；718010778；71601038）；辽宁省教育厅项目（LF201783608；LN2017FW004）。

作者简介

丁学君 女，现为东北财经大学副教授，2013年获得东北财经大学技术经济及管理学专业博士学位，合肥工业大学管理科学与工程博士后（2014～2017）；美国纽约州立大学布法罗分校访问学者（2017～2018）。研究方向为网络谣言、社会安全与危机管理（应急管理）以及物联网等领域的研究工作。已在国内外权威期刊发表论文20余篇；主持国家自然科学基金2项、各类省部级项目5项；出版学术专著1部。

E-mail: dingxuejun@ dufe. edu. cn

作者简介

鲁颜 女，现为东北财经大学管理科学与工程学院电子商务专业2019级硕士研究生。研究方向为电子商务、社交媒体。

E-mail: luyan_0131@ 163. com

作者简介

苗蕊　女，现为东北财经大学管理科学与工程学院讲师，2011 年获得北京航空航天大学系统工程专业博士学位，复旦大学管理科学与工程博士后（2015 年至今）。研究方向为社交媒体及社会化商务等领域。已在国内外权威期刊发表论文 10 余篇；主持国家自然科学基金 1 项、各类省部级项目 3 项。

E-mail：ruimiaodufe@ 163. com

基于韧性体系的新兴社区风险研究

刘怡君　迟钰雪

摘要

Web 2.0 时代，社交平台成为社区居民表达、交流的重要渠道，但网络空间中谣言的传播、非理性信息的扩散、恶意言论导向等问题也成为威胁社区居民的日常工作和生活的潜在风险。相较于传统社区风险的感知主要依托于物理空间，新兴社区风险的感知主要依托于网络空间。考虑到新兴社区风险与传统社区风险并非孤立存在，对新兴社区风险的研究不仅有助于新兴社区风险的防范应对，还可借由网络空间辅助传统社区风险的感知。本文以新兴社区风险为研究对象，基于韧性体系，提出了由突发事件的事前规避力–事中抵抗力–事后恢复力三部分组成的新兴社区风险研究框架。针对每一部分进行具体界定的同时，给出了研究思路和方法，并辅以具体研究案例进行效果展示和说明。

关键词：韧性；新兴社区风险；事前–事中–事后

1　引言

社区是城市的缩影，城市面临的自然灾害、事故灾难、公共卫生事件、社会安全事件的风险，社区也同样面临（贾楠等，2019）。社区作为城市的重要组成部分，在防范、应对城市风险方面的重要性日益显著。《全国综合减灾示范社区标准》（2010）和《关于加强城乡社区综合减灾工作的指导意见》（2011）等文件明确了社区在减灾机制、应急预案、减灾基础设施建设等方面的要求，社区风险治理已成为实现社区治理能力现代化的重要内容（刘佳燕和沈毓颖，2017）。

风险是动态变化的，会随着人的认知水平、社会发展、作业对象和时间变化而变化（丁辉，2019）。当前“人–机–物”三元社会日渐成型（潘教峰，2017），网络空间形态与职能愈发复杂，风险逐渐向网络空间蔓延，呈现多样化趋势。网络空间与社区物理空间以“人”为纽带密切关联，网络空间是社区物理空间的延伸，社区物理空间是对应网络空间的映射。与此同时，人的心理、行为等特征，信息的获取、传播等特征在网络空间与社区物理空间又存在显著的差异。

网络空间使信息的获取与流通速度都得到了极大的提升，社区居民可以足不出户获得所需的各类信息，享受“互联网+”带来的各种便利。与此同时，在安全城市建设中，非传统安全和新兴风险也逐渐凸显（闪淳昌，2016）。然而，当前对社区风险的研究仍侧重于传统社区风险，而对表现、潜藏于网络空间的这类新兴社区风险重视不足。

Web 2.0 时代，人人都是自媒体，社交平台成为大家表达自身看法、彼此交流观点的重要渠道，谣言的传播、非理性信息的扩散、恶意言论导向的存在、片面逐利行为的出现、社会心理的随意放大等问题也成为威胁着社区居民的日常工作和生活的潜在风险。社交平台是反映社区居民群体心理状态，发现潜在矛盾源的重要渠道。相较于传统社区风险的感知主要依托于物理空间，新兴社区风险的感知主要依托于网络空间，但新兴社区风险的影响不仅存在于网络空间，倘若对新兴社区风险感知不及时、应对不得当，严重时风险便会绵延到社区物理空间。从这一角度来看，对新兴社区风险的研究，一方面可以借助网络空间辅助传统社区风险的感知，另一方面能够探索新兴社区风险，在辅助社区风险应对能力评估，防范潜在风险点的同时，有助于决策者识别风险脆弱区，从而提升风险应对措施的个性化制定。在具体内容推进方面，本文主要从韧性的角度，由规避力、抵抗力和恢复力三方面着手。

2 国内外研究进展

从风险作用空间角度来看，社区风险可以被视为存在于社区空间的社会风险。有研究者将社区风险定义为指社区内存在的对社区居民生命财产、生活活动等可能造成巨大威胁的突发危机事件或造成经济损失的风险（程菁，2016）。但考虑到社区空间的独特性，社区风险的关注点与社会风险存在一定的差异，有研究者认为社区风险的独特性来源于社区人、事、地、物、组织要素的交叠，由此带来易发酵性、易扩散性、内生性、外嵌性和理性与非理性交叠等特性（贾楠等，2019）。

国外在相关研究中，多将“风险”定义为由于人们的危险或不当行为、系统故障、意外事件等原因，导致人身、财产或自然资源环境的损失。或更为直接地定义为发生危害性紧急事件的倾向性或可能性①。风险源则分布于社会、文化、经济、健康、环境、特定人群（如老人、儿童）等。对于社区风险，主要指局限于社区范围内的或对于社区居民影响重大的风险，包括自然灾害（Sajjad et al.，2019；Kafle et al.，2006）、居民心理问题（Carpenter et al.，2019）、工作环境（Ribalta et al.，2019），以及经济衰退、穷人聚集区、流动人口比重过

① Risk Defined. http：//riskassessment. strategicfire. org/preface/risk-defined/.

大、家庭破碎、居民不参与社区管理等①。

我国在社区风险应对方面的研究起步较国外晚，但发展较为迅速，且主要集中于对突发事件的风险防范及应对上。早先便有学者从社区危险源和安全隐患的角度，指出社区不安全致因可分为重大突发性自然灾害及其二次事故、人为失误和技术性失误造成的事故、公共卫生突发事件和社会治安事件四类（丁辉，2004）。有学者认为突发事件防控是社区风险防控的主要目标，而社区风险中突发事件主要包括自然灾害、事故灾害、社会安全事件、公共卫生事件（宋瑞欣，2018）。自然灾害往往具有突发性、波及面广、破坏力强等特点，当前我国围绕社区风险研究的一大重点便是各类自然灾害风险（张振国，2014；陈容和崔鹏，2013；刘刚，2012）。围绕社区风险，社区矫正（许振奇，2007；林瑀，2016）、社区安全（尚志海等，2013；王亮等，2019）也是当前国内研究重要研究分区。

3　基于韧性体系的新兴社区风险研究框架

在传统社区风险应对研究中，存在风险治理和韧性研究两种视角。风险治理基本形成“风险登记与识别—风险分析与评估—风险处置与反馈”的操作框架，强调协同治理的理念、注重信息的沟通与交流（刘佳燕和沈毓颖，2017）。社区韧性则强调自组织、自适应和自我依复，而不是依赖外界的援助（崔鹏等，2018）。

面对相似的突发事件，不同的社区受到的影响和反应可能截然不同，从社区韧性的角度便可解释为社区韧性的差异。韧性的概念可以追溯到工程学，随后逐渐被引入到生态学和风险领域。联合国国际减灾署（UNISDR）认为“韧性是一个系统、社区或社会暴露于危险中时，能够通过及时有效的方式抵抗、吸收、适应并且从其影响中恢复的能力，包括保护和恢复其必要基础设施和功能”。社区韧性可定义为社区减少冲击可能性、在冲击发生时（性能突然降低）吸收冲击、在冲击后迅速恢复（重新建立正常性能）的能力（Bruneau et al.，2003）。

当前，面对新兴社区风险，提出新兴社区风险抵御能力即网络空间社区韧性概念。传统社区韧性强调规避力、抵抗力和恢复力三要素，新兴社区风险的研究同样关注这三点。类比传统社区韧性定义，网络空间社区韧性可定义为社区网络空间降低突发事件等的冲击概率、降低冲击影响和冲击后恢复正常状态的能力。

3.1　突发事件前的规避力

规避力，主要指依托社区网络空间降低突发事件等冲击概率的能力。具体来看其应用主要可分为两部分：其一，基于网络空间的传统社区风险规避，即通过采集、分析网络上社区相关讨论，感知社区在公共卫生、社会安全等方面存在的

① Risk and Protective Factors. https：//www.cdc.gov/violenceprevention/youthviolence/riskprotectivefactors.html.

隐患。其二，基于网络空间的新兴社区风险规避，通过搜集社区相关评论，尤其是非社区住户对社区的评论，从社会心理的角度探测仇富、欺贫等可能诱发社会安全突发事件的潜在风险因素。

3.1.1 基于网络空间的传统社区风险感知

基于社区居民对社区的网络讨论，通过文本分析与挖掘，抓取卫生、安全等突发事件相关关键词，反向提取出能够映射到现实物理空间的潜在传统社区风险隐患，如社区居民反映周边潜在的交通风险、卫生问题等（图1、图2），具体步骤如下：

步骤1：构建各类突发事件与相关风险诱因知识图谱，如卫生条件差—公共卫生事件、物业不作为—社会安全事件、基础设施存在隐患—事故灾害等。

步骤2：全网检索社区相关内容，进行对应关键词匹配，反向推出社区潜在的各项安全隐患。

步骤3：将“突发事件—相关风险诱因”与社区居民观点、情绪进行双向关联。如对“基础设施存在隐患—事故灾害”一例，以社区1和社区2为例。假设社区1居民对社区基础设施存在的隐患可能抱有的观点更多为忧心，对事故灾害的观点更多的是同情、祈福，而社区2居民对社区基础设施存在的隐患可能抱有的是对物业不作为的不满，对事故灾害的观点更多的是对相关涉事人员的愤怒。这种情况下，一旦出现问题，社区1的物业的应对组织工作较社区2可能会遇到更多阻力。

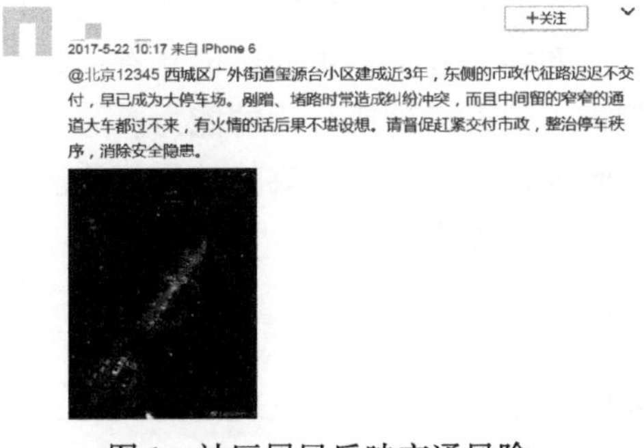

图1 社区居民反映交通风险

图2 社区居民反映卫生问题

3.1.2 基于网络空间的新兴社区风险规避

搜集社区相关评论，尤其是非社区住户对该社区的评论，构建相对客观的小区画像，重点关注其中负向、消极的印象。如以北京两小区A、B为例从新浪微博抓取相关评论，绘制网民眼中两小区画像如图3和图4所示。

图 3 A 小区画像

图 4 B 小区画像

从图 3 可以看出 A 的公众形象为豪宅、学区房等，由这些概念可以推测 A 小区居民对教育问题会比较敏感。结合该小区实际情况发现，该小区确实属于房价很高的梯队，且房源紧俏。

从图 4 可以看出 B 小区可能存在较多租房房源，此外关注点多集中于交通、水电、装修等。推测小区居民会比较关注日常生活的便利性和安全性。结合 B 小区的实际情况发现，该小区属新兴社区，规模较大，且在售、在租房源较多。

3.2 突发事件中的抵抗力

抵抗力，从社会燃烧理论（牛文元，2001）的角度分析主要用于度量社区燃烧物质的积聚状况，燃烧物质积聚的越多，抵抗力越差。具象化到网络空间，可看作是居民不受突发事件（包括发生在本社区和并非发生在本社区但具有一定影响力的突发事件）影响，在网络空间产生消极、负面讨论或行为的能力。

相对于恢复力，抵抗力的度量关注小区通过长期积累所形成的社区气质。因此，在研究抵抗力时关注小区居民在网络空间的日常状态。

3.2.1 基于情绪的新兴社区风险抵抗力分析

对抵抗力的研究主要从情绪入手，认为居民在网络空间中呈现出的友好、理性、积极的社区相较于易怒、不理性、消极的社区具有更好的新兴社区风险抵抗力。为此我们提出基于情绪的新兴社区风险抵抗力分析方法如下。

步骤 1：构建社区微博库。定位社区地理位置，采集包含社区定位的微博，构建社区微博库。

步骤 2：分析社区微博情绪特征。基于社区微博库中的微博分析社区居民情绪状态。

步骤 3：建立高关注话题库。针对情绪波动较大的时间段或负面情绪较高的微博，具体分析对应期间的微博内容，提取社区居民的关注点、敏感点，构建需要关注的话题库。同时，话题库的构建可以与上一阶段规避力中的各类潜在风险的研究相互助力。

此外，还可基于包含社区定位的微博追踪到相关博主，构建社区居民库。社区居民库可用于扩大社区微博库和细化社区群体分析，社区群体分析有助于提升高关注话题库。

3.2.2 基于情绪的新兴社区风险抵抗力分析实例

以B小区为例，通过B小区的定位信息，从新浪微博抓取包含该定位信息的2019年度微博802条构建基础微博库D。使用腾讯文智自然语言处理接口，分析获取所有微博的情感倾向，为基础微博库中的数据增加情感倾向标签。情感倾向值 $M \in [0, 1]$，值越高意味着微博越可能为负面情感。微博库D中所有微博的情感倾向均值为0.428，从结果来看整体情感倾向更偏向于积极与正面，推测该小区具有较好的新兴风险抵抗力。

结合情感倾向进一步进行关注话题的分析。对关键话题的分析从关键词的角度切入，将情绪值分为正向：［0，0.25），较正向：［0.25，0.5），较负向：［0.5，0.75），负向：［0.75，1］四个层级，分别从对应的微博中抽取代表性的关键词绘制关系图5。

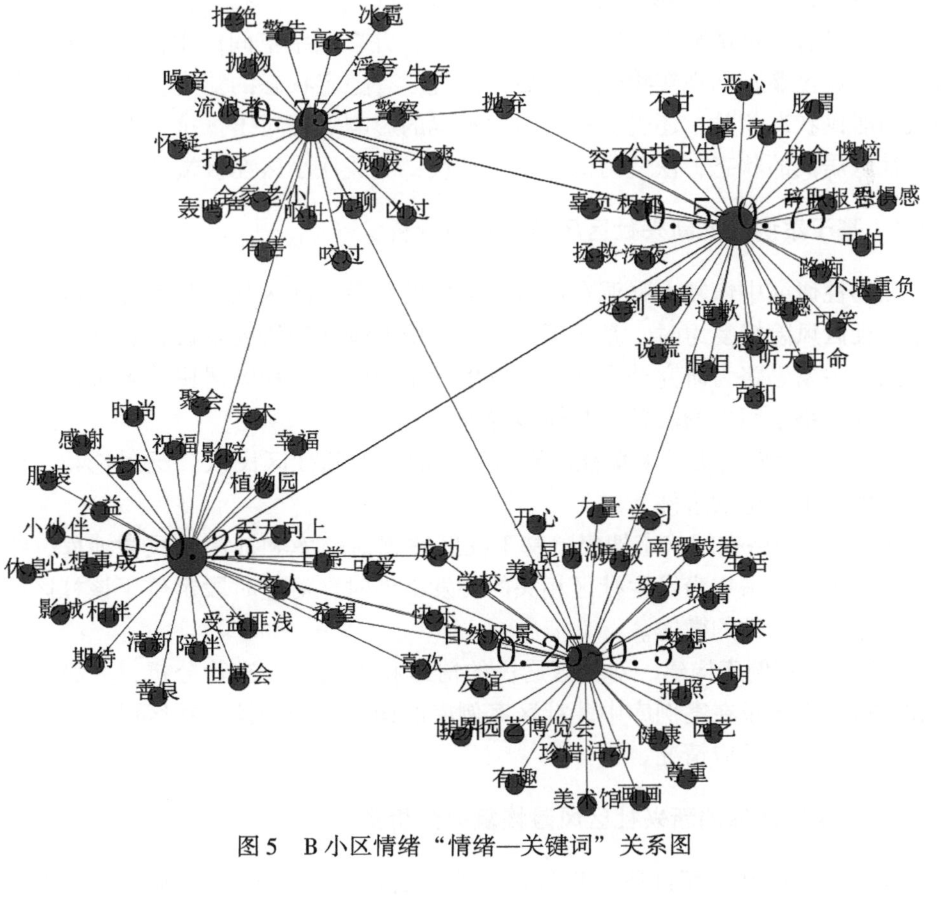

图5 B小区情绪“情绪—关键词”关系图

从图5来看正向和较正向情感相关的关键词中有较多的重合，如“成功”“希望”“快乐”“喜欢”等十分容易让人产生正向联想的词，此外还发现这两类关键词中从话题来看，比较有代表性的是聚会（关键词：“聚会”“祝福”“相伴”等）、旅游观光（关键词：“植物园”“世园会”“南锣鼓巷”等）、日常娱乐（关键词：“美术馆”“画画”“影院”“影城”等）等休闲娱乐类的话题。负向情感和较负向情感关联词与正向关联词差异较大，且从内容来看，较负向情感关联词中多与社区居民内在因素相关（如“遗憾”“懊恼”“恶心”“听天由命”），而负向情感关联词则更多与外在因素相关（如“警告”“轰鸣声”“噪音”）。进一步，配合具体微博内容，从关键词中总结社区居民的关注点、敏感点：①噪音问题；②高空抛物问题；③邻里关系问题。同时发现该小区周边有高校，包含小区定位的微博中一定比例来自于高校学生，存在社区与高校网络空间交叉的情况，而高校学生在毕业季存在毕业就业压力、毕业散伙等容易激发特定情绪的敏感点。

3.3 突发事件后的恢复力

恢复力，指当社区因受到非常规突发事件（包括发生在本社区和并非发生在本社区但具有一定影响力的突发事件）影响，并在网络空间产生消极、负面讨论或行为，甚至蔓延到现实物理空间后，恢复原有稳定状态的能力。恢复力的强弱不仅与居民状态相关，还受到社区组织状况的影响。相对于抵抗力关注较长时间轴上社区居民的状态，恢复力的分析短平快，更关注小区在极端情况下的表现。

3.3.1 基于案例库的新兴社区风险恢复力分析

在韧性研究中恢复力强调在冲击性事件发生后，社区状态的变化，因此在研究新兴社区风险恢复力时，基于抵抗力相关情感倾向的研究基础，选择事件作为切入点。主要思路为研究冲击性事件发生的不同阶段，社区居民或者事件关注者对事件在网络空间中的表现。具体步骤如下。

步骤1：事件搜集。采集社区周边发生的、引起社区民众广泛讨论与关注的或引起大范围讨论的事件。

步骤2：网络空间状态搜集。基于社区敏感话题库和社区居民微博库，结合第一步的事件，采集当发生社区相关的突发事件时，对应时段定位于该社区的微博或讨论相关事件的微博。

步骤3：案例库构建。对社区居民的情绪和主流观点进行分析，并将事件特征和分析结果记录在案例库中。社区案例库的构建有助于预判社区居民对发生不同类突发事件的反应情况。

3.3.2 基于案例库的新兴社区风险恢复力分析实例

以“某小区开发商打造无狗社区，购房者需答应不养狗才能买房一事”为例，分析新兴社区风险恢复力。该事件涉及宠物问题，且与社区关系密切，在网络空间引发了一定的讨论，故选定该事件为研究对象。数据采集方面，以新浪微博为数据源，构建讨论微博集和评论微博集。评论微博集由有某官方新闻微博账号对该事件的微博报道下的评论构成，可用于类比对该事件的讨论与关注，偏重短期状态。讨论微博集以“无狗社区”、“开发商打造无狗社区”为关键词采集相关微博，更偏重于该事件相关的讨论情况，时间跨度往往更长。

经过数据预处理后，获得的有效记录条数如表 1。在后续研究中，随着微博用户集的建立与完善，可以更有针对性地分析特定社区网络空间状态。

表 1　微博集记录信息表

数据集	记录条数	平均情感倾向
讨论微博集	149	0.461
评论微博集	203	0.386

评论微博集的持续时间不到一周，讨论微博集持续时间较长，两集合的时间分布状态如图 6 和图 7 所示。结合平均情感倾向来看，评论微博集的情感倾向正向情况明显，结合具体的评论内容看来，绝大多数的评论都是“好”“很好啊！支持！”“没毛病！”一类的支持类看法，不支持的观点则持“宠物无辜”类的观点。

相对于评论微博，讨论微博集里的情感倾向恢复到了一种更为中立的状态。具体来看持续时间较长，且相关讨论多和与狗相关的事件相联系（如某小区多人被恶犬咬伤、狗粉殴打保洁员等），一定程度上可以认为相关事件刺激了“无狗社区”事件的再次讨论。相较于评论微博中的内容，讨论微博集中普遍内容更长，而且在多次的讨论过程中，出现了并非简单支持或反对的多样化观点，如“‘不养狗才能买房’是一种善意的尝试”“不能忽视宠物狗带来的正能量”“从社区基础设施的角度考虑无狗社区成本”“禁止养狗可能促使饲主弃狗”“问题往往来源于饲主”等。虽然也存在着部分较为偏激的观点，但从整体状况来看，在该问题上已然促使了社区居民对养狗问题进行思考。

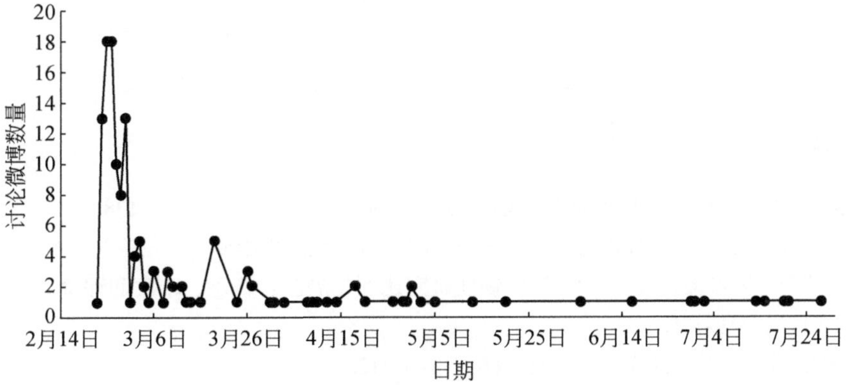

图 6　讨论微博时间分布折线图

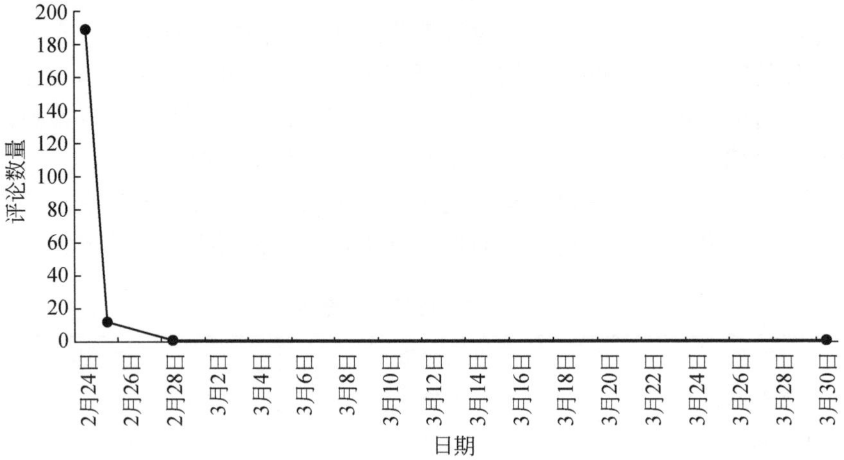

图 7 评论微博时间分布折线图

4 结语

“人–机–物”三元融合社会特征的显现使得对网络空间研究愈发重要，网络空间的影响无处不在，作为城市重要组成部分的社区更是如此。在此背景下，本文着力研究依托网络空间的新兴社区风险，并以韧性的概念为组织核心，提出了由突发事件前的规避力、突发事件中的抵抗力和突发事件后的恢复力三部分组成的基于韧性体系的新兴社区风险研究框架，给出具体研究推进方案和步骤的同时辅以案例说明。从结构设计来看，三部分各有侧重，但又相互关联、相互促进。未来的研究可根据积累的大量数据与案例，循着本文给出研究思路的方向进行完善。此外，也可以从新兴社区风险测度框架和抵御能力的提升等方向进行拓展。

致谢

本文受国家自然科学基金项目（71573247，91746106）资助。

参考文献

陈容，崔鹏. 2013. 社区灾害风险管理现状与展望. 灾害学，28（1）：133-138.
程菁. 2016. 社区综合风险分析与研究. 沈阳：沈阳航空航天大学硕士学位论文.
崔鹏，李德智，陈红霞，等. 2018. 社区韧性研究述评与展望：概念、维度和评价. 现代城市研究，（11）：119-125.
丁辉. 2004. 世界安全社区建设. 安全，（6）：1-3，12.
丁辉. 2019. 风险、风险源、危险源的关系探讨. 安全，40（4）：1-4，6.
贾楠，郭旦怀，陈永强，等. 2019. 面向社区风险防范的大数据平台理论架构设计. 清华大学学报（自然科学版），59（2）：122-128.
林瑀．2016. 我国社区矫正风险评估问题研究．重庆：西南政法大学博士学位论文．
刘刚．2012. 社区灾害风险的评价模型构建及其应用研究．兰州：兰州大学博士学位论文．
刘佳燕，沈毓颖．2017. 面向风险治理的社区韧性研究．城市发展研究，24（12）：83-91.
牛文元．2001. 社会物理学与中国社会稳定预警系统．中国科学院院刊，（1）：15-20.
潘教峰．2017. 新科技革命与三元融合社会——关于雄安新区建设的宏观思考．中国科学院院刊，（11）：1177-1184.
闪淳昌．2016. 关于建设安全城市的思考．中国减灾，（9）：28-31.
尚志海，欧先交，曾兰华，等．2013. 城市社区公共安全风险评估——以东莞市虎门镇赤岗社区为例．热带地理，33（2）：195-199，230.
宋瑞欣．2018. 社区风险防控云平台领域分析设计与实现．天津：天津大学硕士学位论文．
王亮．2019. 大都市外国人社区社会风险预警指标体系构建研究．广州大学学报（社会科学版），18（3）：56-63.
许振奇．2007. 社区矫正风险评估机制构想．中国司法，（3）：72-73.
张振国．2014. 城市社区暴雨内涝灾害风险评估研究．上海：上海师范大学博士学位论文．
Bruneau M, Chang S E, Eguchi R T, et al. 2003. A Framework to Quantitatively Assess and Enhance the Seismic Resilience of Communities. Earthquake Spectra, 19 (4): 733-752.
Carpenter D M, Lavigne J E, Colmenares E W, et al. 2019. Community pharmacy staff interactions with patients who have risk factors or warning signs of suicide. Research in Social and Administrative Pharmacy.
Kafle S K, Murshed Z. 2006. Community-based disaster risk management for local authorities. Asian Disaster Preparedness Center, Bangkok.
Ribalta C, López-Lilao A, Estupiñá S, et al. 2019. Health risk assessment from exposure to particles during packing in working environments. Science of The Total Environment, 671: 474-487.
Sajjad M, Chan J C L. 2019. Risk assessment for the sustainability of coastal communities: A preliminary study. Science of the Total Environment, 671: 339-350.

作者简介

刘怡君　女，现为中国科学院科技战略咨询研究院研究员。2006 年毕业于中国科学院数学与系统科学研究院，获管理学博士学位，2006～2008 年在中国科学院科技政策与管理科学研究所做博士后研究工作，研究方向为社会治理与风险、可持续发展战略等。近年来一直从事创新网络社会治理研究，主持四项国家自然基金项目，相关论文已发表 80 余篇。创新性地提出了“舆论超网络模型”及其“超链路预测”算法等，对突发公共事件及其舆情传播的宏观调控和预报预警提供理论帮助。

E-mail：yijunliu@casipm.ac.cn

作者简介

迟钰雪 女，博士，中国科学院科技战略咨询研究院博士在读。主要研究方向为决策价值发现、复杂网络、数据挖掘。

E-mail：chiyuxue15@ mails. ucas. ac. cn

"一带一路"海外重大项目建设舆情风险分析

——以印尼"雅万高铁"为例

李倩倩

摘要

2013 年底，"一带一路"倡议提出以来，作为促进全球经济发展的中国方案，"一带一路"倡议得到世界各国一致好评。然而，在基础设施工程落地的过程中，重大项目在投标、建设及日后运营方面仍面临多种风险。其中，反映"人心向背"的舆情风险是项目进展风险的探测器，及时掌握"一带一路"重大项目在落地国家的舆情风险，有助于提前把握传播先机、及时部署有效应对预案。本文采集印度尼西亚《雅加达邮报》关于"雅万高铁"的新闻报道，采用文本挖掘方法，分析当地媒体关于"雅万高铁"的报道情感倾向、关键词关联网络、舆情风险等。进一步，总结我国在应对海外项目中的舆情风险。

关键词："一带一路"倡议；雅万高铁；文本挖掘

1 引言

在"一带一路"建设过程中，基础设施互联互通是优先发展领域。"一带一路"建设的重大项目又被称为"样板型"工程，具有示范和带动作用（范祚军和何欢，2016）。这些重大项目的落地对沿线国家的经济带动效应较为明显，与此同时，中国企业在项目推进过程中面临着政治风险、安全风险、技术风险、合同管理风险、不可抗力风险等（洪菊花和骆华松等，2018；胡正荣，2017）。其中，舆情风险是当地公众对项目建设产生的负面舆论，会对工程建设产生阻力甚至损害工程形象的传播与扩散。近年来，我国海外工程迫于当地舆论压力停工的事件屡见不鲜，如 2011 年中国电力投资集团在缅甸投资密松水电站，然而迫于舆论压力缅甸政府单方面下令密松水电站停工。2014 年 11 月，墨西哥政府迫于外界质疑和国内压力，撤销中国铁建牵头承建的墨西哥城至克雷塔罗州高速铁路项目的中标结果。

本文以“一带一路”重大建设项目印度尼西亚（简称“印尼”）“雅万高铁”为例，采集项目落地国家主流媒体关于项目建设的相关报道信息，利用文本挖掘方法分析当地国家关于“一带一路”项目的建设的舆情风险。

2 文本挖掘模型

信息关联网络挖掘主要用于将信息中大篇幅的文字，通过抽取核心关键内容，然后形成语义关联网络来呈现。这部分的内容主要涉及语义关联规则挖掘和重要关键词识别。下面扼要介绍语义关联网络的构建和重要关键词的识别。

重要关键词的识别通过 TF-IDF 算法实现。TF-IDF（term frequency-inverse document frequency）评估文档中的词语对于语料库中一份文档的重要程度（Wu et al.，2008），采用余弦相似性计算任意两篇新闻文档的相似性程度。TF-IDF 方法认为词语的重要性与它在文件中出现的次数成正比，同时与该词语在语料库中出现的频率成反比，从而词语的 TF-IDF 分值能够增加词语对文档的区分能力。TF-IDF 可以表示为 TF×IDF。一个词语 i 在文档 j 中的 TF-IDF 分值，具体计算方法为$\mathrm{tfidf}_{i,j}=\mathrm{tf}_{i,j}\times\mathrm{idf}_i$，其中

$$\mathrm{tf}_{i,j}=\frac{n_{i,j}}{\sum_k n_{k,j}}$$

$n_{i,j}$是词语 i 在文档 j 中出现的次数，$\sum_k n_{k,j}$ 是文档 j 中所有词语出现的次数；

$$\mathrm{idf}_i=\log\frac{|D|}{|\{j:t_i\in d_j\}|+1}$$

$|D|$ 是语料库中的文件总数，$|\{j:t_i\in d_j\}|$ 是包含该词语的文件数目。通过$\mathrm{tfidf}_{i,j}$的计算公式可以看出，具有高 TF-IDF 分值的词语具有如下特征，即某词语在特定文件中出现有高频率而在整个语料库中的出现为低频率。

根据每篇文档词语的 TF-IDF 分值，就可以计算任意两篇文档的相似性$\mathrm{Sim}_{i,j}$，通常采用余弦相似性（cosine similarity）进行测量：

$$\mathrm{Sim}_{i,j}=\frac{\sum_{k=1}^{n}\mathrm{tfidf}_{k,i}\times\mathrm{tfidf}_{i,j}}{\sqrt{\sum_{k=1}^{n}(\mathrm{tfidf}_{k,i})^2}\times\sqrt{\sum_{k=1}^{n}(\mathrm{tfidf}_{k,j})^2}}$$

信息关联规则挖掘：

本文使用 orange3-associate 包中封装优化后的 FP-growth（Hunyadi，2011；Mahgoub et al.，2008），它是 Apriori 的改进版，Apriori 每查找一个量级的频繁项集，都需要遍历整个 dataset，而 FP-growth 直接将各频繁一项集统计出来，并且

把它们之间的关系以树结构进行存储，因此只通过遍历两次 dataset 就找出所有的频繁项（图 1）。第一次是建立头指针，第二次是建立 FP 树，从这之后，数据量就大大缩小，只需要不停重复建树过程来查找频繁项了。

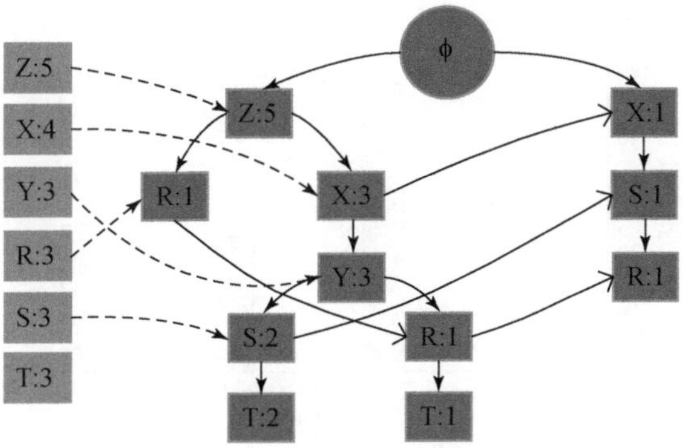

图 1　关联规则挖掘示意图

3　印尼“雅万高铁”项目

印尼雅万高铁将连接印尼首都雅加达和第四大城市万隆，规划线路总长约 140 千米，将采用中国技术、中国标准和中国装备，设计时速为每小时 250～300 千米（图 2）。建成通车后，从雅加达至万隆的时间将缩短为约 40 分钟。雅万高铁是借助“一带一路”倡议中印尼两国共同推动建设的标志性工程，是中国高铁方案“走出去”的第一单，也是东南亚第一条高铁。雅万高铁项目是中国高铁第一次全系统、全要素、全产业链走出国门、走向世界，是国际上首个由政府主导搭台、两国企业合作建设和管理的高铁项目，也是中国“一带一路”倡议和印尼“全球海洋支点”战略对接的标志性工程。

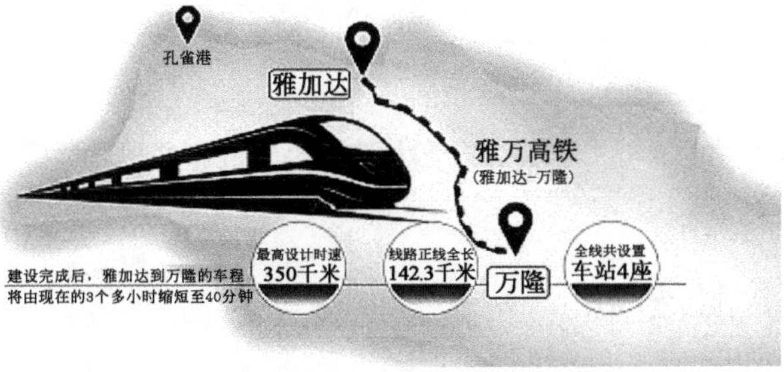

图 2　印尼雅万高铁建设示意图

4　舆情报道情感分析

本文采集印尼最大的英文报纸《雅加达邮报》（*The Jakarta Post*）关于印尼

雅万高铁的新闻报道120篇。从报道量来看，随着2015年雅万高铁项目开始落地，新闻报道量在2016年达到峰值，随后在2017年和2018年报道量呈现下降趋势（图3）。

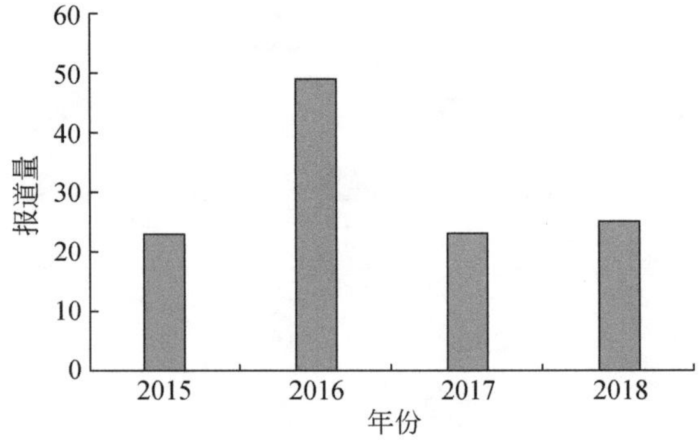

图3 《雅加达邮报》关于印尼雅万高铁的新闻报道量

分析《雅加达邮报》关于印尼雅万高铁的新闻报道情感倾向（图4）。总体来看，报道呈现客观偏积极的方面，并且情感倾向呈逐年下降趋势。可以看出，雅万高铁建设之初，报道还是比较偏向积极方面。随着建设过程中各种困难阻力增大，报道倾向虽然仍为客观的，但呈现偏消极的下降趋势。

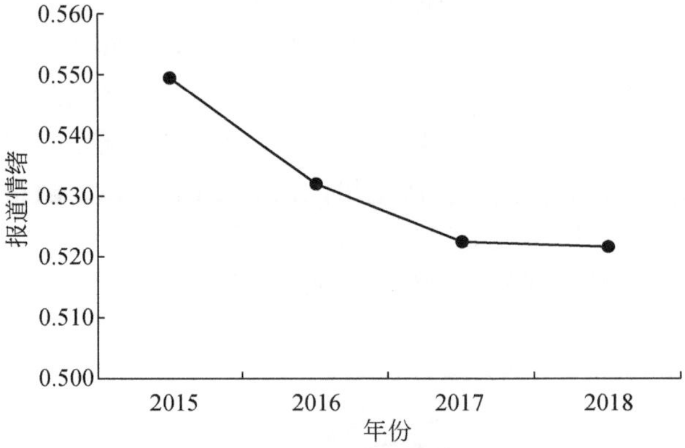

图4 《雅加达邮报》关于印尼雅万高铁的新闻报道情感分析

5 舆情报道风险分析

从报道关键词的关联网络（图5）分析来看，关于印尼雅万高铁的报道比较均匀分散，讨论核心主要围绕三个方面。

（1）雅万高铁项目建设情况

2016年1月21日，印尼总统亲自出席雅万高铁动工仪式。作为印尼建造的第一条高速铁路，中国和印尼成立了“雅万高铁”建设合资公司——中印尼高铁公司（KCIC）。2016年3月，KCIC与印尼交通部签署特许经营权，并启动5

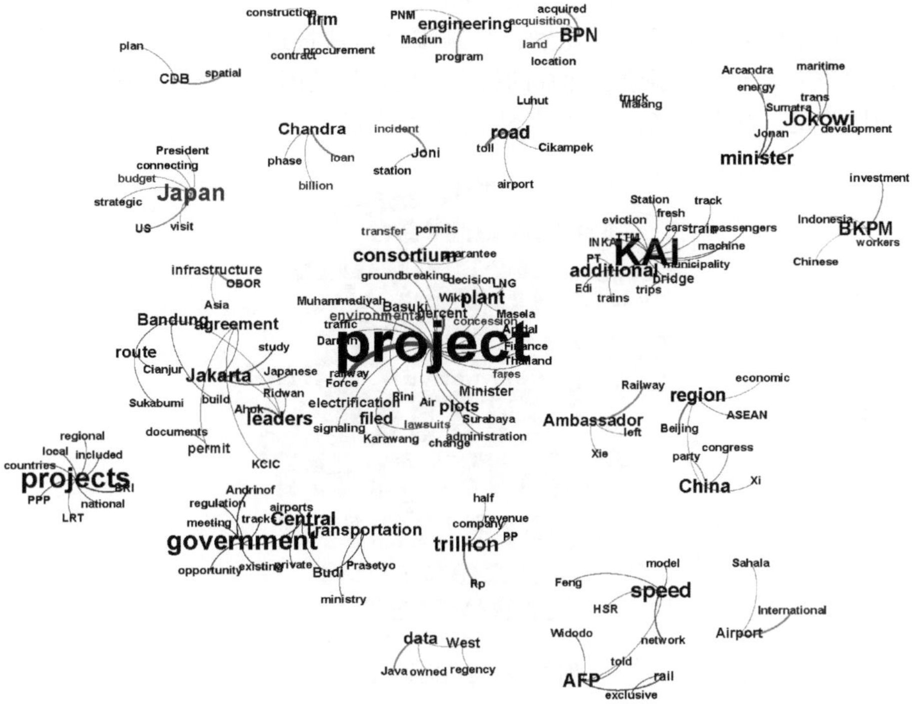

图 5　报道关键词关联信息网络

千米的先导段建设。《雅加达邮报》称“KCIC given green light to begin railway construction”（KCIC 在高铁建设上被开绿灯）。2016 年 8 月，印尼交通部颁发全线施工许可。2017 年开始，关于征地阻碍高铁进度的报道越来越多。

（2）雅万高铁建设路线调整争议

雅万高铁商定的建设路线全长约 140 公里，而印尼认为路线有些短，希望延长雅万高铁线路。2018 年 2 月 6 日，《雅加达邮报》报道“Expansion of high-speed rail project under consideration：Luhut”指出印尼海事统筹部长 Luhut 声称印尼政府考虑延长雅万高铁，将雅加达到万隆高铁线路延伸至西爪哇省马贾伦卡县马查连加（Kertajati）国际机场，甚至延伸至中爪哇省旅游热点城市日惹（Yogyakarta）和苏腊卡尔塔（Surakarta）。2018 年 2 月 22 日，报道“Too costly to immediately extend railway to Kertajati airport，official says”中印尼国有企业部部长特别助理 Sahala Lumban Gaol 回应称新增的 60 千米高铁建设将加重投资者的负担。

（3）印尼方面回应工程进度情况

印尼政府方面对雅万高铁项目高度重视，对于高铁项目进展缓慢，总统责令印尼方面调查雅万高铁进度缓慢的原因，并对项目进行重新评估。2018 年 1 月，《雅加达邮报》报道“Indonesia to review Jakarta-Bandung railway project”，印尼海洋事务统筹部长回应称中国一直在履行职责，拖延工程进度的责任主要在印尼方面。2018 年 10 月 31 日，报道“Land acquisition for high-speed train project reaches

80%”指出雅万高铁的征地进度已完成80%。

对报道主要涉及的风险点识别，绘制雅万高铁报道涉及的风险词云图（图6）。印尼雅万高铁进展缓慢，面临的最大问题是征地困难和资金、环境、投标等的透明性不足，饱受质疑，主要围绕以下五个方面。

图6 报道负向词云图

（1）雅万高铁征地拆迁困难成项目最大症结

雅万高铁建设涉及土地性质复杂，有商业用地、工业用地、林地等。沿线用地主要有三种，分别是个人、国有企业用地、私有企业。军方和国有企业用地可以通过政府间谈判来解决，而私人征地需要各个地块都与业主谈判土地测量、赔偿金额、赔偿款支付方式及时间等，工作量非常庞大。

征地成为阻碍雅万高铁顺利施工的主要阻碍。2017年8月14日，报道“Incomplete land data collection hampers Jakarta-Bandung rail project”指出雅万高铁涉及西爪哇地区8个县市、29个区和95个村庄的6800块地，而这些地块属于5580名土地拥有者。截至2017年8月，业主的信息统计工作也仅完成92%。此外，由于土地所属权复杂使得土地转让手续更加烦琐，进一步加重征地困难。2018年2月19日，《雅加达邮报》发表“Jakarta-Bandung railway project won't meet target: Minister”，指出当时仅完成140千米铁路征地的54%，所以2019年难以保证项目完工。

（2）中日竞争雅万高铁投标不透明

一直以来，日本在印尼市场深耕多年。当雅万高铁提出建设投资时，中国、日本都向印尼提交了投标方案。由于中国提出的融资方案中与印尼政府希望的“不占用国家预算和使用国家担保”，而日本的则要求印尼政府提供担保，最终，中国中标。然而，中国中标后被指责投标过程不透明。

（3）雅万高铁环境影响评估被忽视

印度尼西亚当地环保人士对雅万高铁项目持有异议。2016年1月25日，文章“Thousands of households to be evicted”报道环保活跃分子认为该项目没有经过适当的环境评估，印度尼西亚环境论坛西爪哇分会负责人强调该项目对环境有巨大的负面影响，并披露了一份环境影响分析文件，指出中国国家开放银行提供的55亿美金的项目将逐出2300栋房屋和建筑物为高铁让路，几千人面临被驱逐的困境。2016年2月5日，在“Muslim group seeks high-speed train transparency”报道在雅万高铁开工在即的时候，有大型组织要求政府公开高铁的详细环评文件，他们提出造价如此高昂的项目，环境可行性评估仅在15天内完成，过于草率。此外，高铁项目的空间规划也遭到诟病。

（4）印尼方面项目承包商担忧资金风险问题

雅万高铁工程承包商认为项目前景不明朗，面临高企的债务挑战。由于印尼政府不希望加重国家预算负担，多次表明不会为雅万高铁项目提供担保。2016年2月4日，《雅加达邮报》发表文章“Limited guarantee for high-speed rail”，指出2016年总统条例第3号规定对于优先发展项目，国家可以为项目提供财政担保。参与雅万高铁的印尼企业担心如果项目无法完工或者经营不当，将由他们承担巨额债务。

（5）中国提供“一站式服务”对印尼造成技术壁垒

雅万高铁是中国全系统、全要素、全产业链走出国门的第一单，这在沿线国家也产生了质疑。印尼媒体认为这个体量巨大的“一站式服务”(turnkey project)所有的技术都将被中国牢牢掌握。印尼当地甚至认为雅万高铁是中国觊觎亚洲基础设施其他项目的跳板，也是此后开展全产业链输出的暖身之举。此外，中国很可能大量雇佣中国劳动力，对印尼没有做出明确的劳工承诺。

6 结论

随着“一带一路”倡议作为全球重要的国际公共产品，国际社会对“一带一路”倡议的赞誉之声也越来越多。本文印尼“雅万高铁”重大项目为切入点，分析当地国家对该项目建设的报道框架、态度倾向和关键风险点。尽管媒体的声音是其政治立场的表态，虽然不一定完全客观，但总结来看，我国在重大项目的信息发布方面仍存缺失，导致“一带一路”沿线国家对项目存在质疑。针对这些误解，梳理关于“一带一路”建设传播的关键舆情风险点如下：

1）关键核心问题、利益诉求没有讲清楚、讲透彻。“一带一路”建设中要正视重大项目合作中出现的问题。虽然国际社会，尤其西方媒体一直戴着有色眼镜报道评价“一带一路”倡议的“阻力”，但回避关键核心只会进一步增加猜忌的空间。“一带一路”倡议在沿线国家的宣传中，中国的发声主要是我们能够推动当地经济发展，提供更多的就业岗位等。但是中国能从项目中得到什么，没有说明白。导致当地百姓对这种“无私”存在疑虑、质疑甚至演化为反华、抵华情绪。

2）亟须有效识别舆情风险形成源头。对比中巴经济走廊和雅万高铁新闻报道核心关联网络，在中巴经济走廊舆情中，形成了以“中国”为核心的报道框架。然而，在雅万高铁的舆情报道中，没有形成明显的关于中国的报道核心。由此可见，雅万高铁的舆情风险实际上主要来自于印尼国内，虽然有指向中国的部分，但不是催化舆情风险的关键。

3）针对共性舆情风险问题没有建立有效传播预案。“一带一路”重大项目建设有些舆情风险是可预知的，例如，“一带一路”沿线国家大多提到中国的贷款增加当地的债务负担、信息公开不够透明、当地政府有可能变更既定项目规划。对于这些共性风险，在项目洽谈、立项、实施之时，中国相关机构和媒体没有提前部署传播预案，等到负面舆情逐渐占据上风，早已错失最佳应对时机。

致谢

本文获得国家自然科学面上基金（71774154）资助。

参考文献

洪菊花，骆华松，梁茂林，等. 2018. “一带一路”重大项目地缘风险研究. 人文地理，(1)：130-136.

胡正荣. 2017. 共建人类命运共同体：从“一带一路”海外舆情看国际关系的中国方案. 国际传播，(2)：1-9.

范祚军，何欢. 2016. “一带一路”国家基础设施互联互通“切入”策略. 世界经济与政治论坛，(6)：129-142.

Hunyadi D. 2011. Performance Comparison of Apriori and FP- Growth Algorithms in Generating Association Rules//Proceedings of the European Computing Conference：376-381.

Mahgoub H，Mahgoub H，Ismail N，et al. 2008. A Text Mining Technique Using Association Rules Extraction. International Journal of Computational Intelligence，4（1）：21-28.

Wu H C，Luk R W P，Wong K F，et al. 2008. Interpreting TF-IDF term weights as making relevance decisions. Acm Transactions on Information Systems，26（3）：55-59.

作者简介

李倩倩 女，现为中国科学院科技战略咨询研究院副研究员。2011年获得中国科学院科技政策与管理科学研究所管理科学与工程博士学位。研究方向为社会舆情、社会治理等领域，已在国内外权威杂志和知名国际会议发表学术论文20余篇。

E-mail：lqqcindy@casipm.ac.cn

纳什均衡中的时间风险

——一种可能的社会物理学解决方案

唐先一

摘要

微观经济学中，两类消费者之间的商品交换可以用群体博弈的纳什均衡解来确定。然而在特定的初始配置下，均衡解会使双方的获益极其悬殊，令人生疑。本文受到物理学中的消耗㶲来对抗杂乱、㶲驱动越强过程发生越迅速，以及热机有关研究的启发，提出“最速获利均衡解”。在大多数初始配置下，该解与纳什均衡解相近；而在那些特定的初始配置下，该解使得双方获益更为协调，从而降低了交易的时间风险，可能更接近真实的交易情况，对实际应用具有更佳的理论意义。

关键词：纳什均衡；㶲驱动；时间成本；最速获利均衡

1　群体博弈的纳什均衡解所带来的困惑

微观经济学中，常用埃奇沃斯框图（edgeworth box）来研究两位消费者 A、B 之间的交易情况（周惠中，2003；百度百科）。框图的 x、y 轴分别代表两种商品的数量。由于两人交易时，两种商品的总量 Q_1、Q_2 并不改变，可用宽、高分别为 Q_1、Q_2 的矩形区域中的任意一点来表示两种商品在消费者 A、B 之间的分配情况。如图 1 所示（图中具体的函数参数设置，详见本文第四部分：数值计算）。

消费者效用是其拥有的两种商品数量的函数。在埃奇沃斯框图中，可以将对应着消费者相同效用的点串联起来，得到消费者的效用曲线。在图 1 中，左下角代表消费者 A，因边际效用递减，其效用曲线簇（U_A）呈递减、下凹；右上角则代表消费者 B，其效用曲线簇（U_B）递减、上凸。

对于埃斯沃奇框图中的任意一个初始点，画出 A、B 两人的过该点的效用曲线，可围成一个橄榄型的区域，称为二人交易的“核”（图 2）。在该区域中，所有的配置方案都能使两人的效用同时得到提高，因此都对应了可行的交易方案。

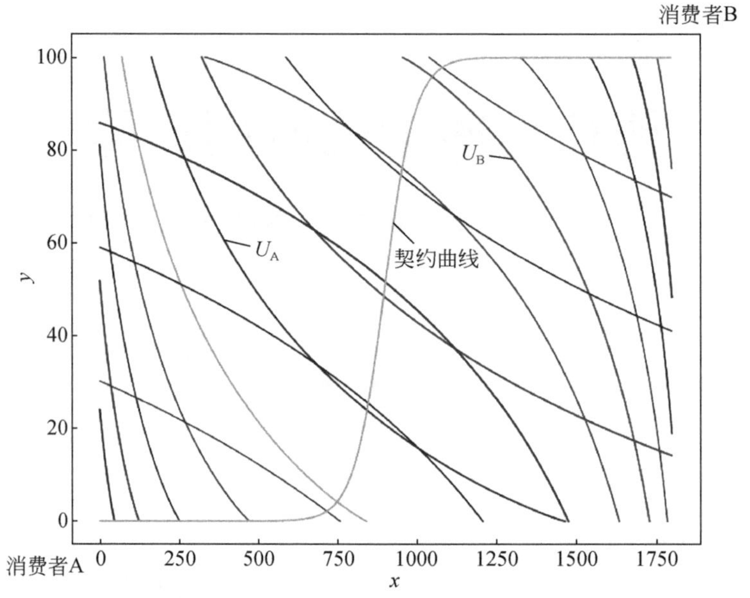

图 1　埃斯沃奇框图、效用曲线和契约曲线

作为理性人，只要有“核”的存在，就一定会将资源在两人间进行重新配置，以增益彼此的效用，而最终的交易点，将处于两人效用函数的相切点。数学上，我们可以将所有这些相切点计算出来，连成一条曲线，这就是“契约曲线”（周惠中，2003），如图 1、图 2 所示。

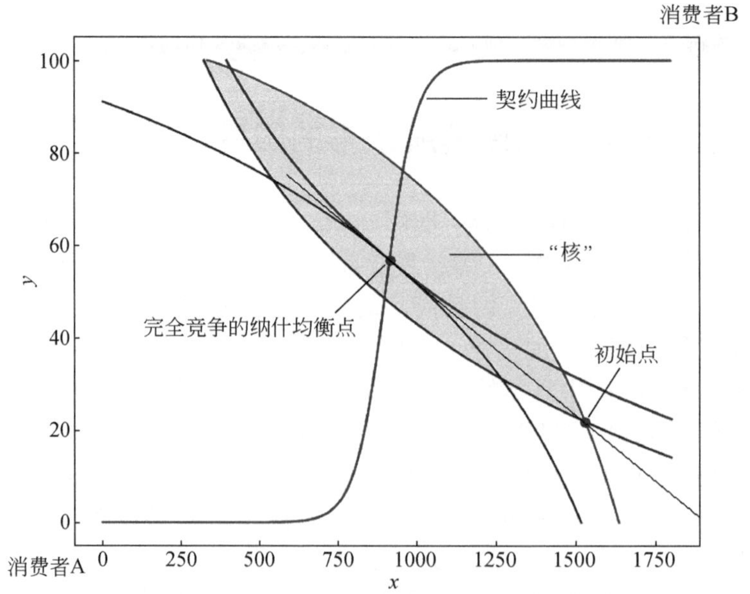

图 2　交易的“核”、完全竞争的纳什均衡点

综上所述，若两人从某一初始点开始交易，则交易的最终结果必定会落在契约曲线处于“核”内的一条曲线段上。但到底是哪一点，仅凭微观经济学理论无法确定，将通过双方的反复博弈来决定。可以看到的是，如果最终状态点靠近核内契约曲线的下端，则 A 的效用增加较少，相对 B 而言较为吃亏；反之，若接近上端，则 A 的效用增幅大，B 的效用增加较少。

虽然对于仅涉及两位交易者的交易最终状态存在不确定性，但是微观经济学告诉我们，如果有大量相同的交易者 A、B 同时存在，构成完全竞争的市场，那么最终的交易点（完全竞争均衡点）将可以唯一确定，是一个群体博弈的纳什均衡点。其确定条件是：位于契约曲线上的该点，效用函数在该点处的共同斜率恰等于该点与初始点连线的斜率（周惠中，2003；Arrow and Debreu，1954）。如图 2 所示。

然而，这个群体博弈的纳什均衡点，在某些初条件下，其表现却颇为令人费解。例如，如图 3（a）所示的初始点（详细数据见本文第四部分：数值计算），最终的纳什均衡点十分靠近“核”的左端，也即消费者 A 的效用几乎没有提高，而消费者 B 获得了绝大部分的利益。

然而，这样的交易真的存在吗？众所周知，所有交易都是两利的，仅有一方获利的是慈善行为或是战败割地。像图 3 这样，一方获利巨大，而另一方却几乎没有收益的交易，是几乎不可能存在的（除非后者尚另有与之相关的其他间接获利途径，然而这种情况不适用于本文所讨论的例子）。

这是否意味着：微观经济学的理论在图 3 这样的初条件情况下是错误的？或者，该情况下，群体博弈的解对应了一种非常理想化的、理论上的情形，而实际当中却并不可能出现，就类似热力学中大名鼎鼎的卡诺热机那样，只是一种理想情况，却无法付诸实际？

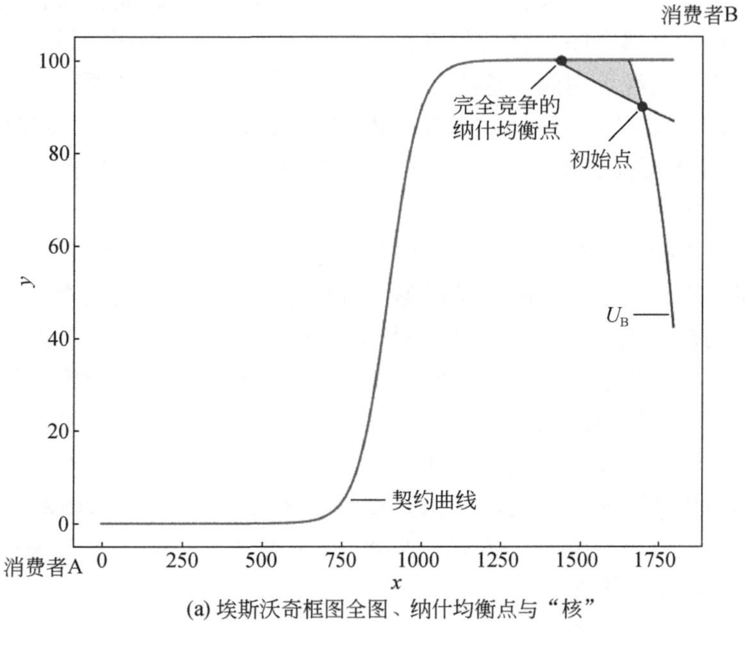

(a) 埃斯沃奇框图全图、纳什均衡点与“核”

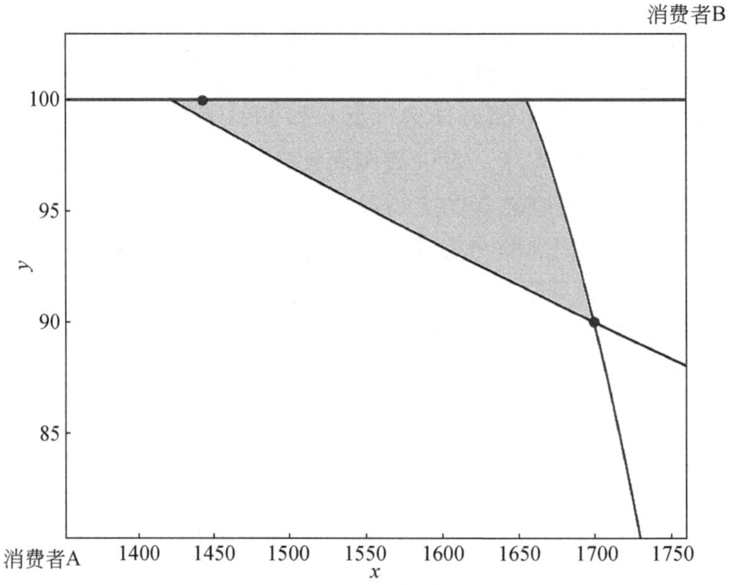

(b) (a)图右上角的放大图

图 3　埃斯沃奇框图中令人费解的纳什均衡点

2　热力学第二定律、㶲（exergy，可用能）与社会物理学

在笔者看来，热力学的第二定律其实揭示了社会物理学中极为根本的一个过程：消耗可用能（exergy，㶲，有效能），来对抗杂乱。

热力学第二定律告诉我们，任何物质体系都会自发地趋于熵更大的状态，即变得越来越杂乱。这样一来，任何一个生命体，作为一个物质体系，想要维持生命、维持内部的井然有序，就必须将其不断自发产生的熵排出到外部环境中去。这个过程，必须消耗可用能。这样的过程，就类似冰箱、冷空调的工作原理，要维持腔室内的低温（有序），就必须不断将热量排到环境中去，同时消耗电能（可用能）。由此可见，对于任何生命体，热力学第二定律要求：消耗可用能（㶲），来对抗杂乱。

可用能，是指可以被人类文明利用的有序能量（Bejan，1997），如石油等矿物中的能量、阳光、生物中的化学能等。可用能自宇宙之初便已存在，可以进行转化，却不能被产生，一旦被使用，就永远从这个世界消失（唐先一，2012）。它驱动着整个自然生态系统以及我们人类社会。人类意志可以决定它将被如何使用，而后消失，并同时改变世界。它可以度量权力：权力即权力者可以完全依其意志自行支配的可用能（exergy）的数量（唐先一等，2014）。人类高级脑区中自发消耗的可用能数量与人类的快乐程度呈正相关（唐先一，2012）。可用能也是机械工程系统（金红光和林汝谋，2008）、生态系统中的一个至关重要的核心概念（Kay，2002；唐先一，2017）。

地球的可用能来源，最主要的是源自太阳。阳光中的可用能通过光合作用，被地球生态圈捕获；所有的生命体都需要不断进食，摄入可用能，来对抗杂乱。这一点，对于我们人类社会也是一样。人类社会的可用能来源，在工业革命之前主要是各种农产品的收获，进而驱动整个社会有序地运转。而且，我们可以清楚看到，历史上很多王朝的覆灭，都是始于自然灾害和饥荒——因为可用能的收入不足，导致人类社会无法对抗杂乱，最终沦陷于杂乱。

事实上，消耗可用能（㶲）来对抗杂乱这一过程，在人类社会中是无处不在的。例如，我们的城市每天都会产生出许多新陈代谢产物，如垃圾、废水等，而城市需要消耗大量的能源，来制造管道、垃圾桶、垃圾车、处理厂等，来处理这些废料，从而保持城市的整洁有序。

又如，在某一个科研单位中，小长假即将到来，研究组的组员们都将去休假。他们可能做各种事情，如宅在家里，或是去世界各地旅游。而这些可能性，对于一心想要继续推动研究进展的组长而言，就是一种杂乱。那么，这时她有没有办法让所有组员都回到科研组里来继续工作呢？很简单，她可以给大家加薪，或提供其他权益，来劝说大家放弃休假，回来继续进行科研。在这个例子中，组长也是消耗了可用能（工资等都可以兑换到食物），来对抗研究组内的杂乱，使得科研组重新变得井然有序。

类似的例子不胜枚举。在电视剧《人民的名义》中，有一句台词总结得非常好："权力可以创造秩序。"一方面，这种创造对于权力是一种（可用能的）消耗（唐先一等，2014）；另一方面，创造出的秩序可以形成有序的组织结构，进行运作，以便从环境中收获到更多的可用能，来反哺权力。

不仅生命体及其组成的社会遵循着"消耗可用能对抗杂乱"这一规律，被我们这个社会所"雇佣"的一切机械系统亦是如此。所有机器的运转，都必须消耗可用能。例如，任何热机的运转，都会产热，导致熵增。如前所述，在热力学中有一类非常著名的热机——卡诺热机。这类理想热机拥有着最高的能量转化率，因为其并不消耗任何可用能（等价地，不产生熵）。但是这类热机却有着一个致命的缺点——运转周期无限长。即其输出功率为零，没有任何的实际用途。

这就类似一句俗语：又要马儿跑，又要马儿不吃草。如果老板不支付工钱，也就难以指望工人干活。同样，卡诺热机不消耗任何可用能，其输出功率自然为零。这其中，其实反映了另一条自然规律，既是一条物理规律，也是一条社会经济规律。

从社会经济学的角度，其实这条规律已经被马克思在《资本论》中精彩地阐述过：如果有百分之十的利润，人们就会采取行动；百分之五十的利润，人们就会铤而走险；为了百分之百的利润敢于践踏人间的一切法律；如果有百分之三百的利润，甚至敢于冒着被绞死的危险。

从物理学的角度，这条规律也被机械工程学家们所揭示：真实热机的运转周期与其单次循环中的产熵成反比。令热机的运转周期为 τ，产熵为 ΔS，则有

（Schmiedl and Seifert，2007a，2007b）：

$$\Delta S = \frac{\Sigma}{\tau}$$

其中，Σ 为热机常数，与热机的具体构造有关。即热机的运转为熵驱动，能消耗的负熵越多，运转越迅速。

将两者统一，可以概括地表述为：自然过程由可用能驱动，获得可用能越多，驱动越强，过程进行越迅速（当然，这与热力学第二定律当中，所有的过程都是由熵驱动的，这样的提法也是完全一致的）。这里，截获的可用能（㶲），就是物质系统的“利润”。

由此联想到第一节中所提到的埃斯沃奇框图中右上角的奇怪交易，思路就会豁然开朗。显然，如图 3 所示的交易对于消费者 A 来说，利润几乎为零，因此 A 的交易驱动非常弱，相应的交易可能根本就不会进行，其发生概率几乎为零。或者，因为驱动太弱，A 可能会选择先做别的事情，从而使得交易被无限延期，也即交易周期变得无限长，从而失去实际意义。

也就是说，如果 B 方一定要依照微观经济学原理中的群体博弈均衡解，将 A 方的利益压榨至最低点，B 方将面对一种风险：交易可能会趋于停滞，双方（主要是获利更多的 B 方）都将付出巨大的时间成本。而这样一种时间风险是群体博弈均衡解未给予充分考虑的。

那么，这是否意味着对于如图 3 这样的初始条件，就不会有任何真实的交易发生？笔者并不这样认为。可以看到，在该初条件下，埃斯沃奇框图中“核”的区域面积还较大，可以进行优化交易的空间还很大。因此，参考热力学中关于真实热机的有关研究，不同于传统微观经济学中的群体博弈的纳什均衡解，笔者将尝试提出一类“最速获利均衡解”，来求解埃斯沃奇框图中真实交易所发生的点。详见下节有关讨论。

3 最速获利均衡——一种可能的社会物理学解决方案

如图 3 所示的初始条件下，除了群体博弈的纳什均衡点以外，有没有其他可能的均衡点能成为最终的交易点呢？

在非平衡态热力学中有这样一条定律：可用能的最大消耗原则（maximum exergy degradation principle，Kay and Boyle，2008）。即，任何物质系统会在约束允许的范围内尽可能快地、尽可能大量地消耗可用能。甚至有这样的说法：人类社会之所以能够成为生物进化的最终选择，就是因为人类社会这样一种高度有序的物质系统可以最为迅速地、持续大量地攫取以及消耗环境中的㶲。

在上述的群体市场博弈中，如果有着大量的消费者 A、B，则交易者皆存在大量的、同质的潜在交易对象。那么何必承担着巨大的时间风险，苦苦死守完全竞争纳什均衡点而迟迟不能获得交易呢？与其试图最大化自己在单次交易当中的获利，还不如去最大化在单位时间内可能获得的利益，即与其最大化单次交易的

效用增量 ΔU_B，不如将目标设定为 $\text{Maximize}\left(\frac{\Delta U_B}{\tau}\right)$，其中 τ 为单次交易的周期时间。

由上一节中的讨论可知，受到利益驱动，交易时间 τ 与交易者 A 的获利 ΔU_A 有关。ΔU_A 越大，τ 越小。在此，不妨参考上一节中的类比关系，从真实热机的运转规律中找到二者间的变化关系。如前所述，交易周期 τ 可以对应于热机的循环周期，交易利润 ΔU_A 可以对应热机在单次循环中所截留的负熵 ΔS。因此，不妨假设 ΔU_A 与 τ 成反比，$\tau=\frac{\Sigma}{\Delta U_A}$，其中 Σ 为某固定常数。于是：

$$\text{Max}\left(\frac{\Delta U_B}{\tau}\right)=\text{Max}\left[\frac{\Delta U_B}{\left(\frac{\Sigma}{\Delta U_A}\right)}\right]=\frac{1}{\Sigma}\text{Max}\ (\Delta U_A\cdot\Delta U_B)$$

值得注意的是，这样一个优化目标对于交易双方 A 和 B 而言，具有对称性，也即具有一致性！如果双方皆是为了追求在单位时间内的获利最大化，则双方都应该去追求 Max（$\Delta U_A\cdot\Delta U_B$）。这样，双方就有了一致的目标，可以达成一种新的均衡。笔者将这类均衡点称为“最速获利均衡点”。

在下一节的数值计算部分中可以看到，在图 3 的示例中，最速获利均衡解将使得交易双方皆有所收益，从而使得交易更可能发生。

4 数值计算

在用于数值计算的例子中，两种商品的数量 x、y 各自的总量 Q_1、Q_2 分别取为 1800 和 100。消费者 A、B 具有相同的效用函数：

$$U(x,y)=33\cdot\ln(x+67)+y^{0.9}$$

其中，对于商品 x 选用了对数型的边际效用递减，商品 y 则是指数型递减，两者对消费者效用的贡献为简单叠加。该效用曲线的形状如图 1 所示。

第一，计算出契约曲线。对于曲线上的每一点，消费者 A、B 的效用函数相切，即斜率相等。其中，关于消费者 A 的斜率，为

$$\frac{dx}{dy}=-\frac{0.9}{33}\cdot y^{-0.1}\cdot(x+67)$$

关于消费者 B 的斜率，为

$$\frac{dx}{dy}=-\frac{0.9}{33}\cdot(Q_2-y)^{-0.1}\cdot(Q_1-x+67)$$

联立解得契约曲线的方程为

$$y=\frac{Q_2}{\left(\frac{Q_1+134}{x+67}-1\right)^{10}+1}$$

这样，可以在埃斯沃奇框图中画出 A、B 的效用函数曲线，及契约曲线，如图 1 中所示。

第二，对于任意初始点（x_0，y_0），求解群体博弈的完全竞争纳什均衡解，即满足与初始点连线的斜率等于过该点效用函数曲线的斜率、并且处于契约曲线之上的点。即，将契约曲线方程与以下方程联立求解：

$$\frac{x-x_0}{y-y_0}=-\frac{0.9}{33}\cdot y^{-0.1}\cdot(x+67)$$

本文使用了 Python 进行数值求解，一些计算结果如图 2 和图 3 所示。

第三，对于任意初始点（x_0，y_0），求解“最速获利均衡点”。可以通过扫描契约曲线位于“核”内的全线段，定位出 $\Delta U_A \cdot \Delta U_B$ 最大的点。（契约曲线以外的初始点都有“核”，可以进行帕累托优化，因而不可能是 $\Delta U_A \cdot \Delta U_B$ 最大的点。）

这样，对于任意初始点，可以数值求解“群体博弈的纳什均衡点”和“最速获利均衡点”。例如，取初始条件（$x_0=1700$，$y_0=90$），计算结果如图 3、图 4 所示。这时，消费者 A 的最终效用，根据纳什均衡解为 $U_{\mathrm{NE}}=165.44$，根据最速获利均衡为 $U_{\mathrm{Fast}}=167.67$。二者的百分比差异为

$$\Delta=\frac{U_{\mathrm{Fast}}-U_{\mathrm{NE}}}{U_{\mathrm{NE}}}=0.013533$$

然而，在靠近埃斯沃奇框图中部的地方，最速获利均衡给出的解则与群体博弈纳什均衡的解非常接近。例如，取初始条件（$x_0=1300$，$y_0=30$），计算结果如图 5 所示。$U_{\mathrm{NE}}=122.90$、$U_{\mathrm{Fast}}=123.72$、$\Delta=0.0066225$。

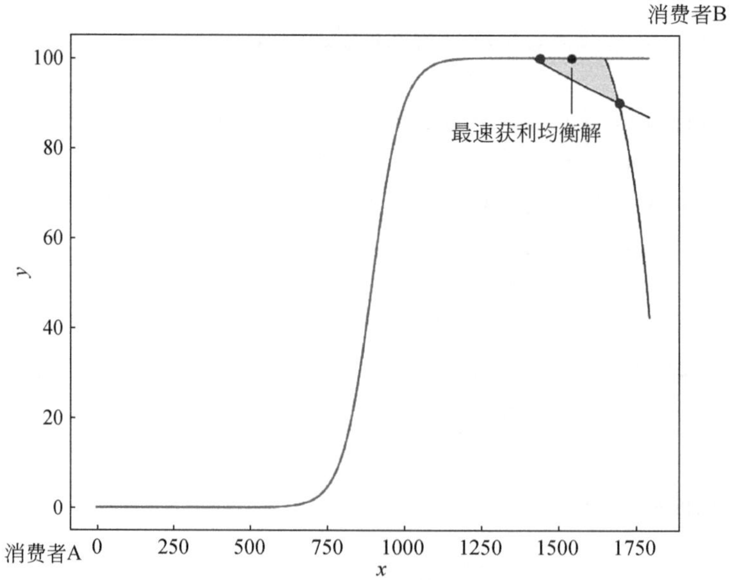

(a) 最速获利均衡点

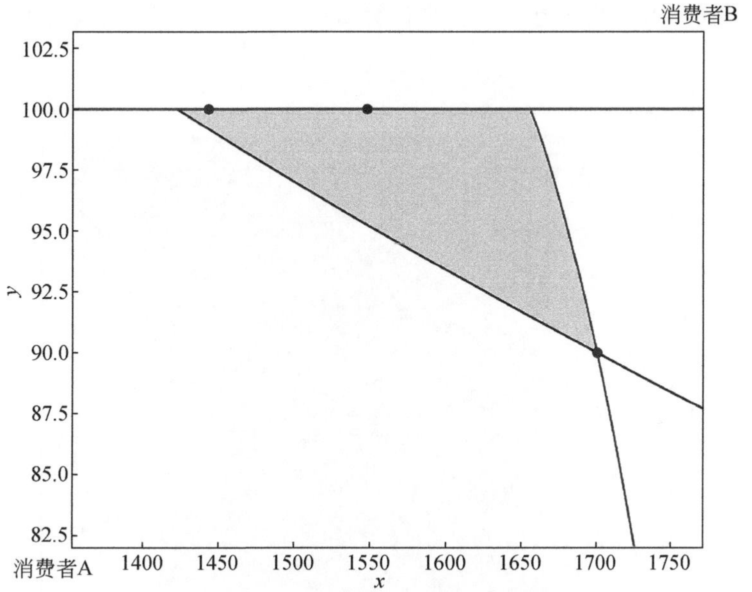

(b) (a)图右上角的放大图

图 4　初始点为（1700，90）时的最速获利均衡点

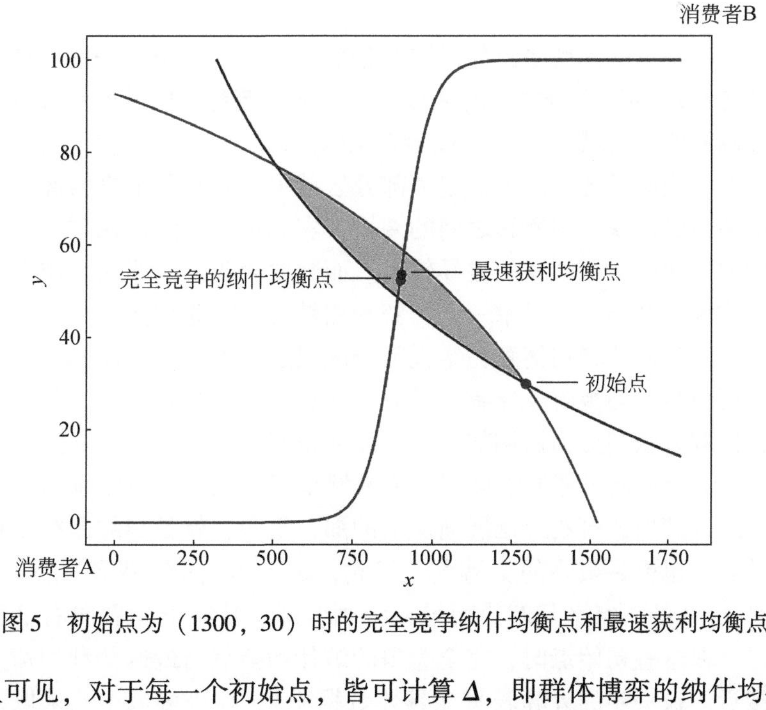

图 5　初始点为（1300，30）时的完全竞争纳什均衡点和最速获利均衡点

由上可见，对于每一个初始点，皆可计算 Δ，即群体博弈的纳什均衡解与最速获利均衡解之间的差异。最后，在整个埃斯沃奇框图的区域上，来比较两种均衡解之间的差异。为此，分别采用水平步长 $\Delta x=18$ 和垂直步长 $\Delta y=1$，将整个区

域均匀采样 100×100 共一万个点，来计算 $\Delta = \frac{U_{\text{Fast}} - U_{\text{NE}}}{U_{\text{NE}}}$。具体结果如图 6 所示。

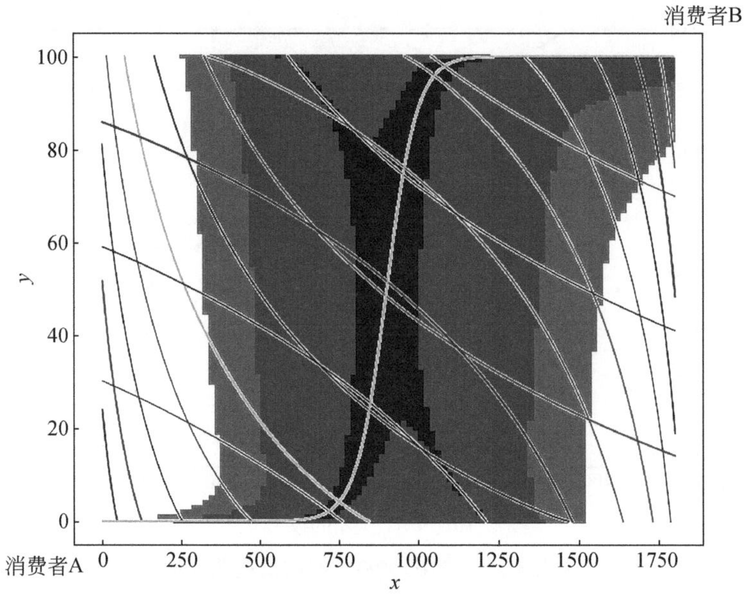

图 6 Δ 在整个埃斯沃奇框图上的数值分布

在图 6 中，中央的 x 型深蓝色区域部分是 $|\Delta|$ 小于万分之一的区域；旁边蓝色区域部分是 $|\Delta|$ 小于百分之一的区域；更外侧浅蓝色的区域 $|\Delta|$ 低于 3%；左右两边最外侧的淡色区域 $|\Delta|$ 则可以增至 45% 以上。

由之可见，埃斯沃奇框图中的绝大部分区域中，尤其是中央的部分，群体博弈纳什均衡解与最速获利均衡解之间的差异其实非常小。仅仅在左右两边最外侧的淡色区域中，两种均衡解间的差异较大。而数据表明，在那些区域中采用群体博弈的纳什均衡解会导致交易中一方的获利相较另一方非常低下。

综上所述，最速获利均衡解在绝大部分区域上给出了与群体博弈纳什均衡解相近的解。而当纳什均衡解会导致交易双方获利差异极其悬殊时，最速获利均衡解可以给出使双方获利更为协调的解，从而使得交易更可能实际发生。

此外，Δ 十分趋近于零的中央深蓝色区域呈现 x 型。即该区域内两种均衡解几乎完全一致。其中，自右上延展向左下的那一笔画，就是契约曲线。在契约曲线上的初始点，也就是最终的交易点。因此，$U_{\text{NE}} = U_{\text{Fast}} =$ 消费者 A 的初始效用，契约曲线是 $\Delta = 0$ 的一组平凡解。而另一笔画，即 x 从左上延展向右下的那一笔则很有意思。取这些初始点时，完全竞争的纳什均衡点与最速获利均衡点恰巧重合或极为接近。进一步的计算表明（具体数据略），在该区域中，采取群体博弈的纳什均衡解时，消费者 A、B 各自效用的增量非常接近。也即，纳什均衡解已使得交易双方获得十分相近的收益，因而双方都有足够的利益驱动来使得交易尽快进行。

5 讨论

传统的微观经济学中，用埃斯沃奇框图研究两位消费者 A、B 间的商品交易。当有大量同质的消费者 A、B 存在时，双方可以通过结盟、抵制等博弈手段，将最终的交易点锁定于群体博弈的纳什均衡点。这时，双方都无法要求获得更高的效用，从而达成一个稳定的博弈均衡。然而，在一些特定的初始资源配置条件下，这种群体博弈均衡将导致一方（如 B 方）获得绝大部分的利益，而 A 方几乎没有任何效用的增进。这时，虽然 A 方无法抵制该交易点，但其极低的交易动机却可能给 B 方带去巨大的时间风险。

本文受热力学第二定律的“消耗可用能来对抗杂乱”、“可用能驱动越强过程发生越为迅捷”，以及对于理想热机与实际热机的有关研究启发，引入有别于传统方法的“最速获利均衡解”。一方面，该方案能在大多数的博弈条件下给出与群体博弈的纳什均衡解相近的解；另一方面，在那些特殊的初始资源配置条件下，“最速获利均衡解”能给出使得双方获益更为协调的解，从而使得交易更有可能真实发生，对实际应用而言，具有更佳的理论意义。

从交易的目标设定上看，群体博弈的纳什均衡解力图最大化单次交易中己方的获利。然而，如果将视线放得更为长远，则每一件交易的商品背后，都有一套将该商品制造出来的复杂物质系统，由来自太阳的㶲流进行驱动。因此，也可视作为一台热机。例如，进行劳动的人类身体、各种机器及其组合等。这台热机的运转速度以及输出功率，与其所能耗散的可用能（㶲）有关。只有向之提供足够的可用能，或利润，才能令之顺畅地运转；如果仅仅将决策目标致力于单次交易中的利益最大化，则很有可能限制了整个商品生产体系的运转效率，制约了生产力的释放。

因此，在效用增加的考量之外，我们仍需考虑交易中的时间风险，引入“最速获利均衡解”。而事实上，在实际发生的交易场景中，常常会附有小费，又例如生意人常常会为合作伙伴准备礼物等。这类善意的释放，皆会使得交易或合作进行得更顺利，其背后都有可能存在着“最速获利”的原理。

然而必须承认，最速获利均衡解也存在着很大的局限性。例如，现代社会的生产过程往往被分成产业链上的许多环节。让渡给交易对象一笔利润，只是将可用能提供给了相邻生产环节上的负责人，很有可能被其截留，而并不能提高整个生产过程的运转速度。也即，被提高的 ΔU_A 可能并不 τ 成反比，$\tau=\frac{\Sigma}{\Delta U_A}$ 并不一定成立。因此，在这类场景中，实际的交易点可能介于群体博弈的纳什均衡点与最速获利均衡点之间。

参考文献

金红光，林汝谋．2008. 能的综合梯级利用与燃气轮机总能系统．北京：科学出版社．

唐先一，牛文元，刘怡君．2014. 稳定权力结构的模型与计算．社会物理学系列第 5 号 ：社会治理．北京：科学出版社．
唐先一．2012. 㶲分析（exergy analysis）与生态系统的普适规则．社会物理学系列第3号：社会动力学．北京：科学出版社．
唐先一．2017. 新陈代谢3/4幂律的权力结构解释．社会物理学第6号：网络舆情安全．北京：科学出版社．
周惠中．2003. 微观经济学．第二版．上海：世纪出版集团，上海人民出版社．
Arrow K J, Debrew G. 1954. Existence of an equilibrium for a competitive economy. Econometrica, 22: 265-290.
Bejan A. 1997. Advanced Engineering Thermodynamics, 2nd Edition (Hardcover) John Wiley & Sons, Inc., Toronto, Ontario.
Kay J J, Boyle M. 2008. Self-Organizing, Holarchic, Open Systems (SOHOs) //The ecosystem approach: complexity, uncertainty, and managing for sustainability. Manhattan: Columbia University Press.
Kay J J. 2002. On complexity theory, exergy and industrial ecology: some implications for construction ecology//Kibert C, Sendzimir J, Guy B. Construction Ecology: Nature as the Basis for Green Buildings, Spon Press: 72-107.
Schmiedl T, Seifert U. 2007a. Efficiency at maximum power: An analytically solvable model for stochastic heat engines. EPL (Europhysics Letters), 81 (2): 20003.
Schmiedl T, Seifert U. 2007b. Optimal Finite-Time Processes In Stochastic Thermodynamics. Phys. Rev. Lett. 98, 108301.

作者简介

唐先一 男，现为中国科学院自然与社会交叉科学研究中心客座学者、同济大学哲学系博士生。2006年获得匹兹堡大学物理系硕士学位。研究方向为社会物理学、科学哲学、舆论动力学、exergy分析与非平衡态热力学等。已在国内外权威杂志和全国学术会议发表论文10余篇。

传统与新兴社区风险对比及综合治理体系

马 宁 董雪播 廉 莹

摘要

社区作为城市的基本生活单元，是公共安全治理的主体之一。社区内人员杂、交往密、建筑多，易发生包括自然灾害、事故灾难、公共卫生和社会安全等在内的各类传统社会风险。随着互联网技术的快速发展，有关社区的网络谣言传播、网络诈骗事件、非法组织动员等新兴社区风险也呈上升趋势。本文应用调查问卷法采集我国民众对传统社区风险和新兴社区风险的关注和认知情况数据。进而应用单因素方差分析、相关性分析、复杂网络分析等方法，从关注焦点、空间分布、人群属性等方面对传统社区风险和新兴社区风险进行对比。结合以上研究结果，从主体、环境和事件三个维度，提出传统社区和新兴社区风险的综合治理体系，以期有助于提升我国社区风险治理的科学化水平。

关键词：社区风险；传统与新兴；社区治理；综合治理体系

1 引言

社区是部分社会群体聚集在某一个领域里所形成的一个生活上相互关联的集体，是社会有机体最基本的内容，也是宏观社会的缩影。社区作为最基层的社会单元，是人民群众生活和工作中自然形成的地域载体。十九大报告中指出："打造共建共治共享的社会治理格局"，这为社会基层工作指明了方向。社区的特点主要体现在：有一定的地理区域；有一定数量的人口；居民之间有共同的意识和利益，并有着较密切的社会交往。社区内人员众多、建筑密集，人员之间又具有错综复杂的关联关系，因此社区风险高发，如火灾事故、交通事故、社会治安等传统社区风险。与此同时，随着互联网技术的发展，借助"两微一端"网络新媒体产生的新兴社区风险增多，其影响逐渐凸显，如社区谣言传播、组织动员社区非法集会等。社区风险越来越呈现出线下与线下相结合的新态势。为防范社区风险，形成健全的社区风险治理体系尤为重要。

已有的社区风险研究主要还是针对传统社区风险，从风险特征、风险评估（刘刚，2013）、风险治理（吴晓林和李咏梅，2016）等角度展开研究。首先，认为基于社区的风险管理可填补家庭层面和国家层面风险管理战略之间差距（Bhattamishra and Barrett，2016）。其次，社区风险的治理不能仅仅注重应急响应和管理，还要注重基层社区治理和建设，化解社会冲突的风险（葛天任和薛澜，2015），例如，社区风险登记就是提升社区风险管理效率的有效途径之一（宿洁等，2016）；借鉴“发现风险、测量风险、登记风险、处置风险”的风险管理体系（钟开斌，2011），形成“政府—研究机构—社会组织—社区”多元参与的社区安全治理模式（滕五晓等，2014）等。大数据技术的发展在社区风险防范方面也有所应用，有研究提出“监测监控、预测预警和智能防范”是社区风险防范的关键技术，大数据平台建设是社区风险防范的基础支撑（贾楠等，2019）。可以看出，目前专门针对新兴社区风险的研究还较少，更无研究专门对传统社区风险与新兴社区风险进行对比，所建立的风险治理体系中也缺乏对新兴社会风险的考虑。

综上所述，本文通过问卷调查的方法获取民众对社区风险认知和关注的相关数据，然后应用单因素方差分析、相关性分析等科学方法进行处理，从焦点关注、空间分布、人群属性等方面对比了民众对传统社区风险和新兴社区风险的认知差异，并在此基础上提出社区风险的综合治理体系，期望有助于提升社区风险治理的科学化水平。

2 数据处理与研究方法

2.1 数据

采用问卷调查的方法获取我国民众对社区风险的关注情况。随机选取全国各地的普通民众作为调查对象，共回收问卷600份，其中有效问卷570份，有效回收率为95%。

在调查样本中，男性（47%）和女性（53%）的样本基本各占一半；从年龄分布看，19~30岁的青年人约占50%，31~40岁的中年人占21%；从受教育程度看，样本中多以初中/高中（51%）和本科学历（43%）为主，小学及以下低学历人群和硕士及以上高学历人群总共6%；从家庭年收入看，年收入10万以下的家庭占比最多，约为59%。以上数据分布情况基本符合中国国情，说明调查样本具有很强的代表性，符合随机抽样的要求（表1）。

表1 调查问卷受访者的统计资料

类目	选项	占比/%
性别	男	47.02
	女	52.98
年龄	18岁及以下	17.72
	19～30岁	49.82
	31～40岁	21.05
	41～50岁	8.95
	51岁以上	2.46
家庭年收入	低于10万	59.30
	10万～20万	31.40
	20万～40万	7.37
	40万～80万	1.58
	80万及以上	0.35
受教育水平	小学及以下	3.16
	初中或高中	51.40
	大学本科	42.63
	研究生及以上	2.81

2.2 研究方法

2.2.1 单因素方差分析

方差分析（analysis of variance，ANOVA）是一类用于分析多组数据之间均值差异的统计方法模型。单因素方差分析基于单因子A的每个总体（设有r个）均为正太分布$N(\mu_i, \sigma_i^2)$，方差相同且相互独立的假定，构造假设：

$$H_0: \mu_1 = \mu_2 = \cdots = \mu_r$$

$$H_1: \mu_1, \mu_2 \cdots, \mu_r \text{不完全相同}$$

若各水平间无差异，各水平只有随机误差，没有效应不同带来的误差，则组间偏差与组内偏差比较接近，组间偏差与组内偏差的比值接近于1；反之，组间偏差与组内偏差的比值会大于1。因此计算组内偏差平方和S_e和组间偏差平方和S_A，相应的自由度为df_A和df_e，构造F检验统计量：

$$F = \frac{S_A/\mathrm{df}_A}{S_e/\mathrm{df}_e} = \frac{\mathrm{MS}_A}{\mathrm{MS}_e}$$

式中，MS_A和MS_e为组内均方和组间均方，均方可排除自由度不同所产生的干扰，这将有利于各组样本偏差平方和间的比较。若P值很小（$P\text{-value} \leqslant 0.01$）时，可拒绝原假设，表明各水平之间差异极显著；若$0.01 < P\text{-value} \leqslant 0.05$，表明各水平之间差异显著；若$P\text{-value} > 0.05$时，则表明各水平之间差异不显著。

2.2.2 相关系数分析

相关系数最早由统计学家卡尔·皮尔逊设计提出，是研究变量之间线性相关程度的量化指标。虽然相关表和相关图可反映两个变量之间的相互关系及其相关方向，但无法确切地表明两个变量之间相关的程度。相关系数则可以定量反映变量之间相关关系密切程度。

Pearson 相关系数按积差方法计算，以两变量与各自平均值的离差为基础，通过两个离差相乘来反映两变量之间相关程度。具体计算公式如下：

$$r=\frac{\mathrm{Cov}(X,\ Y)}{\sqrt{\mathrm{Var}[X]\,\mathrm{Var}[Y]}}=\frac{N\sum x_i y_i-\sum x_i\sum y_i}{\sqrt{N\sum x_i^2-\left(\sum x_i\right)^2}\sqrt{N\sum y_i^2-\left(\sum y_i\right)^2}}$$

式中，$\mathrm{Cov}(X,Y)$表示 X 与 Y 的协方差，$\mathrm{Var}[X]$表示 X 的方差，$\mathrm{Var}[Y]$表示 Y 的方差。相关系数取值$-1<r<1$，$|r|$表示两变量间的相关程度，该值越大表明相关程度越高；$r>0$ 表示正相关，$r<0$ 表示负相关，$r=0$ 表示零相关。

2.2.3 复杂网络分析

复杂网络是呈现高度复杂性的网络，其发展得益于图论和拓扑学等应用数学的发展。一个具体的复杂网络可抽象为一个由点集和边集组成的图，复杂网络的统计特征分析可以解释生活中的许多复杂现象。本文将应用以下指标进行分析：

平均度：网络中所有节点的度的平均值。节点 i 的度（k_i）表示网络中与该节点连接的其他节点的数目。平均度的公式如下：

$$\langle k\rangle=\frac{1}{N}\sum_{i=1}^{N}k_i$$

网络密度：复杂网络中实际有的连接数与可能有的连接数之比。在无向网络中，网络密度的公式如下：

$$D_k=\frac{\sum_{i=1}^{N}\sum_{j=1}^{N}Z_{ij}}{(N^2-N)/2}$$

平均路径长度：复杂网络中所有节点对之间距离的平均值。描述了网络中节点间的平均分离程度和网络的全局特性。在无向网络中，具体公式如下：

$$L=\frac{1}{C_N^2}\sum_{1\leqslant i<j\leqslant N}^{N}d_{ij}$$

模块化水平：指一个网络在某种社区划分下与随机网络的差异，因为随机网络并不具有社区结构，对应的差异越大说明该社区划分越好。

在以上各公式中，N 表示复杂网络中总的节点数，d_{ij}表示节点 i 和节点 j 之间连边数最少的路径，Z_{ij}表示节点 i 和节点 j 之间总的连边数。

3 传统社区风险与新兴社会风险的对比

3.1 关注程度

通过问卷调查发现，民众对社区风险的关注程度较高，其中对新兴社区风险的关注程度呈现越来越高的趋势。在调查问卷中设计了“您更关注传统社区风险还是新兴社区风险”的问题，所收回的570份有效调查问卷中，有301位受访者选择了新兴社区风险，占总受访者的52.8%。可以看出，随着网络自媒体和移动客户端的快速发展，民众也更关注诸如社区微信群或网络上传播的风险事件，对新兴社区风险的关注程度越来越高。

进一步应用李克特量表法定量分析民众对传统和新兴社区风险的关注程度。本研究在调查问卷中，分别设置了“在不考虑新兴风险的情况下，你对传统社区风险的关注程度?”和“在不考虑传统风险的情况下，你对新兴社区风险的关注程度?”两个问题，其答案选项的设置为5分值李克特量表。其中，1表示“非常不关注”，5则表示“非常关注”，值越大表明民众对相应社区风险的关注程度越高。调查问卷结果如表2所示。无论是传统社区风险还是新兴社区风险，民众的关注程度均较高，约有40%的民众“关注”社区风险，约有10%的民众“非常关注”社区风险。而且，新兴社区风险的关注度均值（3.44）要略高于传统社区风险关注度均值（3.37），再次佐证了新兴社区风险受重视的程度（表2）。

表2 民众对传统和新兴社区风险的关注度情况

问题	选择比例/%					均值
	1	2	3	4	5	
对传统社区风险的关注程度	5.44	7.02	42.46	35.61	9.47	3.37
对新兴社区风险的关注程度	4.21	5.61	42.46	37.02	10.70	3.44

3.2 关注焦点

3.2.1 各类风险关注分布

对传统社区风险和新兴社区风险进一步细化分类，并对民众所关注的焦点风险类型进行分析，发现民众对各类传统社区风险的关注度分别较均匀，对各类新兴社区风险的关注度分布则具有较大差异性（图1）。

在传统社区风险类型中，民众的关注焦点差异性较小，均有约50%的关注人群占比。例如，57.4%的民众关注包括火灾、触电、燃气事故等在内的事故灾难风险；55.3%的民众关注包括食品安全、传染病等公共卫生风险；49.7%的民众关注盗抢、刑事犯罪、群体性事件等社会安全风险；另有47.5%的民众关注自然灾害风险，如暴雨内涝、泥石流滑坡、台风等。国外对传统社区风险的研究，

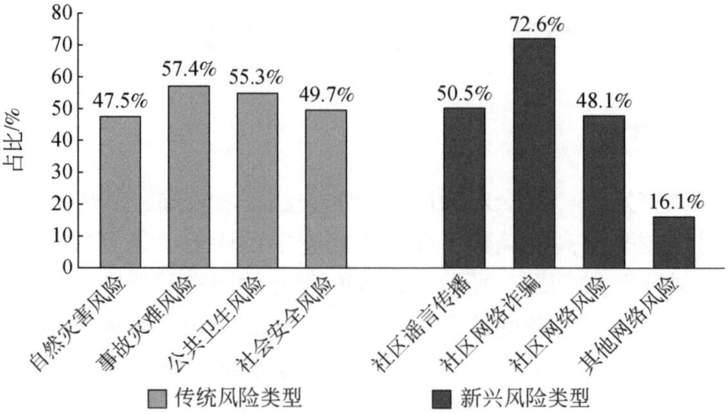

图 1　民众对传统和新兴社区风险的关注焦点差异

也较关注自然灾害（Tanwattana，2018）、社区内违法犯罪等风险（Lussier and Gress，2014）。

在新兴社会风险类型中，民众的关注焦点差异性则较大。从具体的关注焦点分布来看，超过 72.6% 的民众均关注网络诈骗风险，如社区老人被骗、套路贷、网贷等；另外，分别有约 50% 的民众关注谣言传播风险和网络暴力事件，如利用社区微信群等传播的社区水质被污染、社区附件出现人贩子等谣言，又或者对一些不文明行为的人肉搜索，进而在互联网或自媒体客户端进行人身攻击等。只有约 16% 的民众关注一些其他类型的新兴社区风险，如借助社区微信群或者 QQ 群传播的低俗色情、迷信活动、邪教活动等。

3.2.2　不同风险关联关系

将受访者和其所关注的社区风险类型分别抽象为“节点”，将这种“关注”关系抽象为“连边”，分别绘制传统社区风险和新兴社区风险形成的网络图。其中，受访者由“圆点”表示，传统社区风险由“方形”表示，新兴社区风险由“菱形”表示。由图 2 和图 3 可以看出，传统社区风险网络和新兴社区风险网络的网络结构非常相似，进一步应用复杂网络结构指标对其进行度量（表 3）。研究发现传统社区风险网络平均度和网络密度均略大于新兴社区风险网络；模块化水平也是传统社区风险网络大于新兴社区风险网络，表明关注同样问题的民众之间易形成小范围讨论，在复杂网络中呈现出许多“子团”。

表 3　传统和新兴社区风险的复杂网络结构指标

分类	平均度	网络密度	平均路径长度	模块化水平
传统社区风险网络	1.989	0.007	1.000	0.266
新兴社区风险网络	1.974	0.006	1.000	0.241

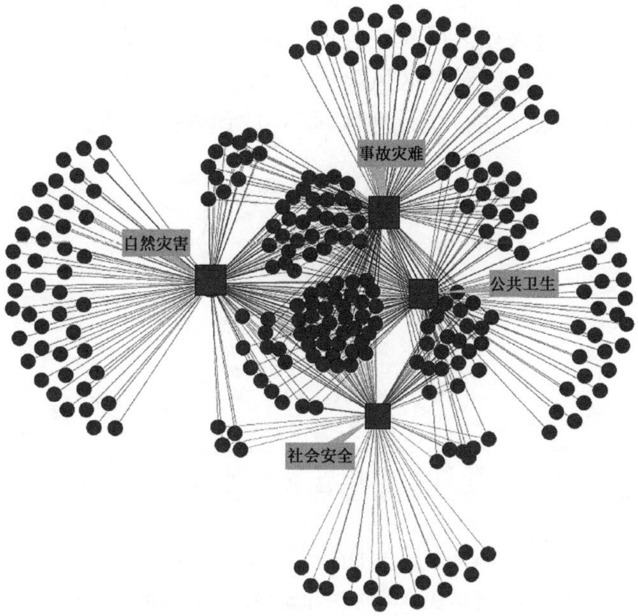

图2　民众对不同类型传统社区风险的关注情况

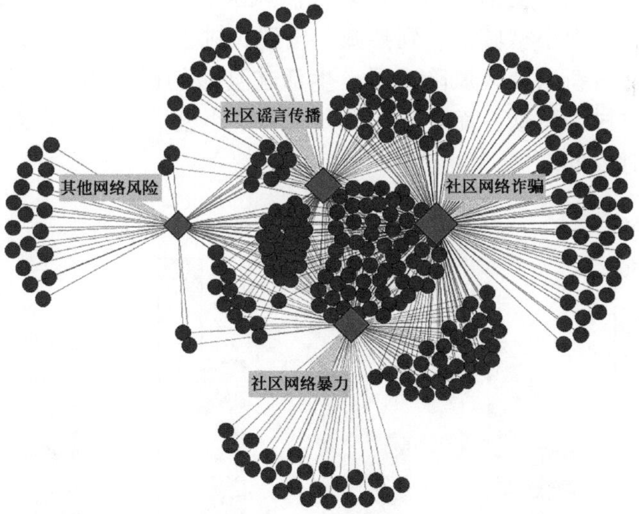

图3　民众对不同类型新兴社区风险的关注情况

3.3　空间属性

3.3.1　地区分布特征

统计调查问卷中各地区民众对传统社区风险和新兴社区风险的关注度占比，得出最关注传统社区风险的地区分别是广东、河北、河南、江苏、山东等，最关注新兴社区风险的地区分别是广东、河南、山东、湖北、江苏等。由图 4 可以看出，传统社区风险和新兴社区风险在各地区的关注程度基本一致，总体来看，东部地区尤其是东部沿海地区对社区风险的关注度较高，而中部和西部地区对社区风险问题的关注度较低（注：统计地区暂不包括港澳台地区）。

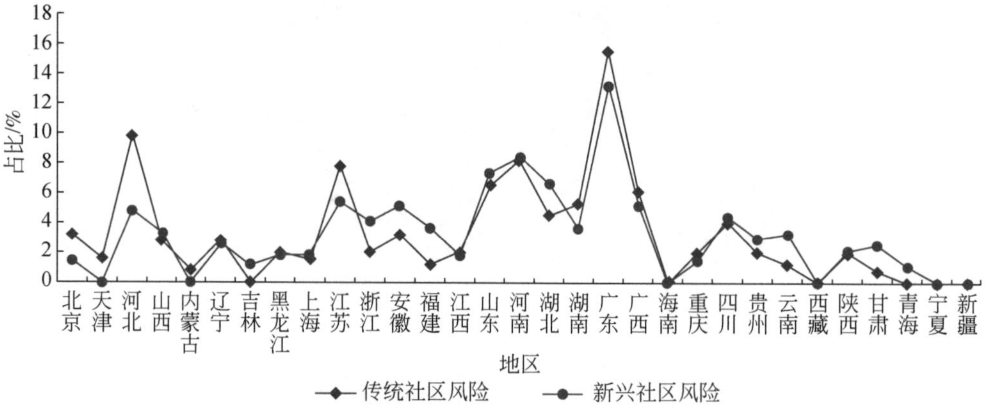

图 4 不同地区民众对传统和新兴社区风险的关注分布

进一步对受访者的生活城市情况进行统计，发现生活在任何城镇类型的居民对新兴社区风险的关注度都要高于传统社区风险（图 5）。针对传统社区风险来看，从大城市、到中小型城市、到县城、再到农村，民众对传统社区风险的关注度越来越高；针对新兴社区风险来看，生活在县城的民众最关注新兴社区风险，其次是生活在农村的民众，而生活在大城市和中小型城市的民众对新兴社区风险的关注度则相对较低。

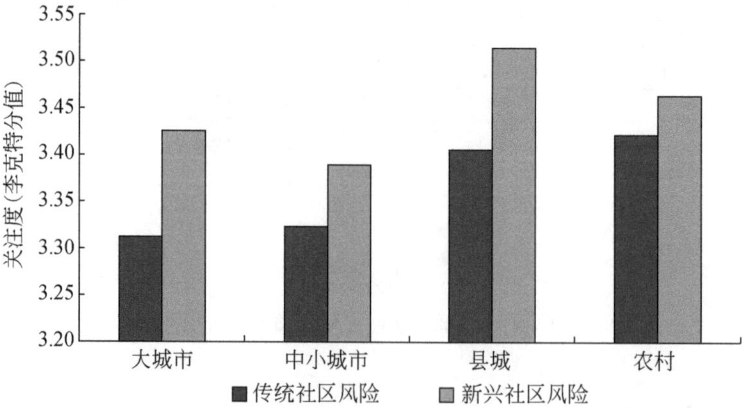

图 5 不同生活环境下传统和新兴社区风险的关注程度

3.3.2 相关性分析

将民众对传统社区风险和新兴社区风险的关注情况与地区人均 GDP、当地居民消费水平、地区互联网普及率、总抚养比、医保参保率等做皮尔逊相关系数分析（表4）。

表4　传统和新兴社区风险关注情况与地区经济发展水平相关性

类型	人均 GDP	居民消费水平	互联网上网率	总抚养比	社区服务机构覆盖率
传统社区风险关注度	0.145	0.150	0.163	0.142	0.172
新兴社区风险关注度	0.049	0.051	0.070	0.209	0.086

注：地区各指标数据来源于《中国统计年鉴》最新数据。

总体来看，经济发展水平越高的地区，民众对社区风险的关注程度也越高，其关注度与人均 GDP、居民消费水平、互联网普及率等均呈正相关关系。另外，总抚养比和社区服务机构覆盖率则从“一反一正”两个角度解释了民众对社区风险关注情况：总抚养比越高，说明其家庭经济压力一般较大，这类家庭对各种风险表现得更为敏感；社区服务机构覆盖率越高，说明对居民的社区风险意识的培养可能更到位，这些居民更能从理性的角度关注和看待社区风险问题。

3.4　人群属性

不考虑个体差异的影响，且用于完全随机取样的多个体样本均数值之间的比较，采用单因素方差分析（ANOVA），以检验性别、文化程度（学历）、家庭收入水平等因素，对公众在传统社区风险和新兴社区风险方面的关注程度是否存在显著性差异进行分析。将公众对传统社区风险或新兴社区风险的关注程度设置为因变量，再分别以性别、学历、家庭收入水平作为因子进行单因素方差分析。分析结果如表 5 所示。

表5　人群属性对传统和新兴社区风险关注度的影响

社区风险类型	人群属性	F	P-value	F crit
传统社区风险	性别	0.2724	0.6023	3.8889
	文化程度	24.8310	9.66521×10^{-15}	2.6274
	家庭收入	2.3119	0.0757	2.6274
新兴社区风险	性别	0.0059	0.9387	3.8889
	文化程度	33.2303	3.54×10^{-19}	2.6274
	家庭收入	1.2814	0.2804	2.6274

由表 5 可知，无论在传统社区风险还是新兴社区风险方面，人群性别属性和家庭收入对社区风险关注度变量作用的 P-value 值均大于 0.05 的置信水平，且 $F<F$ crit，表明不同性别人群和不同收入水平家庭对社区风险关注度并无显著性差异。以上结果说明，在传统社区风险方面，无论男性还是女性，也无论是低收入还是高收入家庭，对传统社区风险的关注度没有明显差异性。在新兴社区风险方面，也有相同的结论。

与以上结果不同，文化程度对社区风险关注度变量的影响则非常大。在传统社区风险方面，P-value$=9.66521\times10^{-15}$且 $F>F$ crit，即 P-value<0.01，表明不同

文化程度人群对传统社区风险关注度的差异达到极显著水平。在新兴社区风险方面，P-value$=3.54\times10^{-19}<0.01$ 且 $F>F$ crit，也表明不同文化程度人群对新兴社区风险关注度的差异也达到极显著水平。这是因为一些复杂的社区风险，尤其是新兴社会风险问题的识别需要一定的专业背景和知识，一般来讲，高学历的人群更具有风险感知和辨别的能力。

4 社区风险综合治理体系

社区作为城市基层的社会共同体，作为国家与社会的接口，是基层民主政治建设的演兵场。同时，社区人口之间具有共同语言、风俗和文化，由此存在密切的线下关系，并反映到线上关系。通过调查问卷发现，当怀疑有与本社区相关的风险事件发生时，有约 25% 的民众会选择利用社区微信群、QQ 群等咨询了解相关信息；在意欲组织社区居民进行某种集会或者抵制活动时，更有约 30% 的民众会选择利用微信或者 QQ 群进行动员。

因此，以社区为单位，打造以实现社区安全稳定为最终目标的传统和新兴社区风险分级三维综合治理体系具有重要意义。其中，传统对应线下、新兴对应线上，分别指所涉及的现实格局和网络格局两个层面，三维是指主体维度、环境维度和事件维度，如图 6 所示。

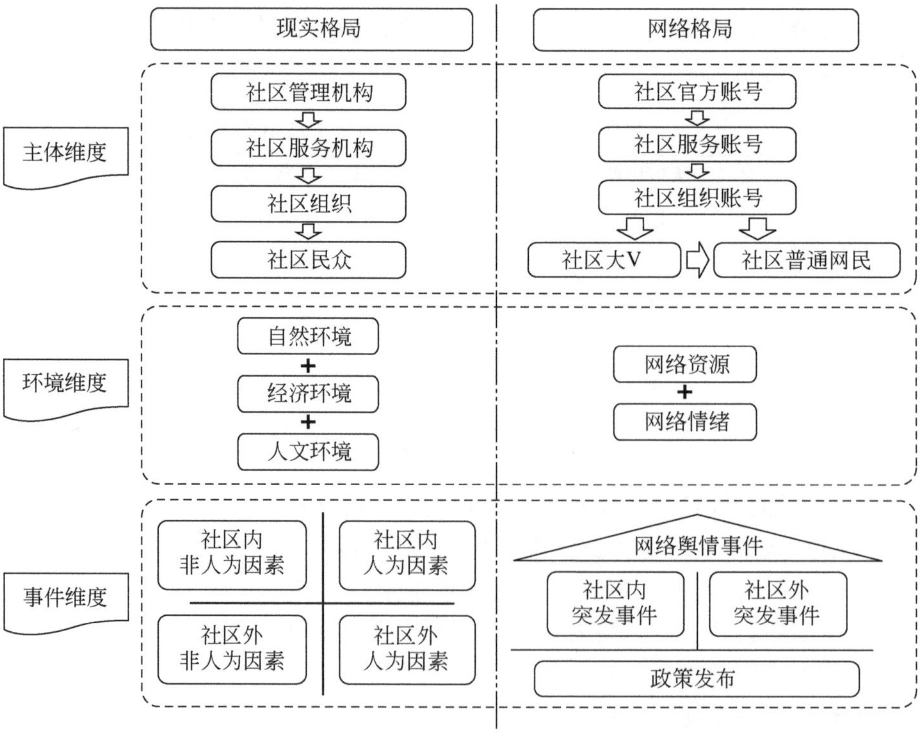

图 6 “传统 & 新兴”社区风险分级三维综合治理体系

4.1 主体维度

传统社区风险治理中（显示格局），要充分发挥现有的社区组织架构的作用，自上而下，层层关联。作为社区管理机构，应以基层民众为重心，时刻贴近民众，把握社区组成人员思想动向和利益诉求，并了解成员之间的关系网络，并了解其中存在的关系团体。

新兴社区风险治理中（网络格局），社区管理机构、社区服务机构和社区组织机构要在各个主流交互式媒体网站、论坛网站中设立自己的账号，并对社区组成人员在网络格局中的观点动态进行实时掌握，同时，了解社区成员在网络中的关系架构，尤其是针对在网络社交媒体中具有一定影响力的大V群体，要发挥好该群体的宣传作用，以辅助进行管理。

4.2 环境维度

传统社区风险治理中，环境维度涵盖自然环境、经济环境和人文环境。其中，自然环境是指社区所处的地理环境，包括气候、地形、土壤以及动植物等。经济环境涉及社区的生产力发展水平、技术经济条件、制度体系等。而人文环境则是指社区民族组成环境，具有的传统道德观念与风俗习惯，以及社区人员的整体素质、受教育情况等。

新兴社区风险治理中，主要包含网络资源和网络情绪两个方面。其中，网络资源是指社区的网络基础建设水平，如互联网普及情况，社区人员在网络社交媒体的整体影响力指数等。而网络情绪是指通过对社区人员在网络中发表的观点进行情绪化标准，进而绘制社区网络情绪地图，时刻掌握网络情绪动向。同时，根据社区情绪指数构建风险分级机制。

4.3 事件维度

传统社区风险治理中，事件维度涉及社区内发生的和社区外发生的两方面，每个方面又涵盖非人为因素和人为因素两个角度，因此共有4个象限。非人为因素主要是指发生的地震、洪水、雪灾等自然灾害，而人为因素主要是指火灾、伤人等事件。

新兴社区风险治理中，事件维度主要是指在网络社交媒体上发生的网络舆情事件，同时，以引发原因为切入点，分为突发事件引发的和政策发布引发的两个类别，而突发事件又分为社区内发生的和社区外发生的。以上这些事件所引发的社区风险均属于新兴社区风险。

5 结论

社区安全稳定是维持社会秩序的关键。本文从对比传统和信息社区风险的视角，应用调查问卷数据，对比了不同民众对传统和新兴社区风险的关注情况和认知水平。研究发现，我国民众对社区风险的关注度整体较高，其中新兴社区风险在民众中的关注度呈现出上升趋势。从关注焦点看，各类传统社区风险的关注度分布较均匀，而新兴社区风险中对社区网络诈骗、网络谣言传播等风险关注度较高；从空间分布看，我国东部地区尤其是东部沿海地区对社区风险的关注度较高，而中部和西部地区对社区风险问题的关注度较低；从人群属性看，无论性别和家庭收入水平如何，对社区风险的关注程度影响不大，而学历水平越高的人群对社区风险的关注和认知水平较高。民众对新兴社区风险的关注度越来越高，与互联网技术和自媒体客户端快速发展具有密切关系。综上，社区风险的发展趋势是传统和新兴（线下和线上）相结合，一些社区内的社会突发事件暴力对抗加剧（张永理，2018），网络助推的新兴社区风险起到了不可替代的作用。在社区风险治理中要进一步要强化和普及科技支撑手段，注重吸收国内外有益经验并且结合社区实际情况创新治理模式，从而有效提升社区防范风险、应对风险的高能力。

致谢

本文系国家自然科学基金项目（71840015、71503246、71573247、91746106）、中国科学院科技战略咨询研究院院长基金项目（Y9X1711Q01）和中国科学院发展规划局战略研究专项研究成果之一。

参考文献

葛天任，薛澜 . 2015. 社会风险与基层社区治理：问题、理念与对策 . 社会治理，（4）：37-43.

贾楠，郭旦怀，陈永强，等 . 2019. 面向社区风险防范的大数据平台理论架构设计 . 清华大学学报（自然科学版），59（2）：122-128.

刘刚 . 2013. 基于层次分析法的社区灾害风险脆弱性评价 . 兰州大学学报（社会科学版），41（4）：102-108.

宿洁，连捷，周玲，等 . 2016. 风险登记：提升我国社区风险管理效率的有效途径 . 风险灾害危机研究，（1）：77-86.

滕五晓，陈磊，万蓓蕾 . 2014. 社区安全治理模式研究——基于上海社区风险评估实践的探索 . 马克思主义与现实，（6）：70-75.

吴晓林，李咏梅 . 2016. 旧乡村里的新城区：城市“新增空间”的社区风险治理 . 北京行政学院学报，（4）：9-16.

张永理 . 2018. 中国城市社区突发事件及其应对问题研究——基于网易新闻社区报道的统计分析 . 北京航空航天大学学报（社会科学版），31（6）：37-45.

钟开斌 . 2011. 伦敦城市风险管理的主要做法与经验 . 国家行政学院学报，（5）：113-117.

Bhattamishra R，Barrett C B. 2010. Community-based risk management arrangements：A review. World Development，38（7）：923-932.

Lussier P，Gress C L Z. 2014. Community re-entry and the path toward desistance：A quasi-experimental longitudinal study of dynamic factors and community risk management of adult sex offenders. Journal of Criminal Justice，42（2）：111-122.

Tanwattana P. 2018. Systematizing Community-Based Disaster Risk Management (CBDRM): Case of urban flood-prone community in Thailand upstream area. International Journal of Disaster Risk Reduction, 28: 798-812.

作者简介

马宁 女，现为中国科学院科技战略咨询研究院助理研究员，博士。主要研究领域为社会治理、复杂网络、舆情风险等。在 *Expert Systems with Applications*、*Decision Support Systems*、*Physica A: Statistical Mechanics and its Applications*《中国管理科学》《科研管理》《管理评论》《系统工程》《系统管理学报》《情报杂志》等杂志上发表论文20余篇。

E-mail: maning@casipm.ac.cn

作者简介

董雪璠 男，现为北京交通大学经济管理学院博士后。2018年获中国科学院科技战略咨询研究院管理科学与工程博士学位。研究方向为社会治理与社会风险研究，复杂网络分析。已在国内外权威杂志发表学术论文10余篇。

E-mail: langshusheng@163.com

作者简介

廉莹 女，现为北京交通大学博士后。2018年获中国科学院科技战略咨询研究院管理学博士学位。研究方向为公共政策网络舆情预警、应对。已在国内外权威杂志发表学术论文10余篇。

E-mail: lylianying0725@126.com

自媒体舆情话题多视角研究综述

王光辉　刘　琪

摘要

自媒体网络具有即时性、开放性及“把关人”制度缺失等特点，其在传播网民对突发事件评论、态度的同时，也逐渐成为负面舆情话题传播和交锋的主阵地，这逐渐受到学者的关注和社会的重视。本研究以“自媒体舆情话题”为研究对象，通过文献调研分析，从多维度、多领域、多层面、多阶段等角度，全面梳理自媒体舆情话题识别、演化、耦合和引导的相关研究进展，以期为后续自媒体话题新趋势和新挑战研究提供借鉴。

关键词：自媒体；网络舆情；舆论话题；多视角；研究综述

1　引言

随着互联网技术的普及，网络已成为信息发布、交换和获取的重要渠道，其传播模式也从传统的集中式向分布式转换。作为当前舆情传播和扩散的主要载体，自媒体网络的舆情信息来自四面八方。在自媒体时代，“主流媒体”的声音逐渐变弱，人们不再接受被“统一的声音”告知对或错，每个人都在从独立获得的资讯中，对事物做出判断。自媒体舆情传播的超地域性、隐蔽性和复杂性，改变了传统“点到面”的传播路径，转化为“点到点”的对等传播方式，这种传播方式下的网络舆情突出表现为：舆情话题层出不穷，热度持续走高；谣言信息肆意蔓延，社会心理病态；虚拟力量现实转化，群体事件滋生。2016 年 4 · 12 魏则西事件、2017 年红黄蓝幼儿园虐童事件、2018 长春长生疫苗事件等均在微博、Facebook、Twitter 等自媒体平台引发广泛讨论，并不断滋生出诸多难以预测

［基金项目］：国家自然科学基金项目“自媒体时代的网络舆情传播机理、演化效应及引导策略研究”（71603250）；国家自然科学基金项目“全媒体政务舆情识别预警机制、传播演化机理及回应引导模式研究”（71974182）

的次生舆论话题，严重制约经济、社会的稳定与持续发展。因此，自媒体时代网络舆论话题研究逐渐引起社会学者、管理专家和政府官员的关注和重视。

2 多维度舆情话题识别研究综述

舆论话题识别研究是一项复杂的多学科系统工程，广泛涉及定性、定量和定性定量交叉等维度。首先，定性维度主要从舆情内容本身出发，将网站、论坛、微博等平台的新闻、帖子数量作为话题关注度的参考值（Griffiths and Steyvers，2004），并按其频率和时间对话题热度打分排序（He et al.，2006）。其次，定量维度更多从技术层面关注话题聚类方法的选择和优化，话题识别早期评测使用较多的聚类算法主要包括 K-means 算法和 Single-Pass 算法（Papka and Allan，2000）。随后，相关研究对比不同聚类算法在网络话题识别中的效果，并对各种算法进行改进、融合使其效果最优化（Chen and Jin，2016；Makkonen et al.，2004），优化后的算法具体包括增量层次聚类算法（Trieschnigg and Kraaij，2004）、增量 K 均值算法（Yang et al.，2000）、K 最近邻分类算法（Hong et al.，2007）等。最后，定性定量交叉维度则是以舆情发布、传播的网络结构为基础（Tian et al.，2015），利用社会网络模型的相关参数，如模块化系数、点度中心度、特征向量中心度等（Lorenz and Urbig，2007），发掘意见领袖或热点关键词（Xu et al.，2014；Choi and Han，2013）。

此外，舆情研究载体选择是话题检测研究的重要拓展，网络舆论研究载体一定程度制约着话题检测、识别的精度和准度。上述相关话题聚类识别算法或基于概率统计分布模型（Allan et al.，1998；You et al.，2004），或基于自然语言处理模型（Makkonen et al.，2004），或基于文本共现网络结构模型设计（Cheng，2011；Sathik and Rasheed，2010）。前两者主要结合文本内容相似性分析、文本传播权威度统计（Fiscus and Doddington，2002），检测传统新闻网站发布的静态集中式网络舆论话题（You et al.，2004；Hong et al.，2007）。文本共现网络结构则是自媒体时代网络舆论话题识别的主要研究载体，可以满足交互式舆论话题检测、挖掘和识别的要求（Xu et al.，2014；Li and Du，2011），相关研究以舆论文本关键词共现关系为基础，构建单层观点网络或社交网络（Cheng et al.，2011；Yang et al.，2016）。

3 多领域舆情话题演化研究综述

自媒体舆情传播演化研究注重多学科领域的交叉融合，文献调研分析显示国内外相关研究广泛涉及新闻传播、复杂网络、系统仿真等领域。

（1）新闻传播领域

舆情信息只有经新闻媒介广泛传播，才能唤起对社会问题的关注和行动。传播学派舆情演化研究多从新闻传播理论展开。首先，议程设置理论（Milo et al.，

2002）是舆情形成的传播学基础，议程关注度决定着舆情热度，持续性决定着舆情强度，转向性决定着舆情走向（高辉等，2011）。其次，在“二级传播理论”指导下（Katz，1957），新闻传播领域关注舆情传播中间信道，通过分析主流媒体和舆论领袖再传递机制，挖掘舆情传播过程（尹熙成等，2015）。最后，新闻传播学的“舆情”研究轨迹，不仅在理论上遵循既有传播规律，还强调事件的演化过程，即关注舆情形成过程（Katz，1957）、渗透规律（滕朋，2007）和利益表达（王国华等，2011）等问题。

（2）复杂网络领域

作为一种普适性的抽象方式，复杂网络可描述复杂系统个体间的关系及其群体行为（汪小帆等，2006；Milo et al.，2002）。舆情传播离不开人与人之间的交互关系，构建舆情复杂网络模型可以较好地把握其演化的拓扑结构。小世界特性（Watts，1999）和无标度特性（Albert and Barabási，2001）的研究给出复杂网络演化及其信息传递的一般规律：相关研究通过构建 Sznajd 模型分析共识形成的相变差异（Yu-Song et al.，2015），证明舆情演化具有沉默的螺旋特征等（胡隆基等，2012）；Stauffer 等学者以 KH 模型为基础，探讨舆情观点改变（Fortunato，2005）和共识演进（Stauffer and Meyer-Ortmanns，2003）等问题。此外，从复杂网络结构研究角度，探测网络社团结构相似性（Newman，2004；Pan et al.，2010）、核心社团（山玉段等，2012）、节点集合（戴爱明等，2011）等属性，对于预测舆情演化趋势具有重要意义。总之，复杂网络理论给出舆情的一般网络建模思路，而传播演化分析还需要借助网络分析方法展开，即通过社会网络（方滨兴等，2014）、动态网络（Breiger et al.，2003）、超网络（Nagurney and Dong，2002；王众托，2011）分析，实现舆情演化机理的结构化研究。

（3）系统仿真领域

系统仿真可以较真实地描述系统运行、演变及其发展过程，构建舆情演化的系统学模型，可定量分析网络舆情的形成与演化机理（刘常昱等，2007）。当前，舆情演化机理的仿真研究主要包括模型改进和交互规则设置两个方面。对于数理模型改进，相关研究从特定的舆情现象出发，探讨具有社团结构的有界信任模型、人员转移的元胞自动机模型、不完全信息下的群体决策模型等（王飞跃，2011；肖海林等，2005）；对于交互规则设置，相关研究则以经典舆论物理学模型（段建勇等，2012；Wang et al.，2015）为基础，结合个体活跃度（Grabowski，2009）、权威性（Prettejohn et al.，2013）、差异性（程寅钊等，2012）等因素的驱动作用，构建个体间的舆情交互规则。此外，舆情演化的系统仿真通常以可视化形式展现，即利用 Matlab、Swarm、Vensim、Netlogo 等多主体仿真软件对舆情传播特征（杜蓉和梁红霞，2011）、演化机理（Wang et al.，2015）、涌现规律（王飞跃，2011）等进行模拟。

4 多层面舆情话题耦合研究综述

自媒体舆情话题耦合是其演化的研究特殊形式，其研究层面相对较为丰富，既涉及舆情话题与媒体环境的耦合分析，又关注多起舆论事件的话题耦合研究。

（1）话题与环境层面

话题与话题层面的耦合研究主要关注环境影响下舆情话题的情感属性及其转变过程（Mason et al.，2007）。首先，话题情感倾向分析主要从信息科学的视角，结合规则和机器学习方法的优点（Wu et al.，2018），构建无监督模型，实现文本情感和主题的联合检测。近年来，也有部分研究开始关注舆情信息背后的网络环境（Fersini et al.，2016），即将关注关系、点赞关系用于用户层面情感分析研究的提升（Tan et al.，2011；Nozza et al.，2015），并提出情感分析模型。其次，舆情话题转变过程研究主要关注环境影响下的舆情话题情感极化及其反转规律。前者主要基于单媒体与全媒体、个体与群体、传媒与受众的互动关系梳理，分析媒体互动过程中话题的裂变性和变异性演变规律（王光辉等，2017；袁丹灿等，2015）。后者则更多基于舆情多元利益主体演化博弈关系分析，总结微观话题情感倾向反转现象（黄远和刘怡君，2016；黄远等，2015），具体涉及 V 型反转、倒 N 型反转以及 W 型反转。

（2）话题与话题层面

话题与话题层面的耦合主要研究同时期内多起网络舆论事件话题的交互演化过程。目前，该方面的研究相对较少，且主要关注特定领域的舆论耦合现象及其影响因素。首先，政治学视角的舆论耦合机理研究主要利用国内民主环境和国外外交环境等因素（Clarke et al.，2011；Risse-Kappen，1996），对多起政治选举事件的耦合进行分析。其次，传播学视角下，Schmidt（1994）等学者从媒体认知和交际的角度，对官方媒体和大众媒体的舆论碰撞、交互和耦合现象进行描述。最后，心理学视角下，学者通过对个体或群体心理因素的分析（Vallacher，2002；Gordon，1963），总结对舆论耦合起主要作用的心理特性。

5 多阶段舆情话题引导研究综述

舆情回应干预研究侧重应对过程分析，现有研究更多是针对个案的描述性分析，从制度建设、体制改革等层面，总结网络舆情危机的回应、干预或处置阶段。

（1）舆情回应阶段

舆情回应是政府部门引导社会舆情、树立舆情导向的过程，其国内外研究角度略有差别，国内相关研究更多从服务型政府角度分析舆情回应机制，国外相关研究则关注沟通型政府的舆情回应。首先，国内现有定性研究主要通过分析网络舆情多元化表达途径，建立“网络发言人”、重视“议程设置”、利用“舆论领袖”等回应策略，提出公开透明、及时有效的舆情回应制度（刘怡君等，2016；项权等，2018）。其次，国内少量定量研究主要是对政府舆情回应主体、形式和渠道进行统计，分析其与回应效果之间的关系（唐克超，2008；Wang et al.，2015），提出政府改善舆情回应效果的策略与措施。最后，国外舆情回应相关研究起步较早、体系性较强，主要从公共管理的角度，提出舆情回应的公共协商对话机制（Eirinaki et al.，2011），强调运用合理有效的沟通方式引导民众。

（2）舆情干预阶段

舆情干预机制设计是政府社会治理的重要保障，现有研究主要从政府管理和舆情控制等角度展开。首先，政府管理视角下的舆情干预研究多基于个案定性分析，在制度层面探讨应对干预策略。鉴于政府干预角色的转变，相关研究通过设计主动应对式和协商式引导策略，改进传统舆情引导模式（唐克超，2008；洪巍等，2017）；鉴于政府干预还需营造网络主流舆情强势，相关研究通过强化网民媒介素养、正面舆论领袖等，提出加强正面舆情"共鸣效果、累积效果和遍在效果"的干预机制（邓青等，2016）；鉴于"预判机制"是政府实施干预策略的保障，相关研究运用技术手段对舆情信息进行分析预测，并结合研判阈值设置，有计划地采取引导干预策略（唐克超，2008；谌楠和王恒山，2012）。其次，复杂系统拓扑结构的调整可使其具有期望行为，这逐渐成为舆情干预研究的新方向，现有干预应对策略包括牵制控制和蜂拥控制（Zhang et al.，2014；Reynolds，1987；王治莹和李勇建，2017）。牵制控制是指通过对舆情网络少部分节点施加控制，使整个网络具有期望特征，具体控制模型包括 Vicsek 模型、墨西哥波模型等（Zhang et al.，2014；Farkas et al.，2003）；蜂拥控制则是通过保持某种系统结构从而涌现特定舆情行为的引导策略（Reynolds，1987），其中 Boids 模型认为个体遵循分离、聚合和匹配三种邻居状态，通过在系统中加入异质个体"间谍鸟"，可拉回"最差"位置上的"普通鸟"。

（3）舆情处置阶段

处置模式分析是舆情应对的重要出口，在一定程度上决定着舆情的应对效果。根据舆情处置的作用实效不同，相关研究可归纳为短期处置和长期调控模式设计；根据舆情处置的手段方式不同，相关研究可划分为强制性处置和非强制性处置模式分析。舆情短期处置研究主要关注舆论"守门人"、网络编辑和论坛管理员的把关和导航工作，具体包括技术监控、跟踪、过滤、审计（胡珑瑛和董靖巍，2016；杜蓉和梁红霞，2011）。舆情长期调控研究主要关注舆情应对的网络立法、伦理道德建设等，提出加强网民媒介素养教育、强化传播法规建设等策略（项权等，2018）。舆情强制性处置研究主要应用社会网络、动态网络、超网络等模型，对舆情敏感信息和关键人物予以识别，并提出查封、删除、屏蔽反动言论等策略（刘常昱等，2007；Wang et al.，2015）。舆情非强制性处置研究主要关注"议程设置"功能和"舆论领袖"培养（刘怡君等，2016），分析政府利用自身政治、信息优势影响舆情的模式。

6 结论

自媒体的快速发展使其日益成为舆情话题生成、传播和交锋的主阵地。科学开展突发事件自媒体舆情话题研究可以及时挖掘民众心声和网络负面观点，对营造良好的网络环境具有重要意义。本研究以“自媒体舆情话题”为研究对象，从多维度、多领域、多层面、多阶段等角度，全面总结自媒体舆情话题识别、演化、耦合和引导的相关研究进展，梳理不同视角自媒体舆情话题研究的内在逻辑及其交互关系，以期为自媒体舆情话题新趋势和新挑战的后续研究提供借鉴，也为突发事件公共舆情治理研究提供多维视角。

参考文献

程寅钊，徐涛，彭勤科，等 . 2012. 具有社团和个体差异性的舆论传播动力学分析 . 系统工程学报，27（4）：431-438.

戴爱明，高学东，王立敏 . 2011. 一个基于中心度的社团结构发现新算法 . 计算机应用研究，28（8）：2909-2911.

邓青，刘艺，马亚萍，等 . 2016. 基于元胞自动机的网络信息传播和舆情干预机制研究 . 管理评论，28（8）：106-114.

杜蓉，梁红霞 . 2011. 公共危机事件中政府对网络舆论的引导仿真 . 情报杂志，30（11）：61-66.

段建勇，谢宇超，张梅 . 2012. 基于句法语义的网络舆论情感倾向性评价技术研究 . 情报杂志，31（1）：147-150.

方滨兴，许进，齐建华，等 . 2014. 在线社交网络分析 . 北京：电子工业出版社 .

高辉，王沙沙，傅彦 . 2011. Web 舆情的长期趋势预测方法 . 电子科技大学学报，40（3）：440-445.

洪巍，李青，吴林海 . 2017. 考虑信息真伪的食品安全网络舆情传播仿真与管理对策研究 . 系统工程理论与实践，37（12）：3253-3269.

胡珑瑛，董靖巍 . 2016. 网络舆情演进过程参与主体策略行为仿真和政府引导 . 中国软科学，（10）：50-61.

胡隆基，密启慧，许晶 . 2012. 基于多智能体模型的微博舆论形成研究 . 情报杂志，31（8）：21-26.

黄远，刘怡君 . 2016. 网络舆论反转效应研究 . 管理评论，28（8）：71-78.

黄远，沈乾，刘怡君 . 2015. 微博舆论场：突发事件舆情演化分析的新视角 . 系统工程理论与实践，35（10）：2564-2572.

刘常昱，胡晓峰，司光亚，等 . 2007. 舆论涌现模型研究 . 复杂系统与复杂性科学，4（1）：22-27.

刘怡君，陈思佳，黄远，等 . 2016. 重大生产安全事故的网络舆情传播分析及其政策建议——以“8 · 12 天津港爆炸事故”为例 . 管理评论，28（3）：221-229.

山玉段，徐勇，安利平 . 2012. 一种复杂网络中社团划分的新算法 . 系统工程，30（2）：120-123.

唐克超 . 2008. 网络舆论对国家安全影响问题探析 . 中国软科学，6：56-62.

滕朋 . 2007. 从组织传播到大众传播——我国突发事件传播模式研究 . 武汉：华中科技大学博士学位论文 .

汪小帆，李翔，陈关荣 . 2006. 复杂网络理论及其应用 . 北京：清华大学出版社 .

王飞跃 . 2011. 基于社会计算和平行系统的动态网民群体研究 . 上海理工大学学报，33（1）：8-17.

王光辉，刘怡君，迟钰雪 . 2017. 舆论危机的异化极化效应研究 . 管理科学学报，20（3）：148-160.

王国华，方付建，陈强 . 2011. 网络谣言传导：过程、动因与根源——以地震谣言为例 . 北京理工大学学报（社会科学版），13（2）：112-116.

王治莹，李勇建 . 2017. 政府干预下突发事件舆情传播规律与控制决策 . 管理科学学报，（2）：43-52.

王众托 . 2011. 关于超网络的一点思考 . 上海理工大学学报，3：11-15.

项权，于同洋，肖人彬 . 2018. 突发事件网络舆情演化与干预 . 计算机应用，（S2）：97-102.

肖海林，邓敏艺，孔令江，等 . 2005. 元胞自动机舆论模型中人员移动对传播的影响 . 系统工程学报，20（3）：225-231.

尹熙成，朱恒民，马静，等 . 2015. 微博舆情话题传播的耦合网络模型——分析话题衍生性特征与用户阅读心理 . 情报理论与实践，38（11）：82-86.

袁丹灿，段耀勇，兰月新，等 . 2015. 三种群网络舆论空间生态研究 . 情报杂志，（7）：153-160.

谌楠，王恒山 . 2012. 网络舆情政府干预最佳点选择的研究 . 现代图书情报技术，28（3）：53-58.

Albert R，Barabási A L. 2001. Statistical mechanics of complex networks. Reviews of Modern Physics，74（1）：47-97.

Allan J，Carbonell J，Doddington G，et al. 1998. Topic detection and tracking pilot study final report. Darpa Broadcast News Transcription & Understanding Workshop. 1998：194-218.

Breiger R，Carley K M. 2003. Pattison P. Dynamic Social Network Modeling and Analysis：Workshop Summary and Papers. Committee on Human Factors，Board on Behavioral，Cognitive，and Sensory Sciences. Washington，DC：National Academy Press.

Chen S，Jin Z. 2016. Weibo topic detection based on improved TF-IDF algorithm. Science & Technology Review，34（2）：282-286.

Cheng J J，Liu Y，Cheng H，et al. 2011. Growth trends prediction of online forum topics based on artificial neural networks. Journal of Convergence Information Technology，6（10）：87-95.

Choi S M，Han Y S . 2013. Representative reviewers for Internet social media. Expert Systems with Applications，40（4）：1274-1282.

Clarke H，Sanders D，Stewart M，et al. 2011. Valence Politics and Electoral Choice in Britain，2010. Journal of Elections，Public Opinion & Parties，21（2）：237-253.

Eirinaki M，Pisal S，Singh J. 2011. Feature-based opinion mining and ranking. Journal of Computer and System Sciences，78（4）：1175-1184.

Farkas I，Helbing D，Vicsek T. 2003. Human waves in stadiums. Physica A：Statistical Mechanics and its Applications，330（1）：18-24.

Fersini E，Pozzi F A，Messina E. 2016. Approval network：a novel approach for sentiment analysis in social networks. World Wide Web-internet & Web Information Systems，20（4）：1-24.

Fiscus J G，Doddington G R. 2002. Topic detection and tracking evaluation overview// Topic Detection and Tracking. Springer US，12：17-31.

Fortunato S. 2005. Damage Spreading and Opinion Dynamics on Scale Free Networks. Physica A，348：683-690.

Gordon S D . 1963. Attitudes towards Trusts prior to the Sherman Act. Southern Economic Journal，

30 (2): 156-167.

Grabowski A. 2009. Opinion formation in a social network: The role of humanactivity. Physica A: Statistical Mechanics and its Applications, 388 (6): 961-966.

Griffiths T L, Steyvers M. 2004. Finding scientific topics. Proc. National Academy of Sciences, 101 (1): 5228-5235.

Hong Y, Zhang Y, Liu T, et al. 2007. Topic Detection and Tracking Review. Journal of Chinese Information Processing, 21 (6): 71-87.

He T, Qu G, Li S, et al. 2006. Semi-automatic Hot Event Detection. // Advanced Data Mining & Applications, Second International Conference, Adma, Xian, China, August. DBLP.

Katz E. 1957. The two-step flow of communication: An up-to-date report on ahypothesis. Public Opinion Quarterly, 21 (1): 61-78.

Li F, Du T C . 2011. Who is talking? An ontology-based opinion leader identification framework for word-of-mouth marketing in online social blogs. Decision Support Systems, 51 (1): 190-197.

Lorenz J, Urbig D. 2007. About the power to enforce and prevent consensus by manipulating communication rules. Advances in Complex Systems, 10 (02): 251-269.

Makkonen J, Ahonen-Myka H, Salmenkivi M . 2004. Simple Semantics in Topic Detection and Tracking. Information Retrieval, 7 (3-4): 347-368.

Mason W A, Conrey F R, Smith E R . 2007. Situating Social Influence Processes: Dynamic, Multidirectional Flows of Influence Within Social Networks. Personality & Social Psychology Review An Official Journal of the Society for Personality & Social Psychology Inc, 11 (3): 279-300.

Milo R, Shen-Orr S N, Itzkovitz S, et al. 2002. Network motifs: Simple building blocks of complex networks. Science, 298 (5594): 824-827.

Nagurney A, Dong J. 2002. Supernetworks: Decision-Making for the Information Age. Cheltenham: Edward Elgar Publishing.

Newman M E. 2004. Detecting community structure innetworks. The European Physical Journal B-Condensed Matter and Complex Systems, 38 (2): 321-330.

Nozza D, Maccagnola D, Guigue V, et al. 2015. A Latent Representation Model for Sentiment Analysis in Heterogeneous Social Networks//Canal C, Idani A. International Conference on Softwave Engineering and Formal Methods. Cham: Springer.

Pan Y, Li D H, Liu J G, et al. 2010. Detecting community structure in complex networks via nodesimilarity. Physica A: Statistical Mechanics and its Applications, 389 (14): 2849-2857.

Papka R, Allan J . 2000. Topic Detection and Tracking: Event Clustering as a Basis for First Story Detection. Information Retrieval, 7: 97-126.

Papka R, Croft W B, Barto A G, et al. 1999. On-Line New Event Detection, Clustering, And Tracking// International Acm Sigir Conference on Research & Development in Information Retrieval.

Prettejohn B J, Berryman M J, McDonnell M D. 2013. A model of the effects of authority on consensus formation in adaptive networks: Impact on network topology and robustness. Physica A: Statistical Mechanics and its Applications, 392 (4): 857-868.

Reynolds C. 1987. Flocks, birds, and schools: a distributed behavioralmodel. Computer Graphics, 21: 25-34.

Risse-Kappen T. 1996. Exploring the Nature of the Beast: International Relations Theory and Comparative Policy Analysis Meet the European Union. Jcms Journal of Common Market Studies,

34 (1): 53-80.

Sathik M M, Rasheed A A. 2010. Discovering communities in social networks through mutual accessibility. International Journal on Computer Science & Engineering, 2 (4): 1159-1164.

Schmidt S J. 1994. Media: The coupling of cognition and communication. Poetics, 1994, 22 (6): 497-507.

Stauffer D, Meyer-Ortmanns H. 2003. Simulation of Consensus Model of Deffuant et al on a Barabasi-Albert Network. International Journal of Modern Physics C, 333 (1-4): 505-515.

Tian R Y, Zhang X F, Liu Y J. 2015. SSIC model: A multi-layer model for intervention of online rumors spreading. Physica A: Statistical Mechanics and its Applications, 427: 181-191.

Trieschnigg D, Kraaij W. 2004. TNO hierarchical topic detection report at TDT 2004. Topic Detection & Tracking Workshop Report.

Vallacher R R, Read S J, Nowak A. 2002. The Dynamical Perspective in Personality and Social Psychology. Personality and Social Psychology Review, 6 (4): 264-273.

Wang G H, Liu Y J, Li J M, et al. 2015. Superedge Coupling Algorithm and its Application in Coupling Mechanism Analysis of Online Public Opinion Supernetwork. Expert Systems With Applications, 42 (5): 2808-2823.

Watts D J. 1999. Small worlds: The dynamics of networks between order andrandomness. Princeton University Press.

Wu C, Wu F, Wu S, et al. 2018. A Hybrid Unsupervised Method for Aspect Term and Opinion TargetExtraction. Knowledge-Based Systems: S0950705118300273.

Xu W W, Sang Y, Blasiola S, et al. 2014. Predicting opinion leaders in Twitter activism networks: the case of the Wisconsin Recall Election. American Behavioral Scientist, 58 (10): 1278-1293.

Yang L, Lin H, Lin Y, et al. 2016. Detection and Extraction of Hot Topics on ChineseMicroblogs. Cognitive Computation, 8 (4): 1-10.

Yang Y, Carbonell J G, Brown R D, et al. 2000. Learning approaches for detecting and tracking news events. IEEE Intelligent Systems, 14 (4): 32-43.

You L, Du Y, Ge J, et al. 2004. BBS based hot topic retrieval using back-propagation neural network// International Joint Conference on Natural Language Processing. Springer-Verlag: 139-148.

Yu-Song T, Sousa A O, Ling-Jiang K, et al. 2015. Sznajd model with synchronous updating on complex networks. International Journal of Modern Physics C, 16 (7): 1149-1161.

Yun-Han. C, Michael B, Marta C C, et al. 2008. Public Opinion and Democratic Legitimacy. Journal of Democracy, 19 (2): 74-87.

Zhang H T, Chen Z, Vicsek T, et al. 2014. Route-dependent switch between hierarchical and egalitarian strategies in pigeon flocks. Scientific reports, 4: 5805.

作者简介

王光辉　男，现为中国科学院科技战略咨询研究院创新岗位副研究员。2015年获得中国科学院科技政策与管理科学研究所管理科学与工程博士学位。研究方向为舆情与风险管理、大数据分析、区域经济等。在国内外权威期刊发表学术论文38篇，主持国家自然科学基金面上项目、青年项目、应急项目、国家重点研发计划子课题、统一战线高端智库项目、北京市科技计划课题等20余项课题。

E-mail：wangguanghui@ casisd. cn

作者简介

刘琪　男，九三学社社员。现为山东省东营市垦利区发展与改革局项目推进中心建设管理科副主任。2011年获英国利物浦大学运营与供应链管理硕士学位。研究方向为产业项目规划、服务业发展、县域经济。参与山东省生产服务业布局规划、垦利区“十三五”发展规划等项目。

“环保督察”相关网络舆论观点分析及舆情应对研究

廉　莹　董雪播

摘要

党的十八大以来，党中央把生态文明建设摆在治国理政的突出位置，开展了一系列根本性、开创性、长远性工作。“环保督察”实施以来，受到百姓的广泛好评，扭转了我国生态环境保护的状况。随着新媒体的发展，有关“环保督察”的网络话题一直是舆论关注的焦点。本文通过收集“环保督察”相关网络话题，从舆情发展态势、舆情观点聚类及网民心理分析方面定量化的解析舆情形成及演化规律。并且从舆情应对的角度提出相应的治理建议。

关键词：环保督察；网络舆论；舆情应对

1　引言

随着我国经济发展的持续发力，GDP屡创新高，城市建设日新月异，人民生活水平也得到了极大提升。但就在我们物质生活日渐丰富的同时，环境污染问题却日趋严重，环保问题也因此成为人民群众最为关心的热点问题之一。

党的十八大以来，党中央部署开展环境保护督察，坚持问题导向，敢于动真碰硬，用督察“利剑”守护好祖国的绿水青山。根据新华网报道，截至2018年5月份，督察组共问责党政领导干部1.8万多人，受理群众环境举报13.5万件，直接推动解决群众身边的环境问题8万多个。然而，在“环保督察”取得诸多成效同时，网络中对于也出现了一些质疑的声音。“环保督察影响了经济发展”“散乱污企业认同感”等不良舆情开始出现，给舆论造成了不良影响。网络舆情风险已经成为当前我国社会中一个新兴的风险点。2016年4月19日，习近平同志主持召开网络安全和信息化工作座谈会并发表重要讲话，对推进我国网络安全和信息化事业作出全面部署。他特别指出：“网络空间是亿万民众共同的精神家园。网络空间天朗气清、生态良好，符合人民利益。网络空间乌烟瘴气、生态恶化，不符合人民利益”。正确理清有关“环保督察”的网络舆论观点传播情况，全面掌握社会各方利益出发点及态度反应，并且针对负面影响及舆论治理提出政策建议具有重要意义。

目前从网络舆情的视角研究环保问题主要集中在环境类突发事件的舆情传播机理研究，包括对系列 PX 事件网络舆情传播扩散分析（虞铭明和朱德米，2015；卓四清等，2016；伍玲，2014），以及环境类群体性事件舆情应对建议等（刘冰玉和凌昊莹，2012；彭小兵和邹晓韵，2017）。专门针对环保督察话题的网络舆情研究还比较少，包括环保督察网络舆论引导研究等。一些学者基于党报平台，从“中央环保督察”舆论宣传的角度探讨如何提升其舆论引导能力（瞿琦和巩英洲，2018；舒平和吴秋华，2018）。苏洁琼等（2018）对国内新闻报道及微博内容进行数据分析，从网民情感的角度研究环保督察执法对经济社会影响的舆情。本文借助新媒体信息平台，从舆情态势演化、舆情观点聚类、舆情心理分布三个方面对“环保督察”相关的网络舆论观点进行全面研究分析，获取舆论民意，同时给出相应的舆情应对措施。

2 研究框架及数据准备

本文以“环保督察相关网络舆情”为研究对象，主要关注舆情态势演化、舆情观点聚类、舆情心理分布三个大部分（图 1）。其中舆情态势演化主要包括从话题的时间发展态势以及关键人物的信息传播分析；舆情观点聚类主要包括重点舆情信息的梳理以及焦点传播内容解析；舆情心理分布主要分析舆情传播过程中网民群体的类型分布，探究不同类型网民的心理驱动。基于以上三方面的分析，从舆情治理的角度给出相应的政策建议。

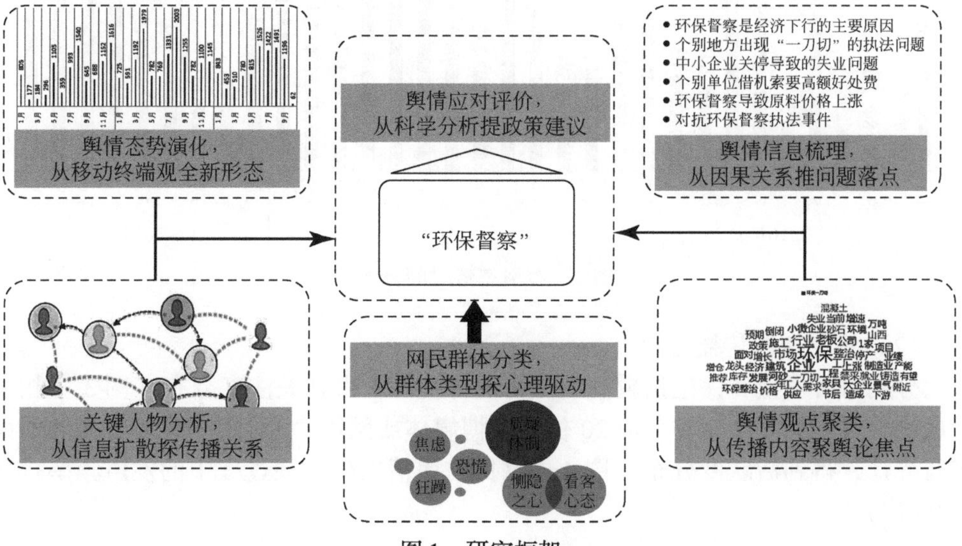

图1 研究框架

本文的数据来源主要包括主流搜索引擎“百度”以及自媒体社交平台“新浪微博”。前者主要获取各大媒体发表的与话题有关的舆论观点，后者主要是关注广大网民针对“环保督察”等发表的观点及态度。同时，新浪微博可以提供不同主体信息之间的转发关系，从中我们可以得到信息传播的路径。

3 舆情传播态势

（1）舆情传播时间态势

自媒体具有传播速度快，自由度高，影响范围大等特点。本节利用“新浪微博”自媒体平台，获取以“#环保督察#”为关键词的相关话题，数据容量为2016年1月至2018年10月，共计约3万条。从舆情时间态势传播角度，分别绘制年度、季度、月度舆情传播态势图（图2）。

- 从年度舆情态势分布来看，有关“环保督察”的相关话题量从2016年起整体呈上升趋势。由于2018年数据未完全统计，比较三年前三个季度的数据来看，2017年话题讨论量高于2016年和2018年。
- 从季度舆情态势分布来看，2016~2018年三年中，第三季度“环保督察”的话题度普遍偏高。
- 从月度舆情态势分布来看，2017年4月份话题热度较高。从同年的各月数据来看，8月份为舆情高峰期。相关部门可根据历史上的舆情态势规律，展开相应舆情监督和应对工作。

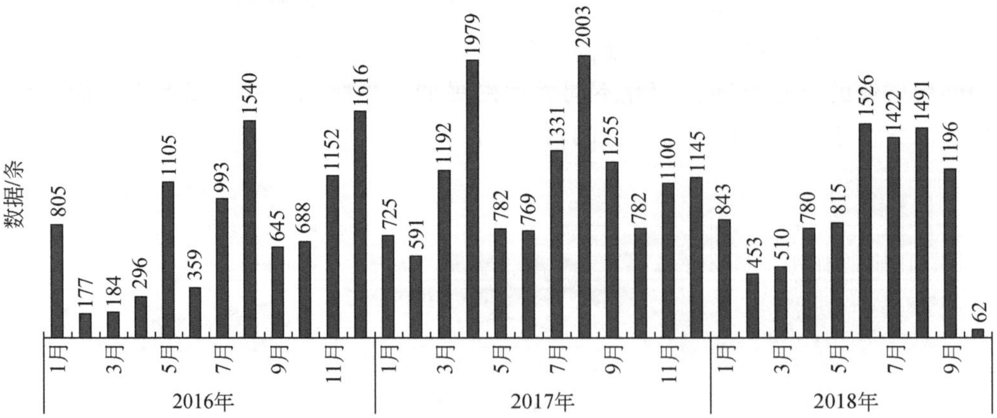

图2 舆情态势时间分布

（2）焦点微博传播态势

分别对转发量和评论量较高的微博进行统计，得到关注度分布（图3中相关话题的转发量和评论量排名前20位的微博媒体或网民）。对发帖频率较高的网民进行统计，得到活跃度分布（图4中网民在舆情发生发展过程中的发声频率排名前20位）。

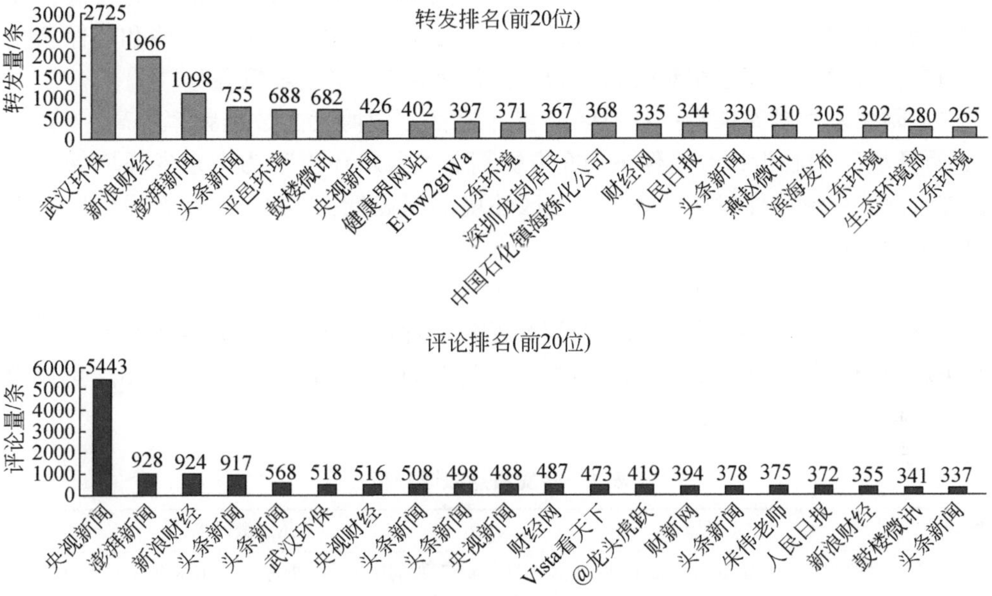

图3 转发量和评论量排名统计图

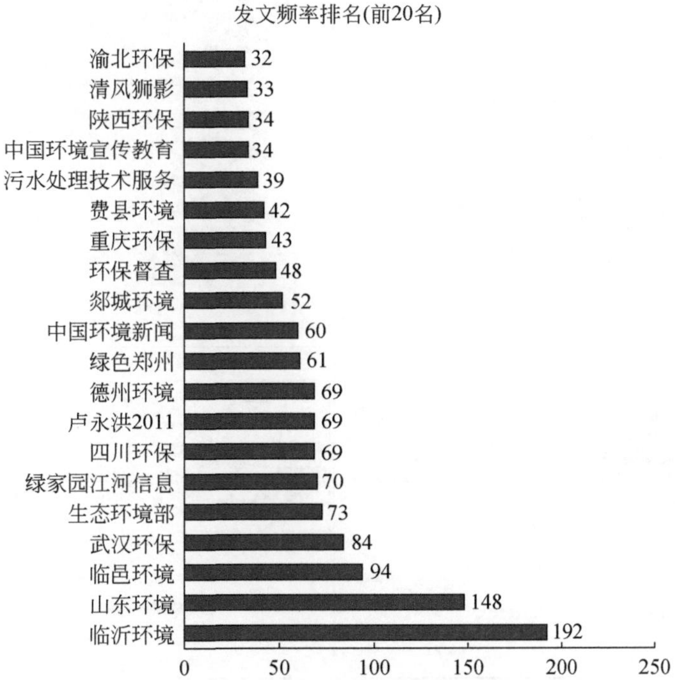

图4 发文频率排名统计图

关注度对比：从转发量和评论量排名来看，官方微博影响力较草根占上风。转发量排名前20位中，只出现一名微博草根。评论量排名前20位中也只出现了两名微博草根。

影响力对比：媒体的传播力度较大，其中权威媒体的评论量相对较高，如“央视新闻”“头条新闻”“央视财经”“人民日报”等。同时，一些和环保相关的用户，转发评论度也相对较高，如“武汉环保”“平邑环境等”。

从网民发文频率来看：各地区环境部门官方微博发文数据频率较高。其中，“临沂环境”为临沂市环境保护局官方微博，“山东环境”为山东省环境保护厅官方微博。主流媒体发文频率较各地区环境部门偏低，“大 V”及普通网民发文频率也普遍偏低。

（3）关键信息转发分析

依据“环保督察”相关数据根据转发量、评论量排序，选取 4 条具有代表性的焦点微博。焦点微博 1、焦点微博 2 的具体信息列于表 1，焦点微博 3、焦点微博 4 的具体信息列于表 2。

表 1 转发焦点微博分析

序号	焦点微博 1	焦点微博 2
传播情况	新浪微博用户“头条新闻”2016 年 12 月 4 日发表博文，获转发量 755 次，评论 917 条	新浪微博用户“山东环境”2018 年 4 月 4 日发表博文，获转发量 83 次，评论 13 条
微博内容	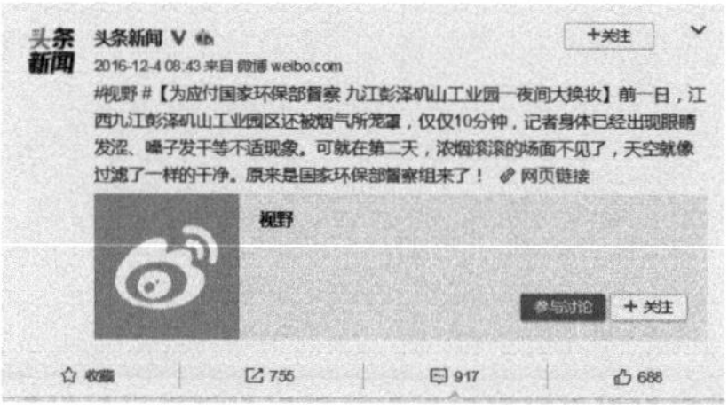 头条新闻 V 2016-12-4 08:43 来自 微博 weibo.com #视野#【为应付国家环保部督察 九江彭泽矶山工业园一夜间大换妆】前一日，江西九江彭泽矶山工业园区还被烟气所笼罩，仅仅10分钟，记者身体已经出现眼睛发涩、嗓子发干等不适现象。可就在第二天，浓烟滚滚的场面不见了，天空就像过滤了一样的干净。原来是国家环保部督察组来了！ 网页链接 视野 参与讨论 + 关注 收藏 755 917 688	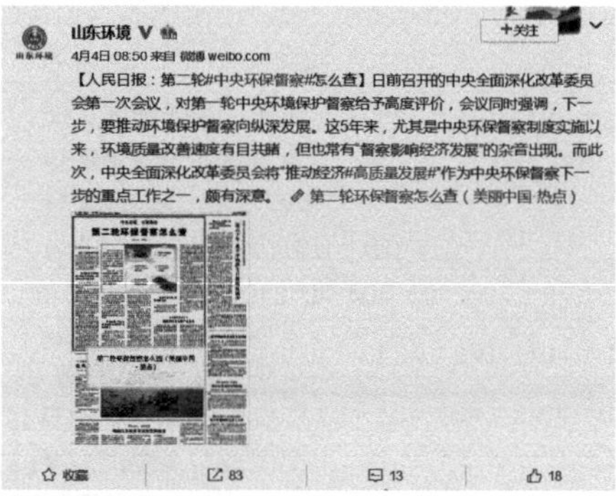 山东环境 V 4月4日 08:50 来自 微博 weibo.com 【人民日报：第二轮#中央环保督察#怎么查】日前召开的中央全面深化改革委员会第一次会议，对第一轮中央环境保护督察给予高度评价，会议同时强调，下一步，要推动环境保护督察向纵深发展。这5年来，尤其是中央环保督察制度实施以来，环境质量改善速度有目共睹，但也常有"督察影响经济发展"的杂音出现。而此次，中央全面深化改革委员会将"推动经济#高质量发展#"作为中央环保督察下一步的重点工作之一，颇有深意。 第二轮环保督察怎么查（美丽中国·热点） 收藏 83 13 18
转发网络	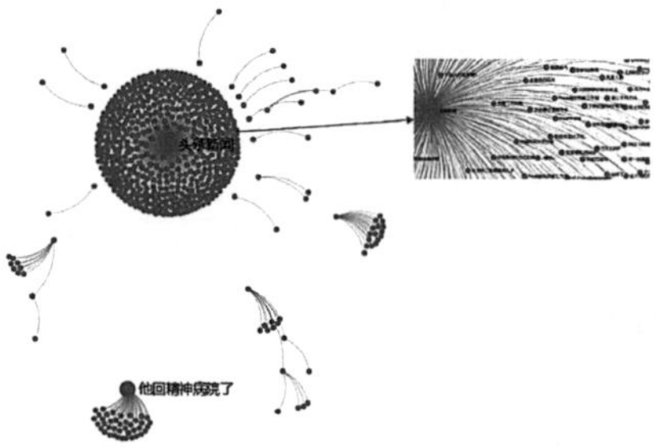	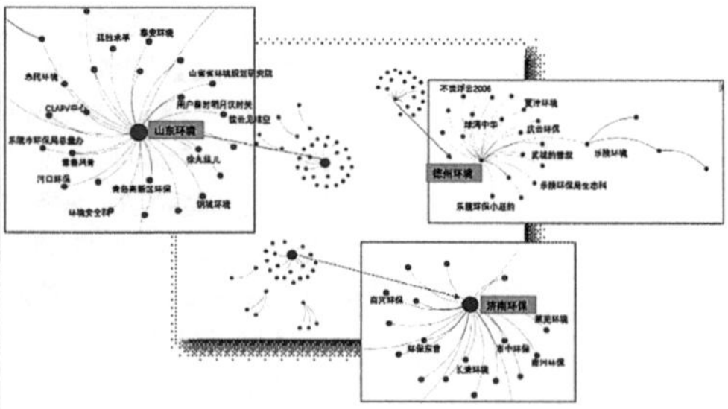

表 2 评论焦点微博分析

序号	焦点微博 3	焦点微博 4
传播情况	新浪微博用户“中国新闻网”2018 年 10 月 18 日发表博文，获转发量 307 次，评论 279 条	新浪微博用户“朱伟老师”2018 年 7 月 17 日发表博文，获转发量 59 次，评论 375 条

续表

<table>
<tr><th>序号</th><th>焦点微博 3</th><th>焦点微博 4</th></tr>
<tr><td>微博内容</td><td>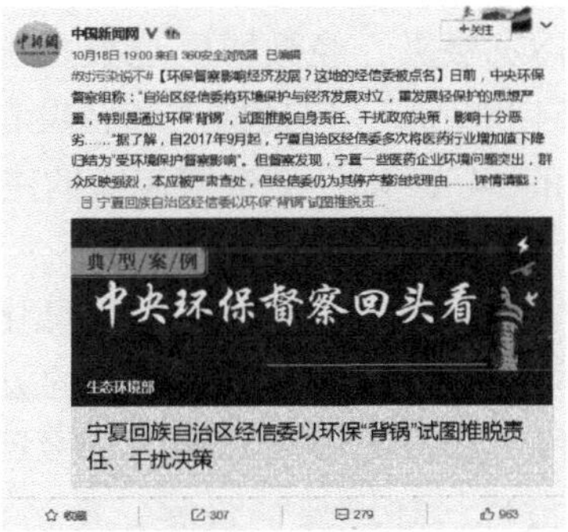
</td><td>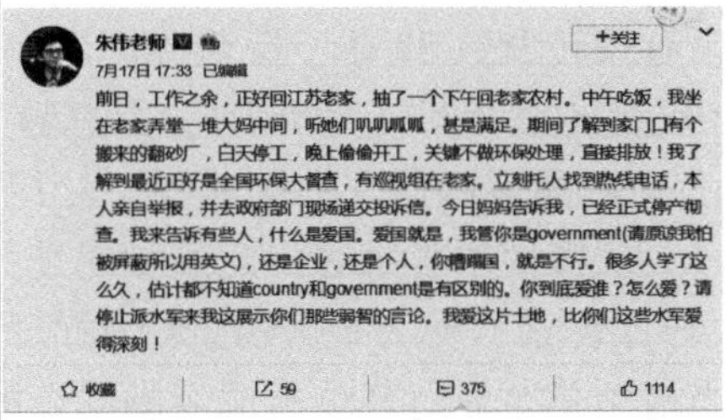
</td></tr>
<tr><td>部分评论内容</td><td>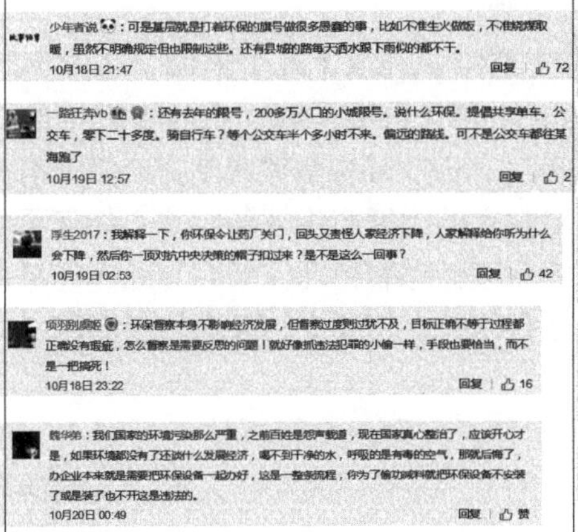
</td><td>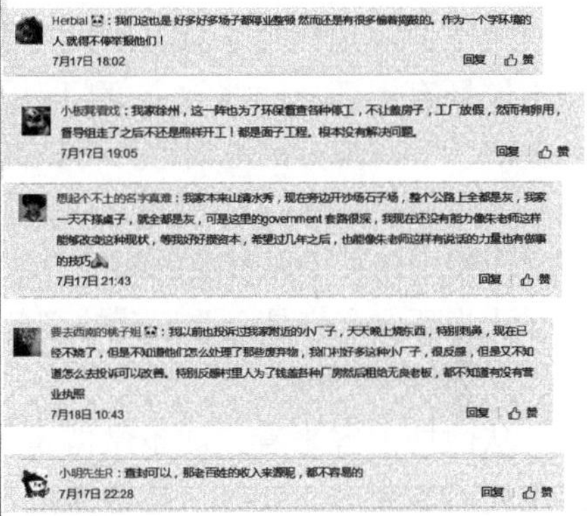
</td></tr>
</table>

● **焦点微博 1：**

从微博内容来看，此次事件属于个别单位和企业为应对环保督察实行的“你来我停，你走我生产”的应对套路。据相关记者走访报道，2016 年 11 月 19 日还是充满令人窒息臭气的工业园区，11 月 20 日便机器停转、轰隆隆的声音消失得无影无踪，浓烟滚滚的场面不见了，烟雾也没了。采访园区工人，解释道“明天有检查的，后天这些设备会安回来”，果然 24 日，记者再次进入园区，又重现浓烟滚滚、气味难闻的景象。

从微博传播路径来看，最大转发层级为 4 层，覆盖的粉丝人数为 74 909 114 人（包括博主和转发者的粉丝）。关键转发点粉丝数达百万级，如“他回精神病院了”微博橙 V 认证网友拥有 7 862 838 个粉丝，转发此条微博带动 42 个二次转发。

● **焦点微博 2：**

“山东环境”账号隶属于山东省生态环境官方微博，从微博内容来看，此条微博对“人民日报”关于“第二轮中央环保督察怎么察”的报道进行转发和解读。指出第一轮“环保督察”全覆盖推动环境质量改善，取得的成绩有目共睹。但是“环保督察影响经济”的杂音也在网络中出现，因此，推动“经济高质量发展”将成为中央环保督察下一步的重点工作。

从微博传播路径来看，共形成4个转发层级，经微博反垃圾系统处理后，剩余有效转发数82条，覆盖微博用户3 054 837人（包括博主和转发者的粉丝。第2层级转发者共转发45次，占总转发数的54.88%，是微博传播的主要力量。

- **焦点微博3：**

从微博内容来看，此条微博是关于宁夏回族自治区经济与信息化委员会以将“环保督察”作为地区药企增加值下降的主要原因，以甩锅环保的方式试图推卸当地医药企业对环境造成污染应负的责任。2017年9月以来，宁夏回族自治区经济与信息化委员会多次向自治区政府汇报称，环境保护督察、重污染天气应对、错峰生产等工作严重影响经济发展，将生态环境保护视作经济增长的负担，将发展与保护对立起来，与中央要求背道而驰。

从微博评论信息来看，网民观点主要集中在以下几个方面：①对部分基层单位工作怀有不满，一些地方部门为了应对环保督察采取一系列极端手段，影响民众生活。②对地方的甩锅行为持认同态度，鼓吹环保督察是地方经济下滑的重要原因。③对环保督察持肯定态度，但是对督察的力度产生怀疑，关心如何更加有效的督察，使用何种手段督察的问题。④客观理性地看待环保督察与地方经济的正确关系，认为环保合格是企业运营的必备条件之一，坚决支持环保督察取得的成绩。

- **焦点微博4：**

从微博内容来看，此条微博是关于环保问题民众投诉情况的博文。由于微博博主粉丝数超过200万，是微博橙V用户，属于“大V”人物，其微博具有一定的影响力，易引发网络围观和讨论。

从微博的评论信息来看，网友的观点主要集中在三个方面开展讨论：①诉说举报经历，大多数成效不好；②反映一些中小企业面子工程严重；③对中小企业关停后失业等问题的担心。从以上三个方面可以看出，当前，环保已经深入人心，一部分民众对于脏乱差企业已进行积极举报，但是效果还不理想，举报通道相对模糊。

4 舆情观点聚类

（1）话题高频词分析

对新浪微博中以“#环保督察#”为关键词的相关话题进行切词处理，共切出基础词汇数约10万个，将词频排名前100的关键词列于表3中。

从关键词整体切词结果来看，“整改”“开展”“推进”“召开”“通报”等词具有较高频次。反映了环保督察的力度大小、落实推进以及督察方向成为关注重点。“督查”“督察”两个词分别出现90 869次和45 037次，前者略多。通过将这两个词出现的微博进行扫描发现，部分媒体、企业、个人的账号中出现使用

"环保督查"较多的情况。权威媒体、官方账号均使用"环保督察"。"大气污染""蓝天""水源地""饮用水""天气""垃圾""秸秆"等词出现较高频次，尤其是与空气质量相关的关键词。在前100个高频词统计中，还包含一些地区词语，如"河北""京津冀""山东"均具有较高频次。

表3 话题高频词统计

序号	关键词	词频	关键词	词频	关键词	词频	关键词	词频	关键词	词频
1	环保	141 066	行动	10 643	散乱	4 906	部署	4 088	排放	3 204
2	督查	90 869	现场	10 242	项目	4 905	启动	4 087	举报	3 116
3	督察	45 037	治理	8 984	污	4 898	监管	4 033	饮用水	3 045
4	工作	43 600	部门	8 389	违法	4 894	中心	4 003	经济	2 922
5	问题	42 891	进驻	8 004	行业	4 878	群众	3 993	针对	2 801
6	企业	41 854	交办	7 837	蓝天	4 689	国家	3 991	周边	2 739
7	中央	39 027	生产	7 508	负责人	4 544	区域	3 945	时间	2 694
8	环保部	36 258	河北	7 162	水源地	4 539	任务	3 933	全国	2 665
9	整改	35 853	推进	6 919	发布	4 533	管理	3 924	关停	2 662
10	督察组	29 475	召开	6 806	力度	4 468	按照	3 906	严重	2 571
11	督查组	23 600	案件	6 510	影响	4 458	督办	3 879	天气	2 565
12	环境保护	21 093	生态环境	6 478	政府	4 416	新闻	3 822	督导	2 552
13	检查	17 212	生态	6 385	组织	4 363	保卫战	3 814	重点	2 542
14	开展	15 515	通报	6 076	价格	4 345	发展	3 796	以及	2 529
15	落实	15 123	设施	5 951	安全	4 310	领导	3 721	问责	2 527
16	强化	14 990	建设	5 867	持续	4 306	山东	3 678	了解	2 518
17	专项	14 033	单位	5 538	措施	4 305	扬尘	3 509	曝光	2 509
18	整治	13 088	城市	5 504	处理	4 292	垃圾	3 383	博文	2 500
19	大气污染	12 651	京津冀	5 501	市场	4 223	停产	3 369	反馈	2 480
20	防治	11 349	回头	5 127	公司	4 220	方案	3 339	秸秆	2 479

（2）主流媒体舆论观点

从开展环境保护督察以来，舆论场中各种声音不断，其中有关"环保督察对中国经济产生的影响"的话题层出不穷，引发广泛关注。利用"百度"搜索引擎，检索到相关话题量约9 070 000篇，其中主流媒体纷纷就此主体发声，表明"环保督察影响经济是伪命题"的立场（图5）。

1）各大主流媒体立场基本一致，认为："环保督察影响经济"是个伪命题，其的目的在于整治污染的企业，让好的企业有更大的发展空间，有利于经济发展的高质量、可持续发展。

2）其中，不乏一些媒体对某些地区"督察影响经济"论调进行批判，也有一些媒体用经济数据佐证了环保督察对区域经济发展并未产生影响，反而提高了地区经济质量。

环保督查影响经济发展吗

2017-06-03 08:07:13 来源：人民日报

人民日报-2017.6.3

生态环境欠账，终究是要还的，甚至需要加倍偿还。违法排污企业危害人民群众健康，给地方留下生态环境烂摊子，整治和恢复的费用可能是个“天文数字”，远远超过其创造的那点GDP或财政收入

经济下滑甩锅环保性质恶劣

2018-10-19 中国环境报

中国环境报-2018.10.19

中央环保督察“回头看”反馈时公布的案例显示，宁夏回族自治区经济与信息化委员会在督察整改过程中，将大气污染防治工作视作影响工业增长的“拦路虎”，将行业增加值下降归结为“受环境保护督察影响”，将环保整治视作全区经济增速下滑的主要原因之一，为环境问题突出的企业停产整治找理由开脱。这种说法和做法，混淆视听，干扰决策，性质十分恶劣。

环保影响经济的逻辑，不通。近两年，我国正在全力以赴打一场治理污染、改善生态环境质量的攻坚战，同时也是一场推进供给侧结构性改革、促进产业转型升级、助力经济高质量发展的攻坚战。比如，对“散乱污”企业的治理，这些企业量大面广，不仅违法生产、肆意排污，而且影响市场秩序，造成“劣币驱逐良币”。经过整治，很多环保达标企业产品市场占有率明显提高，市场环境更加井然有序。经过一轮轮强有力的环保行动，环境和经济呈现了明显的正相关，同向而行，同频共振。实践一再证明，调整产业结构，淘汰落后产能，促进经济高质量发展，生态环境保护大有可为并已经大有作为。

科学评估环保督察对财政收入的正效应

2018年01月03日08:36 来源：中国环境报 分享到：

中国环境报-2018.1.3

原标题：科学评估环保督察对财政收入的正效应

中央环保督察并不是财政收入增速下降的推动因素。相反，在当前的经济环境下，环保督察执法的常态化具有规范效应，可以增加税基，提高市场集中度，改善优质大企业盈利能力，拉动工业环保投资需求，进而增加财政收入。

2016年7月~2017年9月，四轮中央环保督察在全国铺开，力度空前。市场在享受空气质量改善的同时，也开始担忧中央环保督察对经济和财政收入的影响。从一

环保部回应“企业停产影响经济”之说：驱逐劣币是环保督察应有之意

新华网-2017.9.27

新华网北京9月27日电（记者 曹滢）汽车零部件企业舍弗勒近期称其原材料供应商上海界龙公司“由于环保方面的原因”被迫停产，连带可能导致3000亿人民币的损失。环保部相关人士在27日举行的新闻发布会上对此予以回应。

环保部环境影响评价司司长崔书红说，“对抓环保会影响经济社会发展、导致原材料价格上涨的说法，我们不赞成。”

“环保督查影响经济”是个伪命题

2017年10月13日07:32 来源：北京青年报 分享到：

北京青年报-2017.10.13

原标题：“环保督查影响经济”是个伪命题

只要真正把环保工作放在心上，并把环境治理与经济发展、结构调整、企业转型有机结合起来，就完全能够处理好环境保护与经济发展的关系。环保督查的目的不是把企业整垮，而是让企业有更加良好的发展环境，让企业发展能够与生态保护、居民生活改善等更加协调。

环保督察对经济活动产生多大影响

2017年11月01日 10:08 来源于财新网

财新网-2017.11.1

【财新网】（作者 博智论坛）今年以来，环保督察的推进力度明显加大，其对经济活动会产生多大影响？在近日由中国发展研究基金会主办的博智宏观论坛上，与会专家就此展开讨论。

世界资源研究所中国区首席代表李来来认为，地球的环境问题是一个指数现象，是突发的，并不像经济增长是线性的。短期内如果搞环境督察、改善环境质量，一定会以经济增长作为

陈吉宁谈绿色发展理念：环保与经济发展不对立

2016年03月11日 14:18:14 来源：法制晚报

法制晚报-2016.3.11

图5 主流媒体主要观点

（3）负面观点聚焦

在环境整治过程中，一些地区以往经济发展带来的生态破坏需要借督察之手彻底清理，短时间内对部分企业产生了一定的影响，由此，“环保督察质疑论”等舆情开始在网络中发酵。对所收集的舆情信息进行清洗，涉及补全缺失数据、删除冗余信息等，重点关注“环保督察影响经济”相关舆论话题。通过聚类分析，此方面的话题主要集中在经济、就业、地方政策执行效果等方面。

1）经济方面：地区经济下行的原因归因于环保督察。近两年，面对金融危机的冲击和影响，各地都出现了一定的经济下行压力。少数地方特别是一些经济工作没抓好的地方，却把责任推给环保督察，认为其影响了地方经济发展。同时，一些舆论观点认为受环保督察影响，原料价格出现上涨。2017年，一个两分钟的视频风靡外贸好友圈，标题为“什么？原材料价格又涨了，俺老孙快要疯了”，旨在控诉环保督查引起原材料价格上涨。同时，网络中相似观点表示，中国很多化工厂由于成本问题，采用的技术对环境影响较大，环保的治理和督察逼

迫大批化工厂停产、限产，导致了很多中国化工品供不应求，市场价格暴涨。

2）就业方面：环保督察期间，对一些污染严重的中小企业给予关停，由此导致部分工人失业问题，一些舆论声音将其归为环保督察导致的后果。自从环保督察组去各个地方督察、暗访等，一些中小型企业关停倒闭，造成一部分群众失业。因此，网络中流传“由于环保督查，我国将迎来新一轮下岗失业潮。”等舆论信息。

3）政策执行方面：个别地方担心督察问责，不分青红皂白，采取紧急停产、停业等简单粗暴“一刀切”的方式应对督察，给群众生产生活带来不便，引发群众对于环保督察的质疑。对抗环保督察执法事件。自环保督察以来，环保部通报了多起新近发生在京津冀环保大督察中拒绝检查、阻碍执法的事件。“人民日报”评论：敢跟环保部督查组叫板，能在高耗能、高污染的环境里生产所谓的“节能”产品，这种企业如此“胆识”，估计也是被地方政府部门“惯”出来的。

4）环评资质方面：环保督察期间，第三方检测、认证机构如雨后春笋般成立。有些机构是私人服务机构，运营存在一些问题：比如地方环保部门的原职工，开设企业办理认证，存在垄断，而且针对各类检测没有明码标价。一些单位向企业发放牌照时索要高额“公关费”，加重了企业负担。

5 舆情心理分布

从“环保督察”整体舆情演化上来看，相关负面舆论观点数量占比不高，主要表现在政策执行、社会影响、情绪发泄等方面。

（1）政策执行层面

在这方面，网友以肯定“环保督察”取得的成绩为前提，对当前督察中执行的尺度、效果提出质疑。例如，一些地方单位实施“一刀切”，不分青红皂白地实施集中停工停业停产行为，让部分企业叫苦不迭。再如，“面子工程”“你来我停，你走我生产”的应对套路都引发了网民的广泛讨论。这些政策执行中暴露的问题需要及时了解民意，评估影响，尽快出台相应的解决方案，对一些地方的不正当行为给予处罚。

（2）社会影响方面

网络舆论对“环保督察”产生的社会影响，尤其是失业问题进行了广泛讨论。在这方面，网民心理主要表现为两种，一种是个别网民以“环保督察”为引子，夸大事实，博人眼球。例如，一篇题为“大面积停产、失业、民怨沸腾！国社发文质疑‘环保风暴’一刀切。”的博文曾在网络中传播，引发网民围观，博文内容对环保督察行动横加指责。另一种是部分网友受到不实信息的干扰，产生同情心理。

（3）情绪发泄方面

在个别非法网站存在一些极端负面言论，包括“环保灾难论”“环保毁灭论”“环保来了，百姓没法过了”“环保搞垮中国”等，除此之外，一些不法分子还通过制作“工人抗议”视频等形式对环保督察进行抹黑。此类舆情信息通常隐藏在个别网络的广告栏等，通过各种特殊手段进行传播，躲避网络审查。发布此类言论的网友通常具有极端负面心理，全盘否定环保的成效，广泛传播不实信息，造成不良影响。

综上，基于光明日报发布的“食品药安全事件中群体心态 ”，结合“环保督察”相关网络舆论情况，探测出网民心理类型：3 大群体、6 大类型，以及在负面舆情影响下，网民表现出来不同应对态度（图 6）。

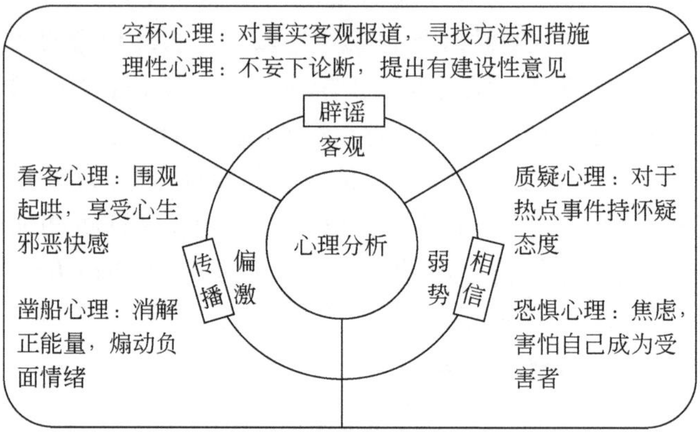

图 6　网民心理类型

1）客观群体：主要表现为“理性心理”“空杯心理”，对待负面舆情时，不传谣，不信谣，积极辟谣，具有正能量倾向。

2）偏激群体：主要表现为“凿船心理”“看客心理”，对待负面舆情时，通常基于观点大于事实原则，传播消极信息。

3）弱势群体：主要表现为“质疑心理”“恐惧心理”，对待负面舆情时，失去自我判断，人云亦云，轻信网络谣言。

6　研究结论与舆情应对建议

（1）结论

“环保督察”执行以来受到网络舆论的广泛关注，通过对相关话题进行分析。从舆情传播态势来看：时间上，第三季度舆情热度较高、主体上，各地区环境部门官方微博发文数据频率较高；从舆情观点聚类来看：环保督察取得成效及进程成为最受舆论关注的话题，此外，“一刀切”治理手段、“环保影响经济”等论点也引发广泛讨论；从网民心理来看，网民态度以正面为主，负面情绪主要表现在政策执行、社会影响、情绪发泄等方面。因此，本文从舆情态势的监测、负面舆情的引导、舆情热点的感知、关键人物的关注、网民心理的疏导等方面提出相应的政策建议，以期为“环保督察”的舆论宣传引导提供支撑。

（2）舆情应对建议

1）监测舆情态势传播，精准研判演化规律。建议相关部门建立相关舆情监测系统，持续关注舆情数据趋势，总结舆情传播发展规律。通过对已有舆情的时空态势分析，建立舆情预警模型，预测未来舆情热点高位，精准控制。利用大数据等科学技术手段，对环保督察相关政策引发的网络舆情进行模拟仿真，提供定量的动态的舆情干预策略。结合网络舆情应对多类型智库主体（政府–专家–网络大V）形成知识系统，对定量化的结果进行准确研判。

2）定位负面舆情落点，着力加强政策宣传。基于有关环保督察的负面舆情信息梳理，针对所涉及问题，相关部分问题，相关部门做出来及时回应和出台了相关政策。例如，生态环境部专门研究制定《禁止环保“一刀切”工作意见》，对有些地方在督察进驻期间不分青红皂白地实施集中停工停业停产行为进行规范。对于环保督察取得的成果应着力加强政策宣传，形成以权威主流媒体、各地方党政媒体为主的政策宣传队伍，大幅提升信息透明度，满足了公众的知情权。

3）实时感知舆情热点，合理解答舆论质疑。通过舆情信息收集，观点聚类获取舆情传播热点，了解民众关心和质疑的焦点是什么。对于关注的热点信息中暴露出的一些质疑声音，相关部门应及时组织调查，查清情况，澄清事实。通过权威官方传播通道，如自媒体官方账号，电视权威新闻频道等，及时发布真相，落实追究相关人员责任，化解大众疑惑。同时，组织相关专家，利用科学手段及实际案例解读环保督察与经济的正确关系。

4）重点关注核心人物，有效规避圈群风险。根据舆情传播影响程度，对传播范围广的舆情信息加以重点关注，尤其是基于自媒体平台形成的具有圈群化的封闭团体，疏于监测易引发线下群体性事件。此外，一些自媒体具有大量粉丝团体，其发布的观点传播效率较高，信息传播呈级数增长，相关部门加强对具有广泛影响力的媒体的监管，督促相关媒体提高专业素养，避免误导性报道及错误解读。

5）了解网民心理动向，及时发布辟谣信息。网民情绪和心理存在演变性和可测性，是判断网络舆情发展的重要指标，是引导网络舆论的重要依据。建议相关部门充分利用信息的收集优势与技术处理优势，建立网民心理实时监测系统，了解网民心理动向。同时，相关部门必须保持高度敏感性，密切关注舆情动向，及时辟谣并依法处理谣言传播者。避免诸如“灶台被贴封条”谣言事件传播，引发网民质疑跟风。

参考文献

刘冰玉，凌昊莹. 2012. 从社会学视角探讨网络媒介环境中群体性事件的舆情变异. 现代传播（中国传媒大学学报），34（9）：111-115.

彭小兵，邹晓韵. 2017. 邻避效应向环境群体性事件演化的网络舆情传播机制——基于宁波镇海反PX事件的研究. 情报杂志，36（4）：150-155.

瞿琦，巩英洲. 2018. 党报如何提升舆论引导能力——以“中央环保督察”宣传工作为例. 中国报业，454（21）：88-89.

舒平，吴秋华. 2018. 地市党报提升舆论引导能力的途径——以新疆《北疆开发报》做实“中央环保督察”宣传工作为例．中国地市报人，Z1：28-30.
苏洁琼，王倩，秦昌波，等．2018. 基于情感分析的环保督察执法对经济社会影响舆情研究．2018 中国环境科学学会科学技术年会．
伍玲．2014. 新媒体时代环境群体性事件公众参与研究．重庆：西南大学博士学位论文．
虞铭明，朱德米．2015. 环境群体性事件的网络舆情扩散动力学机制分析——以“昆明 PX 事件”为例．情报杂志，(8)：115-121.
卓四清，冯永洲，王博，等．2016. 新媒体时代环境群体性事件的演化机制及治理研究——以“昆明 PX 事件”为例．武汉理工大学学报（社会科学版），29（4）：576-581.

作者简介

廉莹　女，现为北京交通大学博士后。2018 年获中国科学院科技战略咨询研究院管理学博士学位。研究方向为公共政策网络舆情预警、应对。已在国内外权威杂志发表学术论文 10 余篇。

E-mail：lylianying0725@ 126. com

作者简介

董雪璠　男，现为北京交通大学经济管理学院博士后。2018 年获中国科学院科技战略咨询研究院管理科学与工程博士学位。研究方向为社会治理与社会风险研究，复杂网络分析。已在国内外权威杂志发表学术论文 10 余篇。

E-mail：langshusheng@ 163. com

面向第三极国家公园群智慧旅游系统架构及功能设计

王红兵

摘要

第三极地区国家公园群建设，与其他地区相比具有独特的地域特征，需要依托智慧旅游系统的建设，解决生态环境脆弱与区域可持续发展之间的矛盾。基于第三极国家公园群智慧旅游系统访客、管理者、居民和商户四个方面用户需求，提出了包括基础层、数据层、功能层和应用层的基本架构，并分析智慧旅游系统的主要功能，为第三极国家公园群智慧化管理手段提供借鉴。

关键词：第三极；国家公园群；智慧旅游

2017年中共中央办公厅、国务院办公厅发布的《建立国家公园体制总体方案》，提出国家公园建设目标在于建成统一规范高效的中国特色国家公园体制，有效解决当前自然资源管理中普遍存在的交叉重叠、多头管理和空间碎片化问题，形成自然生态系统保护的新体制新模式。党的十九大报告指出要“构建国土空间开发保护制度，完善主体功能区配套政策，建立以国家公园为主体的自然保护地体系”。2018年4月，中华人民共和国国家公园管理局正式成立，主要承担“生态产品的供给者”“满足人民认识自然和亲近自然的精神文化需求”，然而如何正确处理国家公园生态环境保护与区域发展之间的关系，如何在保障生态产品供给的基础上，满足人们对文化旅游的需求，成为当前迫切需要解决的问题。

第三极国家公园群是具有青藏高原独特地域性特征的国家公园建设实践探索，立足于青藏高原独特的自然与人文环境，通过有效协调人与自然、发展与保护之间的关系，实现对生态系统的原真性与完整性保护，同时为公众提供科研、教育与游憩机会，为当地居民创造收入增长点，是第三极地区生态文明建设的重要模式之一。建设第三极国家公园群是一项复杂的系统工程，并受到青藏高原高寒、高海拔、人口稀少、经济相对落后等诸多条件的限制（樊杰等，2017）。为了提升建设方案的科学性与有效性，需要借助智慧化手段探索第三极国家公园群现代化建设与管理运行新模式。

旅游行为高度依赖各种信息，以新一代信息技术为纽带对旅游产业体系与服务管理模式重构，是现代智慧旅游核心。通过智慧旅游系统建设使得旅游管理和运营更加数字化、智能化，有效提升了游客的主动性、互动性，以跨越时空便利、广泛参与、有效信息供给等提高旅游体验（廉同辉和余菜花，2016）。构建智慧旅游系统，是协调第三极国家公园群生态环境保护与旅游发展两个目标的重要手段。

1 系统需求分析

智慧旅游的本质包括信息通信技术在内的智能技术在旅游业中的应用，是以提升旅游服务、改善旅游体验、创新旅游管理、优化旅游资源利用为目标（张凌云，2012）。第三极国家公园群智慧旅游系统建设需要从具体需求出发，融合国家公园功能目标与第三极地区的发展目标。

1.1 建设条件特殊性分析

自 2015 年开始，我国启动建立国家公园体制试点方案，包括三江源、大熊猫、东北虎豹、神农架、钱江源、南山、武夷山、海南热带雨林、普达措和祁连山 10 处国家公园体制试点，国家公园试点选取的是我国自然生态系统中最重要、自然景观最独特、自然遗产最精华、生物多样性最富聚的区域。青藏高原地区是全球高寒草地的集中分布区和最大分布区，具备国家公园建设的必要性条件，由于自然生态系统的独特性，与已经开展的国家公园体制试点区域具有较大的差别，具体见表 1。

表 1 第三极国家公园群与国家公园试点建设条件比较

	第三极国家公园群	国家公园试点
自然环境	高寒、干旱、缺氧等自然环境特殊，生态系统脆弱	植被覆盖度较高，生态系统较为稳定
人文环境	少数民族聚集区、边疆地区、经济条件落后、基础设施建设落后	发展水平以及交通通达性较高
原住民	原住农牧民较多，居住点分散	原住民较少
游憩活动	资源开发程度较低，访客接待能力差	开发程度较高，服务设施较为完善

青藏高原地区生态系统的独特性、脆弱性，需要更为严格生态环境保护措施，以保障国家公园生态系统的原真性和完整性。复杂的人文环境和经济发展水平落后，亟须通过适度的旅游开发，带动地方经济的发展，实现藏区居民增收，维护边疆地区稳定。因此，第三极国家公园群的发展和保护之间矛盾尤为突出，生态环境保护是旅游发展需要解决首要问题。

1.2 智慧旅游发展需求

通过旅游业带动西藏地区的持续发展。高原生态环境敏感而脆弱，抗人为干扰能力小，自然生产潜力有限。土地类型以生产能力低下的高寒干旱土地为主，荒漠等难利用土地面积广阔，30% 以上的土地几乎没有生产能力（牛亚菲，1999）。因此需要依托自然和人文景观资源，发展旅游业，为当地创造巨大的经济价值，改善区域居民的生活条件、收入水平、消费结构和产业结构，同时通过带动就业、维护边疆地区稳定等凸显社会效益，真正实现可持续发展。

青藏高原地广人稀特征依赖智慧化管理。青藏高原地区地势高、气候寒冷，人口稀少，城乡居民点分布较为分散，人口分布密度高的聚集区较少，主要集中在拉萨市和山南市，人口分布密度低的聚集区较多，主要分布于羌塘高原的阿里地区和那曲市（乔富伟等，2019）。在国家公园的广大区域城镇化水平较低，基础设施和公共服务设置落后，旅游业发展依赖智慧化管理手段。

智慧旅游是解决生态环境脆弱区保护与发展问题重要手段。青藏高原的原始生态环境在全球占有特殊的地位，但生态环境十分脆弱，一旦遭到破坏则不可逆转，有的生态环境恢复需要上百年的时间。因此在旅游开发过程中，需要利用智慧化的手段，在生态环境监测和保护基础上，严格控制人类活动，保持区域合理的游客容量。

1.3 智慧旅游系统建设需求

相比于传统的国家公园管理模式，智慧化管理通过充分利用、整合来自不同渠道、具有不同结构的动态数据资源，能够优化流程、降低成本、提高管理运行效能，有效满足第三极国家公园群的旅游管理和服务需求。另一方面，物联网、虚拟现实、云计算等新一代信息技术的发展也为国家公园群的智慧化管理提供保障。因此，智慧化管理的应用具有必要性与可行性。

在第三极国家公园群中智慧旅游系统，需要面向智慧化需求进行功能与场景设计，并基于前沿技术进行平台开发，在实践中有效保护和合理利用生态资源，实现国家公园群的建设目标。智慧旅游系统主体一般包括访客、管理者、经营者三部分（Koo et al.，2017）。第三极国家公园群智慧旅游系统的功能主体包括访客、管理者、居民和商户三部分，其中访客是主体，“访客为本”的理念贯穿其中，管理者运用信息技术进行管理，为访客服务，商户利用系统分析提供更符合访客需要的旅游产品，居民依托智慧系统，参与旅游服务以及国家公园管理（表2）。

表 2 第三极国家公园群智慧旅游系统建设需求

用户	需求	描述
访客	旅游信息获取	获取国家公园旅游信息，包括基本旅游资源介绍、出行状况、景区容量等信息的需求
	旅游预订服务	旅游出行智慧服务需求，包括购买车票、景区门票，活动报名，预订酒店，预订餐饮，租用设备等服务
	智能导游导览	智能化旅游服务需求，如系统动态规划路径、导航功能、景点实时讲解、知识拓展、服务设施查询等
管理者	旅游信息服务	发布公园景观介绍，交通、景区容量等实时信息，以最全面的信息展示给访客
	公园管理服务	掌握访客的各种信息，生态环境保护，公园管理和维护，应急救援等
	旅游数据决策	科学合理引导访客，通过智慧化平台分析社交媒体上的访客反馈内容，优化园区管理和景区规划
居民	参与旅游服务	开展民俗文化活动、民宿餐饮接待、导游解说等旅游服务
	参与公园管理	参与基础设施维护、景区管理和服务、生态环境管理等
商户	发布服务信息	发布并实时更新旅游商品及服务信息，如餐馆的基本环境、口味、价位、容量等
	提供在线服务	提供在线商品销售、服务预订，如餐饮预订、酒店预订、旅游商品在线销售

2 系统总体架构

第三极国家公园智慧旅游系统应在国家公园管理体制机制的指导下，面向访客、管理者、居民和商户等多维度的利益相关者，在应用方面能够有效衔接管理决策层、操作层和服务层的旅游相关数据，有效支撑相应的管理和服务流程。智慧旅游系统建设实时、高效、开放的应用平台，实现旅游信息服务的多样化、专业化和智能化，以及旅游管理的科学化、精准化，从而实现在国家公园生态环境保护前提下，旅游管理和服务能力的高度智慧化水平，为国家公园管理决策提供科技支撑。本研究参考一般智慧系统结构从 4 个方面设计了第三极国家公园群智慧旅游系统的总体架构，包括基础层、数据层、功能层及应用层，如图 1 所示。

2.1 基础层

基础层是整个智慧旅游系统的运行基础，为智慧旅游系统的建设提供软硬件支撑。基础设施层主要包括系统运行方面，即计算机、网络、通信、存储等硬件资源，以及操作系统、中间件、数据库管理系统等软件资源；旅游服务方面，包括景区传感器、门票检测、监控设备等硬件资源，以及门票系统、景区管理系统、讲解系统等软件资源；生态环境监测方面，包括监测传感器、监控设备等；游客设备方面，主要包括手机、电子门票等；管理方面，包括交通、通讯、医院

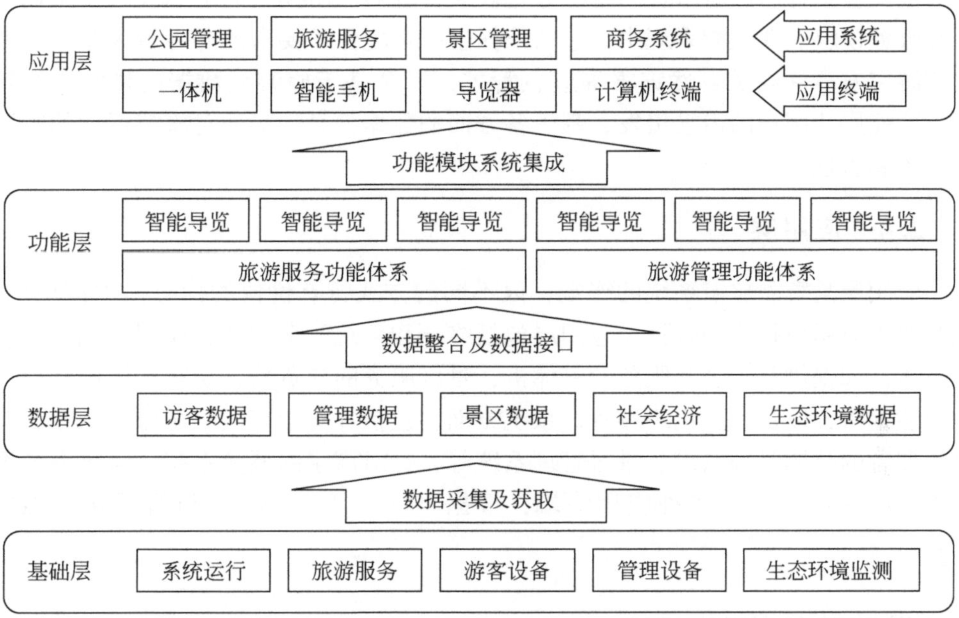

图1 第三极国家公园群智慧旅游系统总体框架

等国家公园基础设施，以及行政管理系统。不同方面的软硬件基础，通过智慧旅游系统连接，并提供信息和数据的交互。

2.2 数据层

数据层为智慧旅游系统的建设提供了有力的数据支撑，依托基础层数据采集获取能力，并通过外部数据借口，对智慧旅游相关的各类数据进行有效整合，是开展智慧旅游系统建设的前提和基础。智慧旅游系统涉及的数据量大、类型多样、结构复杂。按照不同的数据来源，主要包括访客数据、生态环境数据、管理数据、景区数据和社会经济数据。访客数据主要包括访客的个人信息、位置数据、行程数据等；生态环境数据主要包括基本分区数据、遥感数据、实时监测数据、自然资源数据等；管理数据主要包括交通数据、气象数据、应急资源数据、决策数据等；景区数据主要包括景区容量数据、访客量实时数据、景区资源数据等；社会经济数据主要包括居民信息数据、城乡发展数据、民族宗教数据、民俗文化数据等。各个渠道的数据汇聚到智慧旅游系统，通过数据流和信息流，支撑智慧系统的功能实现。

2.3 功能层

功能层是智慧旅游系统的核心，针对四类用户，根据具体需求将功能归结为两个方面，即旅游服务和旅游管理，其中旅游服务主要围绕访客游憩需求，管理者、商户、居民提供相关服务智慧服务汇总。旅游管理主要是围绕管理者对国家公园生态环境保护、安全应急以及决策科学化的智慧管理措施汇总。在旅游服务中，主要包括针对旅游行程的智能导览模块、针对旅游体验的虚拟公园模块以及个性服务模块。在旅游管理中，包括依托生态环境保护要求的游客行为管控，针对旅游突发事件以及自然灾害等应急管理，以及基于旅游大数据的科学决策功能。功能层从用户的需求出发，基于各方面的数据信息，实现对旅游行为的智慧化服务和管理。

2.4 应用层

应用层是智慧旅游系统的终端，以不同的方式将有价值的信息提供给用户，以及实现对用户行为的管控。应用层包括终端和系统两个方面，应用终端是系统的载体，如提供基础公共服务的一体机，景区服务的导览器，访客、居民和商户的智能手机，以及计算机终端等。系统方面，包括针对游客的旅游服务 APP，针对管理者的公园管理系统、景区管理系统等，针对商家的票务系统、电子商务系统等。应用层是基于各种应用终端，根据不同的用户需求，对智慧化功能的整合。

3 系统功能设计

第三极国家公园群智慧旅游系统区别与其他智慧旅游系统最大区别体现在功能设计方面，主要基于生态环境保护基本要求，提升旅游服务智慧化水平。以往旅游系统大多分为功能导向、空间导向、要素导向、系统导向和访客导向五类，第三极国家公园群智慧旅游系统应以生态环境保护为前提，利用信息技术，根据公园容量对游客精准管控，在此基础上重构访客导向的旅游系统，贯穿智慧化服务的理念，针对改善访客信息搜集和信息反馈，提升旅游服务质量以及加强第三极地区旅游目的地自身建设。

通过旅游管理及服务平台，加强访客、管理者、居民和商户互动，管理者、商户和居民为访客提供旅游相关服务，同时管理者通过智慧管理系统规范游客及商户行为，保障游客安全，实现满足访客个性化需求，提供智慧化的旅游管理及服务。

3.1 旅游服务功能

在旅游服务方面，重点实现智能导览、虚拟公园和个性化服务等功能，功能体系如表 3 所示。

表 3 旅游服务功能体系

功能模块	功能点	功能描述
智能导览模块	旅游线路规划	展示整个园区的全景图
	酒店预订	系统应详细介绍园区内酒店的详细情况
	在线旅游商旅服务	在线完成网上咨询、预订和支付等便捷服务
	特色美食	景区内美食信息

续表

功能模块	功能点	功能描述
虚拟公园模块	旅游资源分布及介绍	自然资源和人文资源介绍
	景区三维虚拟导游导览系统	虚拟旅游体验服务，帮助访客做出最佳出游方案
	旅游服务设施的实时展示	实时展示景区内的旅游服务设施
	旅游综合服务	提供详细的旅游服务资讯
个性服务模块	访客的个性化服务	提供个性化定制服务

（1）智能导览模块

旅游线路规划。系统应展示整个园区的全景图，提供园区旅游线路的整体性说明介绍（包括旅游线路的条数、类型、交通等内容），在全景图上标明各旅游线路，介绍方式可以采取图文展示、视频展示和360度全景展示等多种形式。访客可以根据个人偏好，结合交通、景点容量，智能选择生成旅游线路。游憩过程中，智慧管理平台发挥导航作用，对访客全程实时监控和提供提醒服务，保证访客不偏离智能选择好的旅游线路，进而保护区域生态环境不被破坏以及保障访客安全。

民宿酒店预订。系统应详细介绍园区内民宿酒店的详细情况，包括位置、房间数量、星级等情况，提供酒店客房房价查询、订单管理、点评、地图定位和导航等服务。系统能结合规划好的旅游线路，智能推荐酒店，提供酒店查询和预订支付服务，实时提供各酒店可入住的房间数量、房间类型、价格和折扣等服务，并提供图文介绍和通过VR全景查看酒店概况。

在线商旅服务。智能服务平台提供在线旅游商旅服务，访客可利用智能服务平台在线完成网上咨询、预订和支付等便捷服务，购买旅游线路产品，包括门票、租车、车票、酒店、美食等。

特色美食推荐。介绍景区内美食信息，包括美食企业、地点、新闻、特色以及电子菜谱等信息。访客可根据旅游路线，智能推荐可选择的餐厅，呈现不同餐厅的特点、特色推荐菜式及价格等信息，有不同国别、不同菜系可供选择，满足访客多种多样的需求，此外访客还可通过网络获取评论，交流心得。

（2）虚拟公园模块

旅游资源分布及介绍。旅游资源包括自然资源和人文资源。虚拟公园可通过文字、图片、视频、音频等方式详细向访客介绍旅游资源。在智能设备上，不仅可以获取旅游资源的分布及介绍，还可触碰任何景点的图片即获取该景点的旅游资源介绍，包括历史、典故和现状等描述。

景区三维虚拟导游导览系统。可通过旅游资讯网、全景展示、3D虚拟全景展示、VR虚拟现实体验、AR增强现实系统和全景航拍等方式开发虚拟导游导览系统，提供虚拟旅游体验服务，帮助访客做出最佳出游方案。例如，运用三维技术打造的“3D虚拟景区系统”（沈纯阳，2014），实现VR全景体验、电子导游等，使访客通过智能移动终端设备即可体验，如景区的视频介绍和不同季节时间的风景。

旅游服务设施的实时展示。实时展示景区内的旅游服务设施，包括旅店、饭店、厕所、旅游服务点、景区出入口等。访客可在景区任何地方通过智能设备获取最近的旅游服务设施的位置、介绍以及评论信息，更全面掌握旅游服务设施的信息，为下一步的旅游计划提供全面参考。

旅游综合服务。通过旅游综合服务提供详细的旅游服务资讯，访客可实时通过旅游综合服务系统获取景区的交通信息、停车场、酒店信息、路面情况和气象资料等信息，获取各个景点的视频、客流量等信息，为访客调整旅游线路提供参考。访客可通过电话、短信、QQ、微信、网站等多种渠道，与系统平台实现统一的投诉和信息咨询，通过各种渠道受理的问题，可在系统上随时查询进度。

（3）个性服务模块

个性服务模块主要是针对具有个性需求的访客，可以通过系统进行申报，比如有科研需求要进入生态保护核心区的访客，需要进行包括目的、行程安排、生态环境影响方面的综合评价和审批。对于团队访客，通过系统可以进行团队活动申报，能够及时地调整景区容量，并保障访客安全。

3.2　旅游管理功能

旅游管理方面，重点实现公园管理、应急管理和科学决策等功能。旅游管理功能体系如表 4 所示。

表 4　旅游管理功能体系

功能模块	功能点	功能描述
公园管理模块	访客行程管理	实时监测并管控访客的行程
	景区容量管理	合理测度调控景区容量
	商户行为管理	监督管理商户行为
	居民行为管理	民宿以及居民旅游接待管理
应急管理模块	访客应急	访客行程中出现突发事件应急
	灾害应急	公园区域的自然灾害突发状况应急
	事故应急	交通、踩踏、公园内珍稀动植物资源应急
科学决策模块	大数据决策	通过旅游大数据提升公园建设和管理

（1）公园管理模块

访客行程管理。通过访客的基本信息以及提交的行程计划，实时监控访客的位置信息，对偏离行程计划的访客，推送提醒消息；对于非法进入核心保护区的访客，进行警告，并通知管理人员进行处理，对于违反公园规定的访客，建立信用数据库。

景区容量管理。根据景区自然承载力、接待能力以及通达性等因素，合理的测度景区访客容量，并根据因素的变化实时调整景区容量，监督景区进行游客数量管控。

商户行为管理。收集商户的基本信息，监督商户提供服务和商品质量，处理访客对商户的投诉，颁发特许经营牌照，对商户进行评级，并根据访客反馈信息，进行实时调整。

居民行为管理。通过系统针对居民发布旅游服务方面的需求，如导游、路引、司机等。通过系统为居民提供公园生态环境管理、景区服务等方面岗位，解决区域内居民就业。发布居民民宿、特色餐饮、旅游商品等方面的商品和服务信息。

（2）应急管理模块

访客应急。主要是针对访客出现的突发状况，如高原缺氧、被困、走失等，形成不同的应急预案，并及时调动区域资源，进行应急救援。

灾害应急。对于公园区域出现的地震、洪水、雪灾、火灾等自然灾害，根据不同的应急预案，启动应急措施。

事故应急。对于公园可能出现的交通堵塞、景区人群踩踏等突发事故，形成不同级别的应急方案，并协调各部门处理。

（3）科学决策模块

通过系统汇集旅游活动相关的各方面数据，包括游客行为数据、游客反馈数据、基础设施数据、景区资源数据、商户数据、社会经济数据等，基于各类数据以及其变化趋势，深入挖掘，服务于国家公园发展规划以及建设。

4 结语

随着信息技术的发展，智慧旅游系统在景区管理中作用日益显著，但在国家公园管理中缺乏成熟的系统应用。目前已经开展国家公园体制试点建设中，智慧化管理主要集中在自然资源监测以及生态环境保护方面，缺少对智慧旅游系统的重视。国家公园由于其功能区别于旅游景区，因此在智慧旅游系统架构和设计方面，如何协同与生态环境保护之间的关系，把利益相关方的需求通过智慧系统整合，实现区域的可持续发展，是构建智慧旅游系统的基础。第三极地区自然条件独特，生态环境脆弱，发展需求迫切，只有通过智慧化的管理手段，才能够实现国家公园群对生态环境的严格保护，提升区域发展水平。

第三极国家公园群的智慧旅游系统，需要考虑访客、管理者、居民和商户4个方面的用户，并通过基础层、数据层、功能层和应用层的系统架构，实现从基础设备到数据，通过数据信息交互实现功能体系，并最终继承成针对各方面用户的终端系统。在功能设计中，需要考虑服务和管理两个方面，始终贯彻在这两方面中的是对游客管控，以及对生态环境的保护，这是第三极国家公园群智慧旅游系统架构和功能设计的核心。

我国已经明确要建立以国家公园为主体的自然保护地体系，需要基于先进的智慧旅游系统框架，充分利用物联网、5G技术和大数据等新一代信息技术，实现对游憩行为的精准管控，服务于我国自然保护地体系建设。

参考文献

樊杰，钟林生，李建平，等. 2017. 建设第三极国家公园群是西藏落实主体功能区大战略、走绿色发展之路的科学抉择. 中国科学院院刊，32（9）：932-944.
廉同辉，余菜花. 2016. 智慧旅游研究评述. 中南林业科技大学学报（社会科学版），10（5）：59-66.
牛亚菲. 1999. 青藏高原生态环境问题研究. 地理科学进展，18（2）：163-171.
乔富伟，白永平，周亮，等. 2019. 西藏城乡居民点空间分异特征与影响因素. 应用生态学报，30（10）：3544-3552.
沈纯阳. 2014. 基于Android平台的虚拟景区漫游系统. 中国计量学院硕士学位论文.
张凌云. 2012. 智慧旅游：个性化定制和智能化公共服务时代的来临. 旅游学刊，27（2）：3-5.
Koo C，Park J，Lee J N. 2017. Smart Tourism：Traveler，Business，and Organizational Perspectives. Information & Management，54（6）：683-686.

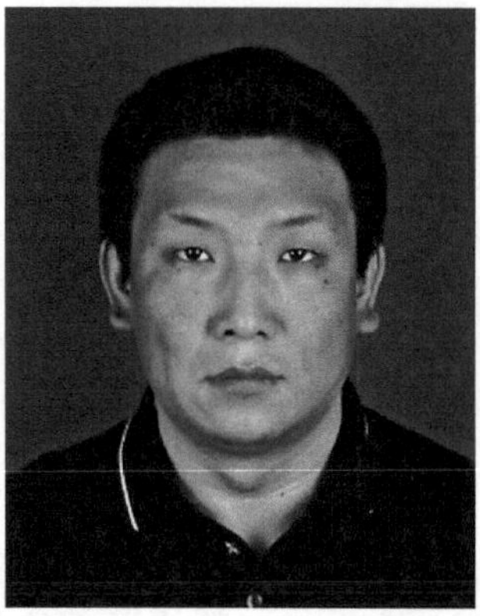

作者简介

王红兵 男，现为中国科学院科技战略咨询研究院助理研究员。2011年获中国科学院地理科学与资源研究所理学博士学位。研究方向为大数据平台技术、社会治理等领域，发表学术论文10余篇。

E-mail：hbwang82@163.com

基于多阶段动态博弈的邻避环境冲突事件社会风险生成机制分析

杨振武

摘要

邻避环境冲突事件已成为社会治理的一个重要问题，会引发社会风险。本文将运用多阶段动态博弈模型分析了邻避环境冲突事件中的社会风险的生成机制，探讨引发社会风险的因素。结果表明，邻避环境冲突事件中，社会风险的产生，取决于改变策略获得的收益总和与不改变策略所获得的收益总和比较，还与邻避设施周边居民对邻避设施的信息掌握程度，以及政府提供的赔偿金额对邻避设施周边居民的满足度有关。

关键词：邻避效应；环境冲突；多阶段动态博弈模型；社会风险

1 引言

近年来，随着中国城市化进程的加快，社会经济的快速发展，居民环境意识与权利意识的提高，邻避环境冲突事件频繁发生，造成了许多负面影响，引发社会风险。当前，我国社会已经进入环境问题的敏感期，邻避环境冲突问题已经成为一个重要的公共议题，已经开始引起广泛关注。邻避设施（not in my back yard，NIMBY）虽然能为社会提供服务，带来公共利益，但由于邻避设施的潜在风险，给附近居民带来巨大隐患，进而出现强烈的情绪反应和抗拒行为，产生邻避环境冲突，这一冲突往往会使政府的决策陷入进退两难境地。近年来，从厦门PX项目到“谈PX色变”，多地相继发生反对建设PX项目的抗议活动，此外还有广州番禺垃圾焚烧发电厂项目选址引起备选地址周边民众的抗议，邻避环境冲突越来越频繁。深入分析这些邻避环境冲突事件社会风险的生成机制，有助于降低由此带来的社会风险，对于社会管理者推动社会问题的综合治理，促进社会良性发展具有重要的意义。

2 文献综述

突发事件引发严重的社会问题，引起学者的大量关注。国外学者采取风险管理的方法探讨突发事件的决策过程和应急机制等方面。如在研究核泄漏事件发生后的人员撤退决策研究中，Noël 等（2000）运用效用分析和敏感性分析方法进行分析；Jenkins（2000）通过制定有毒物质泄漏处置预案，对如何选取预案中特定场景的决策问题进行研究。此外一些学者从社会学角度对群体性突发事件产生的根源、特点、应急机制等问题展开了研究（中国行政管理学会课题组，2002）。

邻避作为一类突发事件，国外学者已经进行了深入研究，重点主要集中邻避效应的定义和分类，以及邻避带来冲突的主要影响因素等方面，从社会学、政治学和伦理学等多学科的角度去深入剖析邻避问题，探索解决邻避问题的有效方法与措施。在针对邻避设施选址问题上，Ibitayo 和 Pijawka（1999）通过研究美国危险废弃物处置的设施选址问题，重点对选址的主要影响因素与策略的选择进行研究，指出了邻避设施选址与居民参与行为有明显联系。Johnson 和 Thomas（2010）通过研究几起邻避环境冲突事件案例，指出邻避型环境冲突事件可以改变地方政府行为，并使遵守居民参与原则方面做出有力的促进。乔艳洁等（2017）学者研究了邻避效应对政府政策方面的研究，指出应积极扩大居民社会参与度。随着居民社区意识的不断提升，社会民主制度日趋完善，社会公民的接受教育的水平不断提高，居民针对邻避设施的维权意识也有所加强。

有学者开始将博弈理论应用到突发事件甚至是邻避冲突事件中。但由于传统博弈都进行参与者的超理性假设，无法将群体性突发事件纳入理论分析视野（刘德海，2010）。20 世纪 90 年代以来，兴起的演化博弈理论将人的行为模型化为具有某种适应性学习能力的渐进演化过程，为分析群体性突发事件演化规律提供了良好的理论途径（Weibull，1995）。徐寅峰和刘德海（2004）通过分析社会弱势群体对公平的认知差异，建立了群体性突发事件的冲突模型，通过主观博弈分析初步揭示了群体性突发事件的产生机理。刘德海（2011）探讨了影响群体性突发事件产生的根源，指出除了弱势社会群体对社会分配体制造成的经济收入差距的敏感程度，社会体制（博弈结构）决定的各社会群体采取不同策略的预期收益以外，弱势群体的收益增长情况也是重要因素。宋艳等（2017）学者通过多阶段动态博弈模型对新生代农民工社会融合过程中产生社会风险机理的研究发现，农民工群体的心理平衡因素、农民工群体不同策略的收益差距、政府的态度选择是社会风险发生的重要因素。

由于邻避环境冲突事件具有群体性突发事件的特征，本研究通过构建多阶段动态博弈模型，进行邻避环境冲突事件中政府和邻避设施周边居民的博弈分析，提出邻避设施周边居民在政府采取强硬策略的情况下选择抗争策略的约束条件，分析邻避环境冲突事件社会风险的生成机制，并找出影响社会风险发生的因素。

3 多阶段动态博弈模型的构建

3.1 阶段博弈的基本结构

信息的完全程度是博弈过程必不可少的一个重要因素。邻避环境冲突事件中，邻避设施周边居民由于对邻避设施的信息掌握不完全，对其造成的环境污染无法准确把握，在博弈过程中处于弱势群体地位，而政府则掌握了比居民相对完全的信息，在博弈过程中处于主动地位，属于强势群体。

本文采用鹰鸽博弈模型（hawk-dove game）分析邻避环境冲突事件中政府和邻避设施周边居民的博弈过程。

		弱势群体：妥协C	弱势群体：抗争S
强势群体	合作C	(b, f)	(c, e)
强势群体	强硬T	(a, g)	(d, h)

在这个博弈过程中，强势群体为i，有合作和强硬两种策略组合，为$\{C, T\}$；弱势群体为j，有妥协和抗争两种策略组合为$\{C, S\}$；策略组合的相应收益分别记为a，b，c，d，e，f，g，h，博弈策略组合的支付矩阵分别为（b，f），（c，e），（a，g），（d，h）。在邻避环境冲突事件中，政府掌握着大量的社会资源和宣传工具，对邻避设施更为了解，掌握更为完全的信息，处于强势群体地位，因此往往采取强硬策略，$a>b>c>d$，同时为了获取更高收益，$a>g$，$b>f$，$c>e$，$d>h$；而对于邻避设施周边居民，如果政府采取合作策略的话，抗争策略所获得的收益最高，如果政府采取强硬策略的话，抗争策略所获得的收益最低，其收益满足$e>f>g>h$。这一博弈模型的Nash均衡为政府采取强硬策略，邻避设施周边居民采取妥协策略的（a，g）。

大量的博弈实验研究证明，参与者处于一定社会文化背景中，其决策时要考虑公平原则等社会文化规范。借鉴Tompkinson和Bethwaite（1995）在利他主义的实验博弈（ultimatum game）中提出的非自利效用函数（non-selfish utility function），定义邻避设施周边居民的考虑公平因素的效用函数。在邻避环境冲突事件中，政府和邻避设施周边居民的信息不对称，政府提供的赔偿金额相对于邻避设施周边居民的满足度不一致，以及博弈周期的时间成本对双方不一样，这些都是博弈过程中的不公平因素。定义邻避设施周边居民的效益函数如下：

$$U_B = P_B - \alpha_B\ (P_A - P_B)$$

式中，P_A为政府的绝对收益，P_B为邻避设施周边居民的绝对收。α_B（$P_A - P_B$）为邻避设施周边居民的相对收益，与信息完全程度、赔偿金额和周期长短有关。α_B

为相对收益系数，其绝对值的大小反映了对收益差距的敏感程度，其值为负反映邻避设施周边居民追求收益公平的利己主义行为倾向。

3.2 多阶段动态博弈模型

邻避环境冲突事件中，政府和邻避设施周边居民的博弈过程中，由于政府处于强势主导地位，如果经济和社会稳定的状况下，政府的博弈策略是不会发生改变的。不考虑公平因素的前提下，博弈双方获得的收益基本不变。然后当考虑公平因素的时候，随着博弈阶段的增加，邻避设施周边居民累积的收益差距越来越大，第 t 期的博弈双方的收益差距 μ 为

$$\mu=t(P_A-P_B)t=1,2,3,\cdots$$

邻避设施周边居民的累计收入差距越来越大，收益的减少越来越多，由于导致的收益变化为μ_B：

$$\mu_B=\alpha_B t(P_A-P_B)t=1,2,3,\cdots$$

定义博弈过程双方的第 t 期的支付函数。

政府第 t 期的支付函数：

$$U_A=tP_A$$

邻避设施周边居民第 t 期的支付函数：

$$U_B=P_B-\alpha_B t(P_A-P_B)$$

其第 t 期的支付矩阵变为

		弱势群体：妥协C	弱势群体：抗争S
强势群体	合作C	$(b, f-\alpha_B t(b-f))$	$(c, e-\alpha_B t(c-e))$
强势群体	强硬T	$(a, g-\alpha_B t(a-g))$	$(d, h-\alpha_B t(d-h))$

4 社会风险发生机制分析

邻避环境冲突事件中，由于邻避设施的本身具有一定的危害性，故政府在博弈过程中，应充分考虑邻避设施周边居民的诉求，根据其博弈策略做出策略改变，有效实施公共管理职能。根据博弈机制的设计，政府作为强势群体的一方，往往采取强硬的策略，邻避设施周边居民，作为弱势群体的一方，往往为了争取自身权益，在博弈过程中采取抗争的方式，导致冲突事件发生，引发社会风险。因此我们只需在分析邻避设施周边居民选择抗争策略的约束条件基础上进行社会风险生成机制的分析。

4.1 邻避设施周边居民的无条件抗争策略分析

如果邻避设施周边居民对邻避设施的危害认识足够充分，也无意获得邻避设

施造成的危害补偿，选择无条件抗争策略，即邻避设施周边居民考虑信息和赔偿因素后的效用函数，在博弈过程中邻避设施周边居民无条件选择“抗争”策略，并且收益大于选择“妥协”策略的收益。

根据$U_B=P_B-\alpha_B(P_A-P_B)$，整理可得

邻避设施周边居民采取抗争策略的收益：

$$\begin{aligned}U_B(S)&=P_B-\alpha_B t(P_A-P_B)\\&=h-\alpha_B t(d-h)\end{aligned}$$

邻避设施周边居民采取妥协策略的收益：

$$\begin{aligned}U_B(C)&=P_B-\alpha_B t(P_A-P_B)\\&=g-\alpha_B t(a-g)\end{aligned}$$

整理得

$$\alpha_B t(a-g-d+h)>(g-h)$$

命题 1：在博弈过程中，邻避设施周边居民的效用函数中$\alpha_B t$较大从而满足$\alpha_B t(a-g-d+h)>(g-h)$成立，邻避设施周边居民采取无条件抗争策略，由于政府采用强硬策略，从而导致｛强硬，抗争｝博弈结局，群体性突发事件发生。

在邻避环境冲突事件中，如果邻避设施周边居民对邻避设施非常敏感，同时对邻避设施有完全的信息掌握，对其产生的危害具有深刻的认知，不愿意接受赔偿方案，期望能得到更符合自身需求的补偿方案，在无条件选择“抗争”策略的收益大于选择“妥协”策略的收益情况下，即使政府采取强硬策略，邻避设施周边居民仍然将选择抗争策略，不断进行上访、集会等行动诉求，不允许邻避设施建设或要求拆除邻避设施，事态发展超出了政府原先的发展预期，博弈陷入恶性循环中，带来社会风险。

针对这种情况，政府应未雨绸缪，充分考虑邻避设施周边居民的策略，减低邻避设施周边居民选择“抗争”策略的收益大于选择“妥协”策略的收益情况出现的概率，避免或减少社会风险的出现。

4.2 邻避设施周边居民的积极抗争策略分析

在博弈过程中，政府为了缓解事态发展，做好社会治理工作，往往会增加一定的赔偿数额给予邻避设施的环境危害补偿，避免因邻避环境冲突事件而引发社会风险。如果邻避设施周边居民选择妥协策略，邻避设施周边居民在与政府博弈过程中，积极抗争，但当赔偿金额增加，达到心理预期，往往会采取妥协策略，从而博弈双方达成合作，实现帕累托最优结局。

在多阶段动态博弈过程中，选取三阶段博弈过程分析邻避设施周边居民的积极抗争策略，其设计如下：

第 $t-1$ 期邻避设施周边居民期望得到更多的赔偿，倾向于抗争策略，以此获得期望收益，此阶段博弈双方采取｛强硬，抗争｝策略组合；

第 t 期，邻避设施周边居民通过抗争获得了更大收益，策略开始从抗争转为妥协，此阶段博弈双方采取｛强硬，妥协｝策略组合；

第 $t+1$ 期双方达成合作，此阶段博弈双方采取｛合作，妥协｝策略组合。

邻避设施周边居民的收益表达式：

$$U_B=d-\alpha_B(t-1)(d-h)+a-\alpha_B t(a-g)+b-\alpha_B(t+1)(b-f)$$

正常情况下，如果邻避设施周边居民一直处于妥协状态，博弈双方的策略组合始终为｛强硬，妥协｝，根据博弈策略的选择原则，三阶段博弈的总收益应该大于一直选择妥协策略所获得总收益，这样才会进行抗争，形成社会风险。根据模型，如果三阶段都选择妥协策略的总收益为 U：

$$U=a-\alpha_B(t-1)(a-g)+a-\alpha_B t(a-g)+a-\alpha_B(t+1)(a-g)$$

当社会风险产生时，$U_B>U$，即

$$d-\alpha_B(t-1)(d-h)+b-\alpha_B(t+1)(b-f)>a-\alpha_B(t-1)(a-g)+a-\alpha_B(t+1)(a-g)$$

梳理得

$$d-a+\alpha_B(t-1)(d-a+g-h)<a-b+\alpha_B(t+1)(a-b+f-g)$$

为了研究方便，我们设$M_1=d-a+g-h$

$$M_2=2a-b-d$$

$$M_3=b-a+g-f$$

故$M_1<0$，$M_3<0$，可以改写为

$$\alpha_B(t-1)M_1+\alpha_B(t+1)M_3<M_2$$

可以看出，当$M_1<0$，$M_3<0$，

当$M_2\geqslant 0$，恒等式成立，社会风险一定会发生。

当$M_2<0$ 时，整理不等式，得到约束条件：

$$\frac{M_1+M_3}{M_2}>\frac{1}{\alpha_B}$$

当社会风险发生时的第 t 期博弈中，博弈双方的收益与系数α_B满足上述不等式关系，根据上述分析，可得如下命题：

命题 2：在博弈过程中，($a-g$) 越小，U 值越大，即邻避设施周边居民对信息完全掌握程度和环境危害补偿越能得到满足，U_B-U 差距就会越来越小，当$U_B\leqslant U$ 的时候，邻避设施周边居民会采取妥协策略，从而双方达成合作，社会风险不会发生。

命题 3：社会风险产生主要有两个方面的影响因素：一是影响社会风险产生的因素是邻避设施周边居民在博弈过程中｛强硬，抗争｝和｛合作，妥协｝策略组合所获得的总收益与｛强硬，妥协｝策略组合所获得的双倍收益的差距，如果改变策略所获得的收益较多，则会发生社会风险；二是由邻避设施周边居民对邻避设施的信息掌握程度、补偿金额的满意程度以及博弈周期的时间有关，当邻避设施周边居民对邻避设施的信息掌握不完全、补偿金额不满意、博弈周期短的时候，则会采取抗争策略，发生社会风险，当在第 t 期，邻避设施周边居民的这些因素方面得到满足，则会改变抗争策略为妥协，然后博弈双方走向｛合作，妥协｝的博弈结局。

5 结论

本文通过多阶段动态博弈模型对邻避环境冲突事件引发社会风险的生成机制进行了分析，结果表明：邻避环境冲突事件引发社会风险取决于邻避设施周边居民改变策略获得的收益总和与不改变策略所获得的收益总和比较，当博弈过程中{强硬，抗争}和{合作，妥协}策略组合所获得的总收益多于{强硬，妥协}策略组合所获得的双倍收益的时候，引发社会风险；此外离不开邻避设施周边居民对邻避设施的信息掌握程度，以及政府提供的赔偿金额对邻避设施周边居民的满足程度，当邻避设施周边居民对信息和补偿越能得到满足的状态下，社会风险发生的可能性越小。

参考文献

江乃兵 . 2003. 突发事件应急机制初探 . 行政与法，(10)：84-86.

刘德海 . 2010. 群体性突发事件中政府机会主义行为的演化博弈分析 . 中国管理科学，V18 (1)：175-183.

刘德海 . 2011. 群体性突发事件发生机理的多阶段动态博弈模型分析 . 运筹与管理，(2)：82-88.

乔艳洁，曹婷，唐华 . 2007. 从公共政策角度探析邻避效应 . 郑州航空工业管理学院学报（社会科学版），26 (1)：93-94.

宋艳，苏子逢，孙典 . 2017. 新生代农民工社会融合过程中产生社会风险机理研究——基于多阶段动态博弈模型分析 . 东北大学学报（社会科学版），19 (5)：483-488.

徐寅峰，刘德海 . 2004. 群体性突发事件产生根源的主观博弈分析 . 预测，(6)：43-45.

中国行政管理学会课题组 . 2002. 我国转型期群体性突发事件主要特点、原因及政府对策研究 . 中国行政管理，(5)：6-9.

Ibitayo O O, Pijawka K D. 1999. Reversing NIMBY: an assessment of state strategies for siting Hazardous-Waste facilities. Environment and Planning C: Government and Policy, 17 (4): 379-389.

JenkinsL. 2000. Selecting scenarios for environmental disaster planning. European Journal of Operational Research, 121 (2): 275-286.

Johnson, Thomas. 2010. Environmentalism and NIMBYism in China: promoting a rules-based approach to public participation. Environmental Politics, 19 (3): 430-448.

Noël Pauwels, Walle B V D, Hardeman F, et al. 2000. The implications of irreversibility in emergency response decisions. Theory & Decision, 49 (1): 25-51.

TamuraH, Yamamoto K, Tomiyama S, et al. 2000. Modeling and analysis of decision making problem for mitigating natural disaster risks. European Journal of Operational Research, 122 (2): 461-468.

Tompkinson P, Bethwaite J. 1995. The ultimatum game: raising the stakes. Journal of Economic Behavior & Organization, 27 (3): 439-451.

Weibull J R W. 1995. Evolutionary Game Theory. Cambridge, MA: MIT press.

作者简介

杨振武 男，现为天津大学管理科学与工程博士后。2018 年获得中国文化大学博士学位。研究方向为管理工程、城市管理、区域经济等。

E-mail：pccuyzw@ gmail. com